中国共产党与科技社团的百年

★ 王国强 ◎ 著 ★

北京科学技术出版社

图书在版编目（CIP）数据

中国共产党与科技社团的百年 / 王国强著 . —北京：
北京科学技术出版社，2022.4
ISBN 978-7-5714-2226-4

Ⅰ.①中… Ⅱ.①王… Ⅲ.①中国共产党—关系—
科学研究组织机构—社会团体—研究—中国 Ⅳ.①D26
②G322.25

中国版本图书馆 CIP 数据核字（2022）第 050331 号

责任编辑：许苏葵　陶宇辰
责任校对：贾　荣
责任印制：吕　越
封面设计：刘林子
版式设计：北京麦莫瑞文化传播有限公司
出 版 人：曾庆宇
出版发行：北京科学技术出版社
社　　址：北京西直门南大街 16 号
邮政编码：100035
电　　话：0086-10-66135495（总编室）
　　　　　0086-10-66113227（发行部）
网　　址：www.bkydw.cn
印　　刷：北京盛通印刷股份有限公司
开　　本：710 mm × 1000 mm　1/16
字　　数：356 千字
印　　张：19.75
版　　次：2022 年 4 月第 1 版
印　　次：2022 年 4 月第 1 次印刷
ISBN 978-7-5714-2226-4

定 价：198.00 元

新视角下的科学外史与科学家精神

刘兵

对于科学的发展来说，除了人们最为关注的其本身的科学理论和实验的维度之外，其实很早以前就有了对科学社会学的研究。在科学社会学研究中，几乎一开始，对科学的建制的关注就是核心内容之一。而所谓的科学的建制是指以科研活动的主体承担者——科学家为基础所组成的科学活动的机构，在科学研究活动中逐渐形成的组织原则、组织方式和活动制度，以及科学活动的组织系统及其运行机制的总和。当然，其中最有形且可观察的就是科学机构了。在科学机构中，最初以英国皇家学会为典型代表的科学社团也是当下联结科学共同体成员的最有力的组织形式。

因而，在科学史领域中，早在17世纪就已经出现了像《皇家学会史》这样讨论科学社团历史的著作了。以后，科学的建制的演变和发展也成为科学史研究的重要对象之一，关于科学社团历史的研究更是出现了很多。不过，关于中国科学社团发展的历史仍然有很大的研究空间，而王国强先生的这本《中国共产党与科技社团的百年》便是将中国现代科学发展的历史与中国百年科技社团的历史相结合，并将之置于中国共产党的影响和时代的背景之下来讲述，可谓在立意上更有一番新意。在出版界近年来关注"主题出版"的形势下，此书也可以说是对"主题出版"之范围的有益拓展，是将科学史研究与"主题出版"的出色结合。这是此书的一个亮点。

科学家精神也在国内近年来被经常提及，并被倡导和发扬。以往，人们谈论科学精神较多，而"科学家精神"这个概念则较为抽象一些，对其虽然也有一些概括总结，但总是令人感觉不够完备，而且也与国际上谈论科学的概念未完全接轨。实际上，科学家精神指科学们在从事科学研究时所体现出来的各种精神气质，以及相关的优良品质和追求，是更为具体和明确的。此书并未空洞地以"贴标签、喊口号"的方式去生硬地总结何为科学家精神，而是通过现代科学在中国的具体发展，尤其是通过中国科技社团的发展历史，将科学家精神通过科学家们的所作所为而更深刻、具体地体现出来。这也是此书的一个亮点。

历史著作的写作，可以有非常专深的学术性的写法，也可以有更通俗的面向公众的写法，此书显然是选择了后一种撰写方式，这样的历史著作在社会上的影响也会更大一些。但无论哪种写法，历史研究都要依赖于对史料的充分把握。与相似的著作比较起来，此书在对史料的掌握方面也很有优势和特色。尤其是伴随着对中国近现代科学发展和科技社团发展的通俗叙述，书中配上了大量作者精心从原始档案中收集的难得一见的珍贵历史照片。这一方面与近年来史学界更强调以图证史的研究追求相吻合；另一方面从传播的角度来说，也使得此书对所讨论内容的展示更直观、更有吸引力，甚至因出现在书中的这些照片而使此书具有收藏价值。这可以说是此书的一个更大亮点。

科学史著作对于科学传播来说具有重要的意义，可使科学传播突破传统科普只关注传播具体科学知识的局限，当提出要弘扬科学家精神时就已经在前提中预设了这种突破。作为当下科学传播的主体，中国科协除了科普这项最重要的工作内容之外，也承担着对于科技社团的管理任务。此书中介绍的中国科技社团的发展也多与中国科协的发展和工作紧密相关，因而就此书讲述的主题来说，也恰恰是将中国科协的这两大任务结合起来。就此而言，通过作者扎实的研究和顺畅的表述，也可以说此书是结合百年来中国科学的发展、中国科技社团的演变，以及其中承载的对科学家精神、对中国科协的发展和工作的一份精致的总结和纪念。

2021 年 8 月 3 日

于清华大学荷清苑

前 言

　　2021年是中国共产党成立100周年。100年风雨兼程、沧桑巨变，在中国共产党的领导下，中国发生了翻天覆地的变化，中国科学技术事业已今非昔比，有了自己的一席之地，中国科学家也形成了独特的精神气质。1915年1月，《科学》杂志在上海诞生，开创了中国科学传播的新纪元。同年，《青年杂志》也在上海诞生，拉开了新文化运动的序幕。从此"德先生"和"赛先生"深入人心，促进了中国共产党的诞生，西方科学技术得以在中国扎根。在中国共产党发展的各个历史时期，科技社团作为科技共同体的重要组织形态，经历了创建、转型、发展和新使命4个阶段。站在新的历史起点上，展望第二个百年奋斗目标"建成富强民主文明和谐美丽的社会主义现代化强国"，回顾中国科技社团的成长历程、中国科学家精神的形成过程，以及中国科技体制的发展，无疑有着重要的现实意义。

　　中国科技社团是中国科学技术事业的重要组成部分，也是中国科学文化事业的重要内容，它不仅与中国科学技术体制相生相承，而且与五四运动、新中国成立和改革开放紧紧地连在一起。研究这种内在的历史联系，论证中国共产党对科技社团发展的重要影响，对于理解中国共产党发展科技的思想和战略、厘清中国科技体制和科技社团的发展之路、把握现在中国科技发展的基本态势，在学术上同样有着极其重要的意义。

　　《中国共产党与科技社团的百年》一书既大致记述了中国科学家群体、中国科技社团、中国科技体制的形成、发展和变化，又详细描写了中国科技社团发展过程中的关键环节、关键事件和关键人物。百闻不如一见，本书用数百幅图片来见证历史，带你走进"西学东渐""新中国科技事业的发展""中国科技社团的演变"等宏大的历史画卷。中国科技社团在100多年的历史进程中（1895年至今）历经了3次发展高潮，时断时续，涉及人物众多，要系统、完整地说清楚则困难重重。俗话说："字不如表，表不如图。"本书用列表呈现系统，用图形分析发展，让数据说话。中国科学技术事业的发展历程与中国革命、建设和改革开放的发展路径交织在一起，总体上按照先"革命"再"科学"的逻辑来展现科技社团的发展背景，特别是新中国成立后中国共产党发展科技的指导思想、战略规划和具体政策对科技社团发展的重要影响。此外，在重大事件中，本书尽量列出伟大的中国革命家和科学家的名字，展示有关图片，以示纪念。

全书共分5章，分别介绍戊戌变法时期的社团兴起、五四运动时期现代社团的创建、抗战时期红色社团的诞生、新中国成立后在社会主义革命和建设时期社团的转型、在改革开放和社会主义现代化建设新时期以及中国特色社会主义新时代科协及社团的发展。

第一章主要介绍清末两个背景下戊戌学会的兴起与发展。一是近代科技的背景，简要叙述西方现代科学的诞生，以及随着世界科学中心的转移，科技共同体组织形式的发展、科技期刊的发展和科学精神的形成。二是清政府面临的内忧外患和中华民族面临的生存危机的背景，简要叙述洋务运动引发了近代西方科学体制的东渐，西式学堂、报刊、学会、工厂等兴起。之后，重点展示中国在甲午战争中战败引发了以康有为、梁启超、谭嗣同、严复等为主要代表的资产阶级维新派推动的以开学会为中心的戊戌变法运动，以及在清末"新政"刺激下实用性学会的兴起。

第二章主要介绍民国时期政局变幻与科学体制的艰难本土化相互交织的过程。围绕辛亥革命前后新一代先进知识分子群体高举"德先生"和"赛先生"大旗发起的新文化运动和科学救国运动两条主线，叙述了马克思主义的传播、中国共产党的诞生，以及科学学会的兴起和中国近代科学体制化、社会化进程中学会的作用，并对陈独秀、李大钊、毛泽东、周恩来等革命家，蔡元培、胡适、任鸿隽、秉志等科学教育家，以及科技社团做了重点介绍。

第三章主要介绍抗战时期中国共产党领导下的红色科技社团的兴起与发展。对于解放区，详细介绍了几个重要科技社团成立的目的、宗旨以及中国共产党发展科技的思想，特别是关于马克思主义哲学在指导自然科学研究中的作用。对于国统区，详细介绍了统战背景下中国科学工作者协会总会成立的目的、宗旨和相关活动，以及中国科学工作者协会在国内成立的分会和在国外成立的分会。最后，系统梳理了红色科技社团成立的基本情况，概括了中国共产党领导下的红色科技社团的组织特点、成立目的、指导思想、活动方式、体制机制等。

第四章主要介绍新中国成立后中国科技界的团结和统一、新型科技团体——全国科联和全国科普的诞生、统一的全国性科技群众团体——中国科协的诞生，以及它们在社会主义革命和建设时期所做的重要工作。在介绍中国科技界的团结和统一进程时，重点叙述了中国科学工作者协会在发起组织科代会和团结动员大批留学生回国中发挥的重要作用，以及留学生冲破重重阻力回到祖国的艰难旅程。在介绍统一的全国性科技群众团体的诞生和体系形成过程时，重点叙述了"十二年规划"和由此形成的集中型科技体制，以及科协、学会的性质和任务。对于全国科普的工作主要做概括性总结，对中国科协及其学会的工作则重点介绍其组织建设和为打破西方国家封锁而举行的北京科学讨论会、暑期物理讨论会和"文革"期间所做的科技外交工作。

第五章主要介绍在以邓小平、江泽民、胡锦涛、习近平同志为主要代表的中国共产党人的领导和关怀下，中国特色社会主义科技团体的大发展。对于改革开放初期，重点介绍了全国科学大会、科协的恢复和科协二大、三大的情况。对于中国特色社会主义科技团体不断开拓进取的过程，重点讲述了学术与科普工作的发展。

最后，需要特别说明一下，由于本人的能力有限等原因，无法全面反映百年科技社团发展的宏伟历史画卷，选取的重大事件和重要人物必有遗漏，所指出的重大影响和意义未必准确。本书采用"左图右史"的传统叙事方式，希望读者在重温波澜壮阔的中国革命史和曲折艰辛的中国科学技术事业发展史的同时，能够体会到中国科学家"爱国、创新、求实、奉献、协同、育人"的精神内核，能够体会到图片所展示的生活之美、历史之美和艺术之美。在此，本人衷心希望读者对本书的不足之处给予批评指正！

目　录

第一章

救亡图存与中国科技社团的诞生

　　鸦片战争是中国历史的转折点，也是中国科学近代化的起点。1840年，英国发动侵略中国的鸦片战争，用大炮轰开了中国的大门，清政府战败，签订了中国近代历史上第一个丧权辱国的不平等条约——中英《南京条约》。从此，西方侵略者纷至沓来，发动了一场又一场侵略中国的战争，清政府签订了一个又一个丧权辱国的条约。1856—1860年，英法发动了第二次鸦片战争，清政府被迫签订了《天津条约》和《北京条约》，俄国强迫清政府签订《瑷珲条约》和《北京条约》；1884—1885年，法国发动侵华战争，清政府被迫签订《中法会议简明条约》；1894—1895年，日本发动甲午战争，清政府被迫签订《马关条约》；1900年，八国联军发动侵华战争，清政府被迫签订《辛丑条约》等。1840—1905年，中国一直处于西方列强的侵华战争中，割地赔款成为常态，虽然中国在形式上保持独立，但实际上已沦为帝国主义国家的半殖民地。

　　空前严重的民族危机让中国的知识分子猛然觉醒，激起了他们对统治者的极大愤慨，他们纷纷追究战败的原因，探寻救亡图存的道路。从鸦片战争到甲午战争的半个多世纪里，近代中国的有志之士深刻地意识到，要自强就要先了解西方、学习西方。先是以林则徐、龚自珍、魏源为代表的率先睁眼看世界的先驱者提出"师夷长技以制夷"的主张，随后爆发的太平天国运动加速了"师夷长技"的进程。以左宗棠、曾国藩、李鸿章、张之洞为代表的洋务派发起了洋务运动，他们主张引进西方工业技术，开矿藏、修铁路、造军舰、练海军；他们与外国传教士合作，学习生产技术知识，翻译新学，开办学堂；他们派遣少年出国留学，学习西方科技与教育，以图从根本上改变中国社会。甲午战争的失败宣告了洋务派"中体西用"的破产，有识之士意识到"培养民力、民智、民德，才是使中国富强的根本办法"，而"欲开民智，非讲西学不可"。于是，以康有为、梁启超、谭嗣同为代表的维新派掀起了一场戊戌变法运动，提出按照英国、日本等国模式走君主立宪制的资本主义发展道路的政治主张，发动以兴学会、办报刊和建学堂为主要内容的文化启蒙运动，但终因保守势力的无情打击而夭折。

　　康有为、梁启超等维新人士掀起的"学会之风"发挥了开风气、联人才、伸民权的重要作用，产生了广泛而深刻的社会影响，引发了思想文化层面的革命性变化，为中国近代科学的制度化、社会化、本土化的发展埋下了种子。

第一节　科技共同体组织之流变

科学技术的社会建制是科学技术发展到一定历史阶段的必然产物，不同的历史阶段有着不同的科技组织形式。随着近代科学的诞生，科技组织经历了由分散的个别科学家行为发展为有组织的少数科学家的群体行为、国家组织的职业群体行为，以及最后形成的高等院校、政府实验室、工业实验室和学会等多种形式并存的科技共同体的组织模式。

近代科学始于16世纪，在17世纪蓬勃发展。继中世纪的文艺复兴、地理大发现和宗教改革后，近代科学在16世纪中叶开始兴起。1543年，哥白尼（Nicolaus Copernicus）的《天体运行论》和维萨留斯（Andreas Vesalius）的《人体结构》成为中世纪传统科学和近代科学的分水岭，近代科学家的活动由此开始。在这个宗教与科学交织的时代，他们朝气蓬勃、勇往直前、不惧困苦、前赴后继，充满科学精神。1583年，19岁的伽利略（Galileo Galilei）发现了钟摆的等时性，27岁进行了著名的比萨斜塔落体实验。1572年，26岁的第谷（Tycho Brahe）发现了新星，1576—1596年他坚持了长达20年的天文和气象观测。1596年，25岁的开普勒（Johannes Kepler）发表了《宇宙的秘密》，开始从物理上为哥白尼的日心说进行辩护。1560年，意大利自然哲学家波尔塔（Giambattista Porta）在那不勒斯（Naples）创建了自然奥秘学会（Academia Secretorum Naturae），定期聚会。虽然该学会成立不久就被教会视为巫术研究团体而被取缔，但是它促进了科学家的活动。

至17世纪，这些科学先驱们不仅在自然科学的探索上硕果累累，而且在哲学领域的研究上也是巨匠辈出。1600年，吉尔伯特（William Gilbert）出版《论磁》，用实验的方法证明地球本身就是一个大磁体。1609年，开普勒出版《新天文学》，用物理化的日心说替代了哥白尼的数学化的日心说，提出行星运动的第一定律和第二定律；1619年他出版《宇宙的和谐》，提出了行星运动的第三定律。1632年，伽利略出版《关于托勒密和哥白尼两个世界体系的对话》。1638年，伽利略出版《关于力学及地上运动的两个新科学的对话和数学证明》，把实验方法与数学方法结合起来，确定了一系列力学定律。1628年，哈维（William Harvey）出版《心血运动论》，提出关于血液循环的原理，实现了从概念生理学到实证心理学的"哥白尼转换"。17世纪上半叶，实验哲学逐渐被这些自然科学家接受并付诸实践，他们相信探求真理的方法是实验、观察、推理，而不是依靠思辨、《圣经》和经典。1620年，培根（Francis Bacon）的《新工具》强调了以实验为基础的归纳法作为科学发现的"新工具"，区别于被称为"工具"的亚里士多德的旧三段论的逻辑学。1637年，笛卡儿（René Descartes）出版《方法论》，提出其方法论的4条原则：一是决不把任何没有明确地认识为真的东西当作真理加以接受，以避免轻率的判断和先入之见；二是把考察的每一个难题都尽可能地分成细小的部分，以便逐一妥善解决；三是按次序引导思想从最简单的认识对象开始，以便逐步认识最复杂的对象；四是把一切情形尽量列举出来，从而尽量普遍地加以审视而毫无遗漏。培根和笛卡儿的方法论成为那个时期"时尚的哲学"，受到那些热衷于探求万事万物的成因和运行奥秘的科学家的热捧。于是，这些科学家和业余科学爱好者常常聚集在一起，讨论有关新的科学问题和技术发明。

近代科学体制创始于英国皇家学会。1555年，新教教会的确立标志着新的宗教意识形态登上历史舞台，为那些崇尚实验哲学的自然科学家群体营造出较为宽松的社会文化氛围。17世纪，自然科学家群体不用再像过去那样在家里秘密聚会，而可以公开地在某个寓所甚至大学做演讲，不会被视为离经叛道、有悖信仰与教规。这个时期大学的学科设置基本是人文学科，主要是语言、文学和神学，而少数的医学课讲的是逻辑和神学而不是医理，数学和天文课讲的是在航海中的实际应用，针对自然科学的演讲是一件时髦的事。这些自然科学家群体不定期的聚会、演讲被波义耳（Robert Boyle）称为"无形学院"（Invisible College）。1660年11月28日，星期三，在英国格雷沙姆学院（Gresham's School），12个经常集会的人决定每周三下午3点定期聚会，讨论新哲学问题和新发明，并规定每个人要一次性缴纳10先令的入会费和每周1先令的聚会费，而不管是否到会。大家推举威尔金斯（John Wilkins）任主席、鲁克（Lawrence Rooke）任司库，列出40个潜在新成员的名单。因此，这一天被公认为是英国皇家学会的诞生日。英国皇家学会的诞生是近代科学技术发展史上具有里程碑意义的事件，标志着科学活动开始成为有目的、有组织、有制度的学术活动。1660年12月5日，他们再次聚会，讨论组织架构、章程，并确立聚会目的是"商议辩论那些旨在关注并促进实验哲学的事项"，学会的重要任务就是做实验。12月12日，第三次聚会时他们成立了专门负责制定章程的委员会，并投票通过了一系列的规章制度，如"未经审查，任何人不得被接纳为会员，但皇家医学教授成员，牛津、剑桥两校的数学、医学和自然哲学教授，以及那些爵位在男爵及以上的贵族除外"。因此，一些有权有势的贵族进入这个新组织，这无疑给它带来了一定的社会声望。像大学、同业公会和贸易公司一样，为获得合法的地位，学会开始向国王申请皇家特许证。在这个过程中，因集会获得国王的认同，该学会被艾弗林（John Evelyn）称为皇家学会。1661年12月3日，"皇家学会"之名获得学会成员的正式确认。1662年7月15日，英国皇家学会正式获得特许证，成为法人团体。特许证规定，英国皇家学会可以在伦敦城的某个学院、某个公共地带、某间大厅，或其他伦敦城10英里（约16千米）范围内集会，英国皇家学会应当由"一名会长、一个理事会和会员"构成，并提名布朗克（William Brouncker）子爵为首任会长。因学会得到官方书面正式认可，有人也把这一天称为英国皇家学会的诞生日。法人地位的确立使得英国皇家学会有了许多特权，如能够与外国人通信，并一起研究自然科学、数学和新技术发明，更重要的是可以发行一份独立的出版物。在那个一切媒体都被英国政府严格管控的年代，允许发行出版物是一项巨大的特权。1664年，当英国皇家学会秘书奥尔登伯格（Henry Oldenburg）听说法国人正在讨论出版登载欧洲各国哲学与政治见闻的期刊的消息时，他产生了要办一份类似期刊的想法。1665年3月6日，星期一，英国皇家学会的《哲学汇刊》诞生，声称要记述"世界各地多国的英才在当下的事业、研究和工作情况"，它不但是世界上第一种科学期刊，而且是出版年限最长的期刊，可能也是最重要的一份刊物。英国生物学家赫胥黎（Thomas Huxley）在1870年评价说："如果世界上除《哲学汇刊》之外的所有书籍都毁于一旦的话，那么我也敢说，自然科学的根基仍将屹立不倒。"《哲学汇刊》不仅记录了作者的科学发现的时间与内容，而且创建了一个分享想法的公共平台，营造了一种"知识交流"的国际文化。《哲学汇刊》的创办在科学技术史上同样是具有里程碑意义的事件。

17世纪下半叶，英国无疑是世界科学的中心，而英国皇家学会则是这个中心的中心、近代科学的摇篮。1660年，波义耳出版《怀疑派的化学家》，将化学从医学与炼金术中分离了出来。1665年，胡克（Robert Hooke）利用显微镜发现了植物细胞，实现了植物学的跨越式发展。1666年，牛顿（Isaac Newton）揭示了光色的秘密。1669年，牛顿发明了微积分。1687年，牛顿出版了《自然哲学的数学原理》一书，发现了万有引力定律和运动学三大定律，这是17世纪最伟大的科学成就，成为第一次科学革命的标志性成果。这些在科学上举足轻重的人物都是英国皇家学会的会员。据统计，1662—1730年，英国皇家学会云集了全世界36％以上的优秀科学家，产生了占世界40％的科研成果。1645—1700年，英国科研成果共88项，其中1645—1659年的有15项，1660—1700年的有73项，而与英国皇家学会有关的占到了90％以上。不仅如此，英国皇家学会作为世界科学活动的中心，积极倡导实验哲学的新思想方法，带领世界新兴的自然科学家群体完成了研究范式的转变，实现了不同学科领域的专业分工，完成了社会职业兴趣的转移。更重要的是英国皇家学会的科学活动形成了一股科学文化的浪潮，使更多的人立志献身科学技术事业，科学职业共同体由此形成。

18世纪被恩格斯（Friedrich Engels）称为"商业的世纪"，发生了以蒸汽机、纺织机等为代表的第一次技术革命，第一次工业革命由此诞生，使西欧成功地进入了近代资本主义社会，向世人呈现出一个丰富绚丽的物质世界。1733年，英国发明家凯伊（John Kay）发明了飞梭，大大提高了织布的效率。1764年，英国发明家哈格里夫斯（James Hargreaves）发明了珍妮纺织机，促进了织布厂的规模化发展。1765年，英国人瓦特（James Watt）给蒸汽机加上了一个冷凝器，现代蒸汽机由此诞生，成为一个划时代的发明。第一次技术革命率先在英国完成，显然与17世纪英国杰出的科学成就有直接关系。

英国工业革命显示了科学技术的强大威力，法国政府和有志之士深受刺激，于是掀起了轰轰烈烈的思想启蒙运动。启蒙运动的核心人物伏尔泰（François-Marie Arouet）于1738年写了《牛顿哲学原理》、1740年写了《牛顿的形而上学》，以普及牛顿的物理学，宣传英国的科学，使科学在法国成为"畅销货"。1751年，狄德罗（Denis Didero）等法国精英用30年编撰出了《法国大百科全书》，不仅向大众普及了科学技术知识，而且宣扬了理性主义和科学精神，旨在从思想文化层面上彻底摧毁法国的旧制度，使世界科学的中心最终转移到法国，结出了丰富的硕果。1785年，库仑（Charles Augustin de Coulomb）提出静电力和磁力的库仑定律。1787年，查理（Jacques Alexandre Cesar Charles）提出关于气体膨胀的查理定律。1788年，拉格朗日（Joseph-Louis Lagrange）写成《分析力学》。1789年，拉瓦锡（Antoine-Laurent de Lavoisier）的《化学基本论述》出版，推翻了燃素说，奠定了近代化学的基础，其功绩可与牛顿的《自然哲学的数学原理》和达尔文的《物种起源》媲美。1795年，蒙日（Gaspard Monge）创立画法几何。1797年，拉格朗日写成《解析函数论》。

1799年，拉普拉斯（Pierre-Simon Laplace）出版《天体力学》。这些伟大的科学家都与一个科学组织——法国皇家科学院有关，他们都是法国皇家科学院院士。

与英国皇家学会不同，法国皇家科学院的成立代表着国家大型科学研究机构的诞生。法国皇家科学院成立于1666年，其成立背景与英国皇家学会相同，源头仍可追溯到"无形学院"。1625年，法国政治家和红衣主教黎塞留（Richelieu）得知一群文人在巴黎集会，就想把他们组织起来建立一个权威的学会，以解决法国的文学与语言问题。1635年，法兰西学院由此诞生，致力文学研究。同样，法国也有不少自然科学家和数学家，如阿芒托（Christian Amatore）、伽桑狄（Pierre Gassendi）、费马（Pierre de Fermat）、笛卡儿、帕斯卡（Blaise Pascal）等，他们不定期地在阿芒托家中聚会，逐渐发展成"阿芒托学院"的定期聚会，以讨论实验哲学的问题。受英国皇家学会成立的影响，1664年，时任财政大臣的科尔伯特（Jean-Baptiste Colbert）向路易十四提议仿效法兰西学院建立由从事各种职业的杰出人物组成的学院。1666年12月22日，巴黎科学院在皇家图书馆宣布正式成立，标志着以国家资助为主的职业科学家团体正式形成。1669年4月4日，巴黎科学院进行了改革，更名为巴黎皇家科学院，办公地点搬到卢浮宫，明确了章程和组织架构，并将会员分成院士、准院士和学生会员3个等级。巴黎皇家科学院院士定期领取政府薪俸，对有关科学问题和行政事务拥有投票决定权，但准院士和学生会员没有。至此，巴黎皇家科学院确立了国家大型科学研究机构的科研组织传统，会员由业余科学爱好者转变成为国家服务的专职科学家。在英国工业革命、法国启蒙运动和法国大革命的推动下，以巴黎皇家科学院为中心的法国科学研究机构得到了迅猛发展，使世界科学中心转移到了法国。

世界科学中心转移到法国还有一个重要的原因，那就是综合理工学院的创建。1789年法国大革命胜利后，法国革命政府意识到培养青年军官和技术人员的重要性，1794年批准在旧有教育机构的基础上建立一所新的军事性技术学院，即炮兵工程学院，也叫工艺学院。这所被拿破仑称为"下金蛋的母鸡"的综合理工学院取得了巨大的成功，培养出一大批优秀的科学家和技术精英，如盖·吕萨克（Joseph Louis Gay-Lussac）、比奥（Jean Baptiste Biot）、泊松（Simeon-Denis Poisson）、菲涅尔（Augustin-Jean Fresnel）、柯西（Augustin Louis Cauchy）、彭赛列（Jean-Victor Poncelet）等。综合理工学院的成功带动了工程技术、医务、军事学术等学科的建立，标志着以工程师教育为主体的工程技术教育体制的形成，强调数学和自然科学在工程师培养中的重要作用。因此，以政府为中心的法国科技体制在18世纪末至19世纪上半叶取得了成功。

19世纪下半叶至20世纪30年代，世界科学中心转移至德国。在这个时期发生了以内燃机、电机、电信技术等为标志的第二次技术革命，出现了以进化论、相对论、量子论等为标志的第二次科学革命，这些科学技术的伟大成就都少不了德国科学家的贡献。在内燃机方面，1876年奥托（Nikolaus August Otto）发明了奥托循环，1883年戴姆勒（Gottlieb Wilhelm Daimler）发明了燃油发动机，1893年狄赛尔（Rudolf Diesel）发明了柴油机。在冶金技术方面，西门子（Ernst Werner von Siemens）发明了煤气发生炉。在化学及化工技术方面，李比希（Justus von Liebig）开创了有机化学新领域，迈耶尔（Julius Lothar Meyer）发表了元素周期表。在物理学方面，普朗克（Max Karl Ernst Ludwig Planck）提出了"量子假说"，爱因斯坦（Albert Einstein）创立了相对论。在近代医学方面，科赫（Robert Koch）创建了病原微生物学。在电气技术方面，西门子发明了西门子发电机，其功绩堪比瓦特。德国科学领先的原因是复杂的，但德国大学独特的科研方式及其相互之间的竞争无疑是一个重要的原因。

德国柏林大学开启了大学现代化的进程。尽管德国大学的创立是向意大利、英国、法国学习的结果，在组织结构上与传统大学并无区别，但是受德国教育家洪堡（Wilhelm von Humboldt）的影响，柏林大学的办学理念与传统大学大不相同，它强调的是学术自由、研究与教学的统一，而传统大学强调的是知识的储备和传播。柏林大学"研讨班"的教学形式体现了"教学与研究相结合"的思想，开展自然科学研究的实验室和研究所制度则体现了"研究与生产相结合"的思想。柏林大学的办学理念使大学不再仅仅是一个教育机构，而是个人产生创造性成果的重要场所，更是服务国家与社会的重要阵地。在柏林大学的示范带动下，德国大学形成了现代研究型大学的传统。1826年，李比希在吉森大学建立的化学实验室取得了极大的成功，吸引了欧洲各地最有才能的青年，他们的实验和讨论开启了化学领域史无前例的大规模的集体研究活动。1871年，德国统一后，世界进入了以垄断为特征的资本主义新时代，专利制度的确立使科学技术研究也出现了垄断倾向，大型企业开始像大学一样投入巨额资金，设立大规模的实验室和研究所。随着德国经济实力的增强，德国政府建立了如帝国物理技术研究所、威廉皇帝学会、科学联合会等研究机构，促成了大学、企业、政府和包括科技团体在内的非营利机构的初步结合。德国这种"科教融合""科工融合"等科研活动的盛行使科研模式由过去的个人研究转变为集体研究，出现了以"科学家＋工程师＋商人"为特征的科学技术家群体，如西门子、克虏伯（Alfied Krupp）、蔡司（Carl Zeiss）等。

1850 年的柏林洪堡大学

　　20世纪是一个复杂多变的世纪，两次世界大战和冷战使科学技术的发展被深深地打上军事的烙印，让科学技术及其体制进入以"大科学"为特征的新时期。以1933年德国纳粹党驱赶犹太科学家事件为标志，世界科学中心由德国转移至美国。无论是以量子论、相对论等为代表的第二次科学革命，还是以计算机、信息网络为代表的第三次技术革命，美国都取得了巨大的成功。据统计，1945—2002年，美国人获得诺贝尔奖的数量占全球的53.69%，远超其他国家。此外，美国成功地改变了自17世纪建立起来的科学方法和科研组织方式，使科学技术进入大科学时代。20世纪40年代，美国实施"曼哈顿计划"，成功研制出原子弹，拉开了原子能时代的序幕。50年代，美国实施"国防计划"，建立半自动地面防空系统和弹道导弹预警系统。60年代，美国阿波罗飞船在月球上成功着陆，实现了人类历史上的伟大飞跃。所谓大科学，就是以新的管理方式把数量众多而又风格迥异的研究机构、科学家和技术人员组织在一起进行研究和开发的科学，军事化的科技体制是其组织管理的主要特征。

1945 年 7 月 16 日，美国进行了世界上首次核试验

一、科技社团的诞生

科技社团的诞生源于科学活动的需要。严格来说，科学产生于近代欧洲，追寻其起源必然要涉及古代的东西方文明。在古代，科学活动处于萌芽状态，思想家对世界的本原、运动及其变化提出了各式各样的学说，这些学说大都与宗教和神学联系在一起，对自然现象的解释和探索被视为对上帝所创造的世界的印证，这时的科学可称为"宗教式科学"或"宗教式的自然哲学"。文艺复兴、宗教改革打破了人的思想禁忌，为那时的科学活动奠定了思想上和宗教上的基础，出现了少数不认同经典和《圣经》的科学家，他们崇尚实验和实证的自然观，不定期举行秘密聚会。在这样的背景下，16—17世纪意大利诞生了一些自然科学团体，如自然秘密学会（1560年）、山猫学会（1603—1630年，Accademia dei Lincei，又译为林琴学院）、西芒托学会（1657—1667年，Academia del Cimento）等。由于传统大学教授的是正统的经典、神学、法学和文学，这些自然科学家在大学难以得到认同，在社会上更难以被世人接受，因此他们在大学之外寻求新的生存空间是自然而然的事，他们由最初不定期的通信交流、居所聚会发展到定期聚会。随着

科学学术声望的提高，他们的聚会地点逐渐转移到大学，秘密讨论变成了允许公开聚会、演讲、辩论的"无形学院"。当科学研究有了一定的社会声望，成为一种职业，科学活动变为科学家的一项事业，"无形学院"就转变为有宗旨、组织、制度、固定场所的规范的社会建制，即大家通常所说的现代意义上的科学学会。

近代以前，学术与技术是分离的，技术专家的地位非常低，因此一些技术性质的社会组织多是以商人和手工业者为主体的行会，目的是维护和增进其成员的利益。因此，近代以前出现的技术行会通常并不被认为是科技团体。文艺复兴之后，随着商业繁荣和远距离通商的出现，中世纪技术逐渐发展为近代技术，师承传统的少数技术活动发展为多数人协作的手工工场活动，直至近代工业的出现和工业革命的爆发，近代技术团体开始出现。医学作为一门有典型技术特征的科学，很早就有了较多的从业人员和较高的职业声望，因此医学社会团体的历史比其他科学团体的历史更久远。据考证，1505年英国在苏格兰成立爱丁堡皇家外科医师学会，1568年中国在直隶顺天府（北京）由徐春甫发起成立一体堂宅仁医会，这两个在中西方最早成立的学会有着成熟行业学会和现代科学学会的典型特征，有宗旨、组织和制度，分别被认为是中西方最早成立的科技社团。可是这种观点在学术上并没有达成共识，主要原因是对科学与技术的区别、近代医学的起点有着不同的认识。

医学通常分为古代医学（4世纪之前）、中世纪医学（4—15世纪）、近代医学（16—19世纪中叶）和现代医学（19世纪中叶之后）4个时期，在巴斯德、科赫建立病原微生物理论之前，医学理论充满着神秘主义色彩，医学并没有真正成为一门科学。此外，医学具有典型的社会性特征，近代医学的任务可视为"谋求保持和增进作为生产力主体（人）的劳动能力"，因此，医学的转折期与以人为生产力主体的第二次工业革命发生的时期同步，即现代医学诞生在19世纪中叶。从这个意义上讲，以上中英两个学会都不是医学作为分支科学意义上的科技社团。

但是，传统医学的历史源远流长，可以说有了人类就有了医疗活动，有了文字就有了医学的历史，形成了中国、古印度、古希腊和古埃及等传统医学体系，它们"利用基于植物、动物、矿物的药物、精神疗法、肢体疗法和实践中的一种或者多种方法来进行治疗、诊断和防止疾病或者维持健康"，逐渐成为一门独立的理论体系。从这个意义上讲，以上中英两个学会是中西医两大传统医学社会建制化的结果，是传统医学上的科技社团。医学历史悠久，社会建制早，很早就有了医学校、医院和药房，因此，东西方最早出现的"科学"学会都是医学学会。

1. 中国一体堂宅仁医会

徐春甫及其所著《医学入门捷径六书》的"一体堂宅仁医会录"

2. 意大利山猫学会

山猫学会创建者切西、学会会徽、第6个加入的会员伽利略、第7个加入的会员邓玉函（从左至右、从上至下）

3. 英国皇家学会

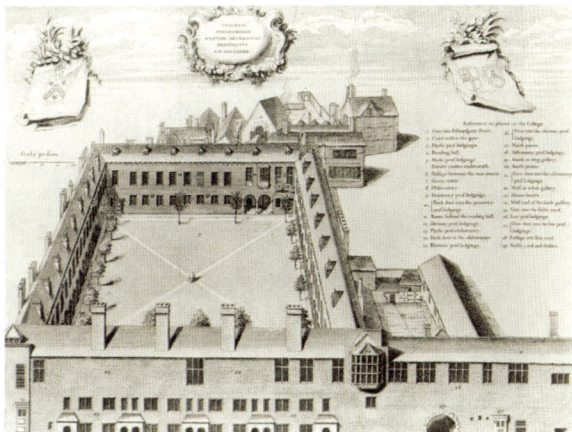

首任会长布朗克、牛顿主持会议、1844 年英国皇家学会在萨姆塞特府进行会议投票表决、英国皇家学会诞生地格雷沙姆学院（从左至右、从上至下）

4. 法国皇家科学院

法国皇家科学院建筑（上）、科尔伯特向路易十四介绍皇家科学院成员

二、科学精神的形成

科学精神是伴随着近代科学和科技共同体的诞生而逐渐形成的。英语"science"的词

源为拉丁文 "scientia"，意为 "知识"。文艺复兴时期，人们相信获得知识有两种方式：一种是感性，即经验观察；另一种是理性，即演绎推理。一小部分相信培根哲学的人认为，获得真正的知识要靠实验、正确的方法和对权威的批判，而以阿奎那（Thomas Aquinas）为代表的占主导地位的经院学派则认为真理只能存在于《圣经》或亚里士多德的著作中，前者开始进行各式各样的实验活动和有悖《圣经》或传统经典的大胆设想。以1543年哥白尼提出日心说和维萨留斯提出的人体结构说为起点，那些崇尚实验的科学家开始由通信交流、不定期聚会、定期聚会逐渐发展到在大学或公共场所演讲，科学活动的组织形式开始呈现出 "无形学院" 的特点。英国皇家学会的成立标志着科学家群体成为有宗旨、组织、制度和固定场所的科学组织。英国皇家学会从成立起就有国际化的一面，依靠通信、旅行和航海，它的信息触角伸向全球各地，并把 "不人云亦云" 这句话作为学会的座右铭，致力促进实验哲学的发展。此时，学会是科技共同体的主要形式，大学中的学院还不是科学的主阵地。第一次科学革命和第一次工业革命发生后，科学技术的威力已清晰可见，得到了政府、社会的广泛认可，科技活动开始出现专业化、职业化、社会化的趋势，至19世纪末开始出现高等院校、政府实验室、工业实验室和学会等多种形式的科技共同体共存的局面。

从近代科学诞生的历史看，追求真理是科技共同体成员的共同使命，是科技共同体成立的初衷，也就是说，追求真理是科学精神的逻辑起点。科技共同体成员都相信只有采用实证和理性的方法才能获得真理，至1871年康德的《纯粹理性批判》的问世，科学界完全确立了实证和理性的方法是支撑科学大厦的两大支柱，也就是说，实证和理性被认为是人类认识世界的真实原则的最可靠的途径和方式。

从科技共同体诞生的历史看，早期科学家群体对待《圣经》和传统经典的态度就是批判，这种态度无疑来自文艺复兴、宗教改革和启蒙运动，直到18世纪末开始为科技共同体所接受。正因为坚持这种态度，哥白尼、开普勒、伽利略、布鲁诺等人受到教会的迫害。同样，牛顿的力学、拉瓦锡的燃烧理论、爱因斯坦的相对论都是以批判继承的态度取得的重大发现。科技共同体形成后，科学家成为一种社会角色，科技活动成为一种支撑国家经济和社会发展的重要事业，产生了从公共利益或共同体的集体利益出发来管理其成员活动的要求，科学家的行为会受到约束，科学精神就有了默顿（Robert Merton）的 "普遍性、公有性、无私利性和有条理的怀疑论" 等社会价值和规范，以及求真过程中知识不断接受证伪的试错模式。总之，追求真理、实证方法、理性原则和批判态度构成了科学精神的最基本的内涵，而科技共同体形成后就受到社会的制约，不同的社会文化和体制对科学精神都会有影响。

笛卡儿创立机械自然观作为解释现象的方式。图为笛卡儿解释反射动作的图解

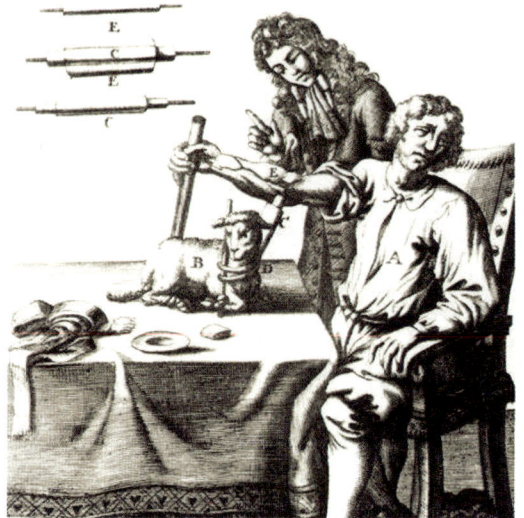

1667年，英国病理学家罗尔把羊血输入人体，患者竟奇迹般地生还

英国皇家学会创始人艾弗林为学会设计的画像。中间是英国国王查理二世半身像，左边是学会首任会长布朗克，右边是近代实验科学开创者培根

康德的认识论调和了笛卡儿的理性主义与培根的经验主义，成为西方最具影响力的思想家之一。图为康德

三、科技期刊的出现

科技期刊与科技社团相伴而生，都是为了满足科学活动的实际需要。中世纪的印刷技术突破了僧侣主导的学术小圈子，出现了活页新闻、辩论招贴、定期文集等印刷品。17世纪初，半周刊和周刊开始出现。随着科学活动的兴起，科学家之间的学术交流大部分都是通过书信实现的。1665年1月5日，在法国文化大臣柯尔贝（Jean-Baptiste Colbert）的支持下，法国律师萨罗（Denys de Sallo）创办了《学者杂志》（*Journal des Scavans*），以"登载欧洲各地传来的哲学与政治知识见闻"。时任英国皇家学会秘书的奥尔登伯格听到这一消息，立刻决定也要创办一份类似的期刊。于是，同年3月6日，世界上第一种自然科学期刊《哲学汇刊——世界各地有创造才能者当前的探索、研究和劳动的若干总结》（1776年后改为《英国皇家学会会刊》）诞生，并延续至今。在该刊创刊号的前言里，奥尔登伯格谈到了他办刊的初衷是"除了这些成果将被介绍外，还能满足某些人对实用知识的渴望，激励人们探寻、发现新的事物，将他们的知识彼此相传，为提升自然知识、改进一切哲学意义上的科学和艺术做出贡献"。事实上，奥尔登伯格创刊也有解决日益紧张的财务问题和宣传皇家学会及其会员的成果的目的。

《哲学汇刊》创刊的意义远不止奥尔登伯格所说的解决了科学界的"科学优先权"之争，它还相当于建立了一个分享想法的公共论坛，借此创设了一种"知识交流"的国际文化。《哲学汇刊》引领了学会、国家科研机构、研究所和实验室等科技共同体的科技期刊的发展，几乎是有学会必有刊。随着科学技术的发展和对新闻出版行业管控的放松，学科的分化越来越细，各种专业期刊也越来越多。

医学期刊出现得比较早，是在整个科技期刊中占比最大、增长速度最快的一类期刊。17世纪，全世界大约有10种医学期刊，多数诞生后不久便夭折。1671年，丹麦皇家医学会创办了《医学和哲学学报》（*Acta Medica et Philosophica Hafniensia*）。1823年，英国人托马斯·威克利（Thomas Wakley）创办了世界上第一种医学专业期刊《柳叶刀》（*The Lancet*）。据统计，至1976年，世界上共有55 000种期刊，其中科技期刊占60%~70%，而生物医学期刊占比最高，大约占25%。中国医学期刊的出现较晚。1792年，中国医生唐大烈创办了最早的中医医学期刊《吴医汇讲》。清末洋务运动中，中国开始有了科技期刊。1872年，美国传教士丁韪良等在北京创办了以科技传播为主要内容的《中西见闻录》。1876年，英国传教士博兰雅创办了中国第一种科学期刊《格致汇编》。1880年，美国传教士嘉约翰在我国创办了最早的西医期刊《西医新报》。期刊的繁荣也催生了专业出版机构，如至今仍存在的商务印书馆（1897年创办）和中华书局（1911年创办）。

1.《哲学汇刊》

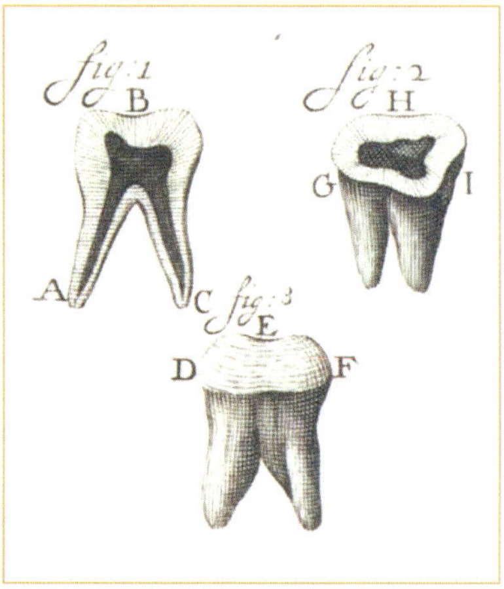

世界上第一种自然科学期刊的创办者英国皇家学会秘书奥尔登伯格（左）、《哲学汇刊》（中）、1682年列文虎克发表在该刊上面的文章中有用显微镜显示的人类牙齿结构

2.《吴医汇讲》

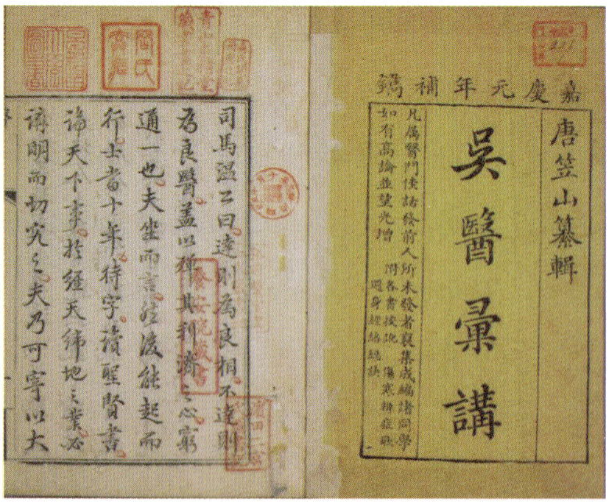

唐大烈及其创办的中医医学期刊《吴医汇讲》

3.《中西见闻录》

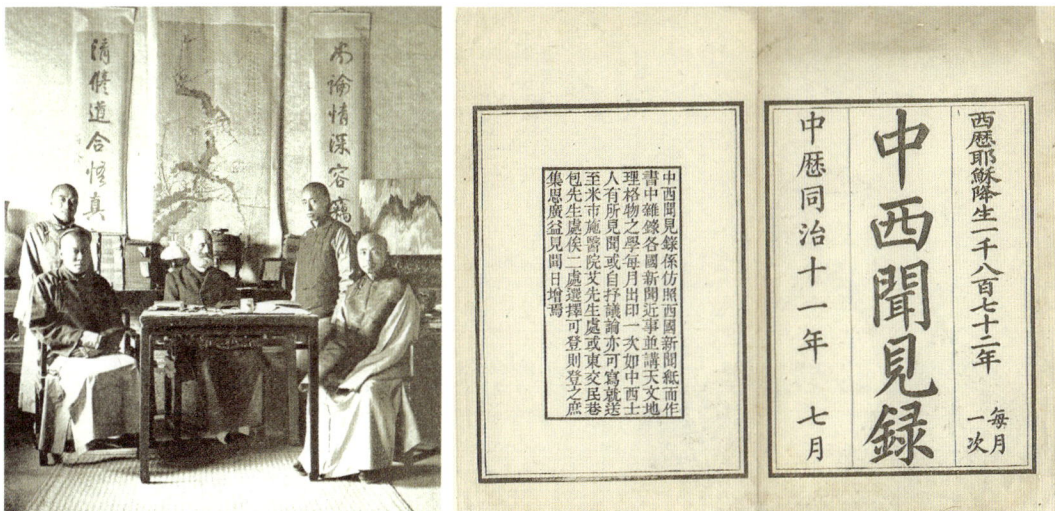

1872 年，丁韪良等在北京创办的《中西见闻录》是中国第一种科技传播期刊。左图为丁韪良（中）与其学生在一起的合影，右图为《中西见闻录》创刊号

4.《格致汇编》

1876 年，英国传教士傅兰雅（左）创办中国第一种科学期刊《格致汇编》

5.《西医新报》

美国传教士嘉约翰创办了中国第一个医学社团——博医会，并于1880年创办中国最早的西医期刊《西医新报》。左图为嘉约翰，右图为《西医新报》第肆号（1881年）

第二节　师夷长技以自强

中国在鸦片战争中失败后，西方国家用坚船利炮轰开了长期实行闭关锁国的清王朝的国门，也开启了中国先进知识分子探索救国救民真理的历程。西方国家倡导的资产阶级政治思想和先进的科技教育深受这些中国知识分子欢迎，学会组织亦不例外。从鸦片战争到甲午战争的半个多世纪里，中国的资产阶级启蒙思想家们提出了多种多样的"自强之道"，但都认为要自强就需先学习西方的科技知识。于是在19世纪50—90年代，西方科学和文化在中国广泛传播。一方面是"引进来"，发起了洋务运动，"师夷长技"，以图"自强""求富"，引进工业生产和军事技术，造船、开矿、制枪炮，同时向传教士学习生产技术知识，翻译新学、办报刊、设学会、开学堂；另一方面是"走出去"，派少年出国留学，学习西方的科技与教育。但是，结果都令人失望。

一、西式学会的传入

近代科学技术在中国最初的传播始于1582年利玛窦来到中国。鸦片战争后，英、美、法等国的大批传教士纷纷涌入中国。到19世纪末，在华的天主教传教士已达到800多人，耶稣教传教士达到1 500多人。他们在向中国民众传播宗教观念的同时，也向中国的学者传授科学技术知识，以西式学会为模板在中国创办学会。不过，这些学会带有明显的宗教色彩。这一时期西方传教士在中国成立的学会大多集中在上海、广州等沿海城市，这些地区多为沿海的通商口岸。1834—1838年，益智书会、马礼逊教育会、医学会相继在广州成立。此后，宁波、上海等沿海城市都出现了西式学会，如1844年宁波的促进女性教育会等。这时学会的主要活动是翻译出版书刊、建立图书馆、设立学校和开办医院等，它们在介绍新知、改良社会风气等方面对近代中国知识分子曾产生一定的启蒙作用。但这些学会主要由西方传教士组建，很少有中国知识分子参与其中，而且其宗教色彩鲜明，所以影响有限。

近代中国的部分传教士所建学会

序号	名称	成立时间	成立地点
1	益智书会	1834年	广州
2	马礼逊教育会	1836年	广州
3	医学会	1838年	广州
4	促进女性教育会	1844年	宁波
5	皇家亚洲学会中国分会	1857年	上海
6	文理学会	1858年	上海
7	益智书学会	1873年	北京
8	博医学会	1886年	上海
9	广学会	1887年	上海
10	中国教育会	1890年	上海

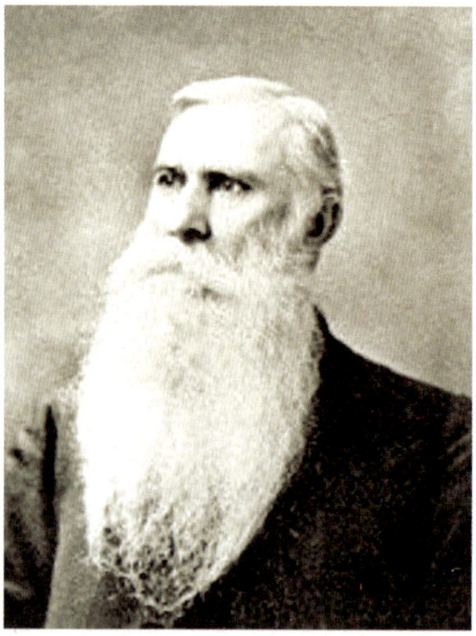

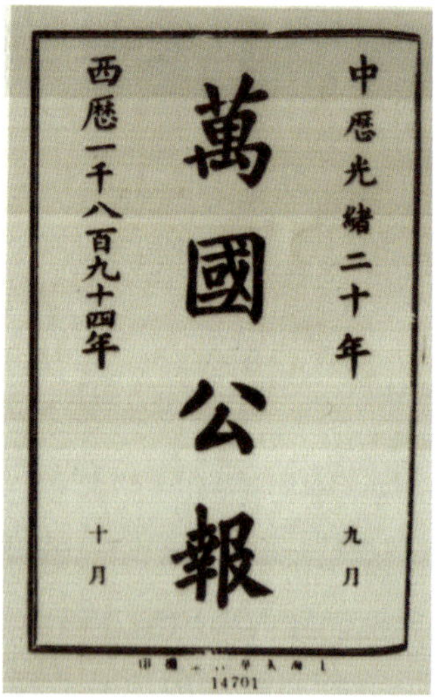
中歷光緒二十年 九月
萬國公報
西歷一千八百九十四年 十月

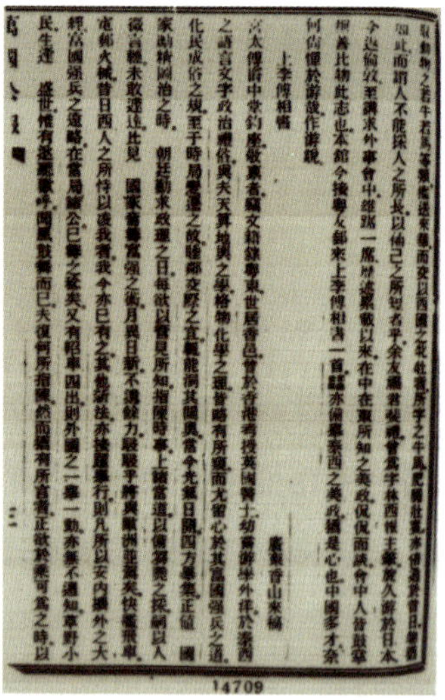

英国传教士韦廉臣于1887年在上海成立广学会（最初名为同文书会），并把1868年9月5日美国传教士林乐知在上海创办的《万国公报》改为自己的机关报。左图为林乐知，中图、右图为1894年10月《万国公报》及其所刊登的孙中山《上李傅相书》

1899 年 2 月，《万国公报》第 121、124 期连载的英国传教士李提摩太的《大同学》一文首次提到马克思的名字

二、翻译西方新学

　　学习西方技术需从学习知识做起，清政府兴办了一系列洋务新学堂，先后设立了京师同文馆、上海广方言馆、广州同文馆、福州船政学堂等洋务学堂。据统计，1862—1896 年，各地洋务派开办的洋务学堂有 34 所，主要目的是学习外语、翻译西学。对西方科技著作的翻译可以追溯到

1843 年，新教传教士在上海成立墨海书馆。左图为麦都思、理雅格与中国学者王韬在上海墨海书馆，右图为王韬翻译的《泰西著述考》

1843 年新教传教士在上海成立的墨海书馆。随着洋务运动的勃兴，翻译浪潮一浪高过一浪，出现了华蘅芳、徐寿、王韬、李善兰等著名学者。

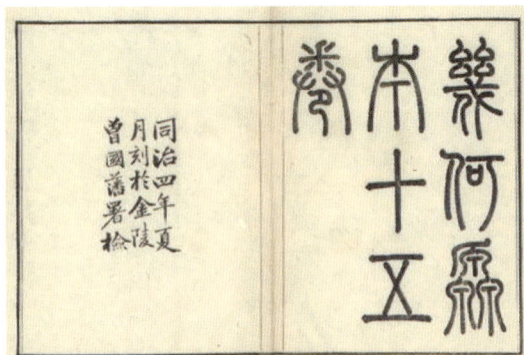

1862年成立京师同文馆，李善兰是该馆唯一的中国学者，其翻译的科技著作有《几何原本》《重学》等。图为李善兰和其翻译的《几何原本》

李善兰（中间坐者）和他的学生们

李善兰刻印的《对数探源》

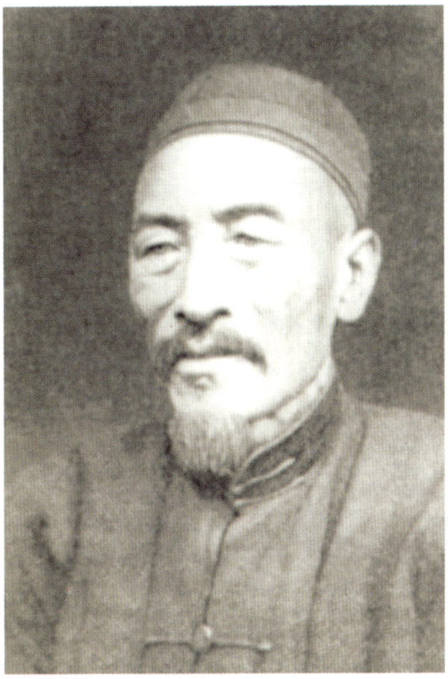

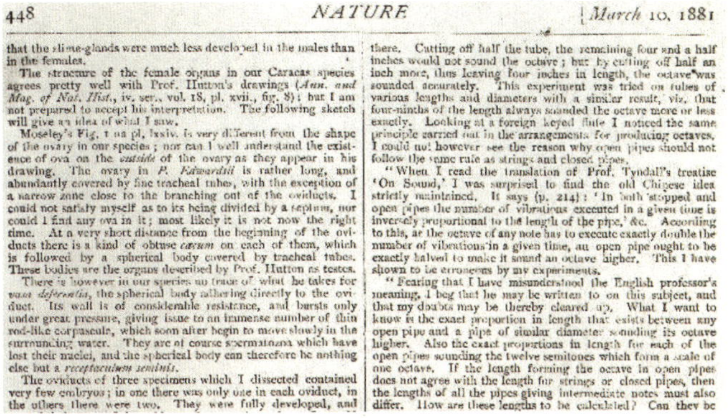

1867 年，中国学者徐寿等发起成立翻译馆。徐寿的影响较大的译作有《西国近事汇编》，并于 1881 年在《自然》杂志上发表了中国第一篇文章《考证律吕说》，纠正了著名的伯努利定律的错误。图为徐寿和《自然》杂志上的文章《考证律吕说》

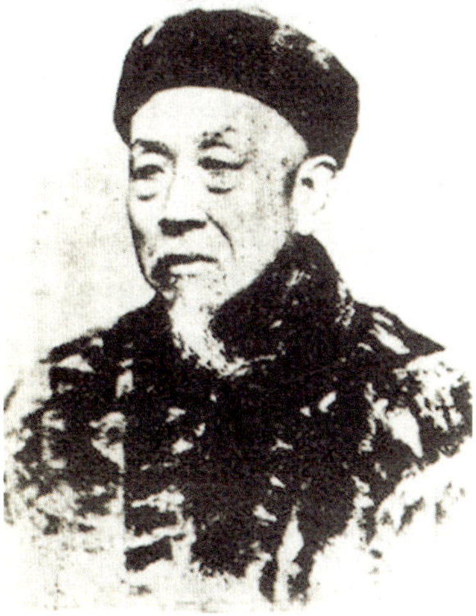

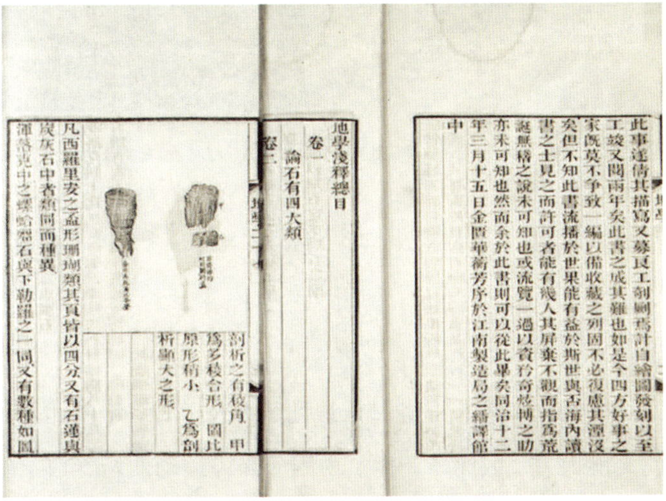

华蘅芳与外国人合译了很多近代科技著作。左图为华蘅芳，右图为他和玛高温合译的《地学浅释》

徐寿父子与华蘅芳在江南制造局翻译馆（从左至右为徐建寅、华蘅芳、徐寿）

三、走出国门

　　洋务运动中，洋务派认识到熟练技工、各级技术及管理人员极度缺乏，而传统教育对此无能为力，因此，产生了为服务洋务运动而培养留学生的想法。最早走出国门的中国首批留学生是1847年随香港马礼逊学校校长勃朗先生赴美的容闳、黄宽、黄胜等。1855年，容闳以优异的成绩从耶鲁大学毕业回国。19世纪60年代末，李鸿章、曾国藩、奕䜣、容闳等向清政府建议派遣留学生，向洋人学习"巧技造作之原"。1870年，清政府批准奏请。自1872年首次派出30名留美少年到1875年，清政府共派出4批120名留美少年和83名留欧海军学员。留美少年的平均年龄只有12岁，容闳亦被任命为留美学生监督及清政府驻美副公使。1874年，中国留学事务大楼建成后留美少年在大楼中集中住宿，他们从留学生选派到留学期间，再到学成归国，都处在清政府的严格管控之下。尽管如此，清政府还是因担心

清末从上海出发的第一批 30 名留美少年

1872 年，詹天佑（左）和潘铭钟在到达美国康涅狄格州纽黑文后的合影

留美少年在美国康涅狄格州哈特福德的中国留学事务所。图为中国留学生组织的棒球队。后排左起：蔡绍基、钟俊成、吴仲贤、詹天佑、黄开甲；前排左起：陈钜溶、李桂攀、梁敦彦、邝咏钟

1872年9月，首批到达美国加州的留美少年合影。左起：钟文耀、梁敦彦、不详、史锦镛、不详、牛尚周

清末留日学生（后排左1为蔡锷）

1896年，清末留日学生与他们的老师

留学生"适异忘本""离经叛道"，于1881年6月做出撤回留美学生的决定。中国的第一批留学生虽没有完成预定的学习目标，但也涌现出詹天佑、严复、欧阳赓等一批新式人才。甲午战争失败后，中国开始向日本学习。1896年，清朝驻日公使裕庚在上海、苏州等地招收了唐宝锷、朱光忠等13名学生到日本留学，开启了中国近代留日的序幕，至1903年已有1 300名留日学生，1906年留日学生则有12 000名，留日活动达到高潮。

第三节　开学会为变法救国第一要务

甲午战争的失败宣告了洋务派试图通过开矿藏、修铁路、造军舰、练海军等学习西方的救亡图存计划的破产，给中国有识之士带来极大的震动，谭嗣同发出"四万万人齐下泪，天涯何处是神州"的悲愤之声。甲午战败进一步加剧了中华民族的危机，中国的知识分子猛然觉醒，纷纷追究战败的原因，从更深层反思和探寻救国的道路。这场战争的失败使中国有识之士意识到仅仅是技术层面的变革无法达到"自强求富"的目的，不仅需要从政治制度层面进行变法，实施君主立宪，还要深入学习西学。1898年6月11日，光绪皇帝采纳了康有为的变法建议，颁布《定国是诏》，宣布开始变法，实施教育、经济、政治、军事等方面的改革。

康有为、梁启超等维新人士认为，"培养民力、民智、民德，才是使中国富强的根本办法"，而"欲开民智，非讲西学不可"。兴学会、办报刊和建学堂成为戊戌变法运动深入学习西学的最主要内容。在康有为、梁启超等维新人士的推动下，"学会之风遍天下，一年之间，设会数百"，形成了我国第一个学会发展高峰。戊戌学会是具有开创意义的新事物，学会的作用是"开风气、联人才、伸民权"，尽管表现出各种不成熟和种种缺点，但终究在社会生活中产生了广泛而深刻的影响，发挥了强大的思想启蒙作用。

一、欲救中国，在兴学会

维新派的代表人物康有为、梁启超、谭嗣同等普遍认为，学习西方，推动变法维新运动，争取民富国强，应从组织学会做起。康有为说："夫挽世变在人才，成人才在学术，讲学术在合群。"他还说："尝考泰西所以富强之由，皆由学会讲求之力。"而梁启超则断言："今欲振中国，在广人才。欲广人才，在兴学会。"他认为，只要把学会组织起来，则"一年而豪杰集，三年而诸学备，九年而风气成"，"以雪仇耻，何耻不雪？以修庶政，何政不成？"他大声呼吁："欲救今日之中国，舍学会未有哉！"谭嗣同说："今日救亡保命，至急不可缓之上策，无过于学会者。""今之急务，端在学会。"章太炎也在《时务报》上呼吁："学会有大益于黄人亟宜保护。"总之，维新派认为，"今日之中国，以开学会为第一要务"，坚信"学以此兴，士以此联，民以此固，国以此强"。

1. 康有为等首开强学会

1895年8月，康有为、梁启超等在北京创立了戊戌维新时期的第一个学会——强学会。同年10月，康有为南下上海，成立强学分会，并创办《万国公报》，因与林乐知创办的报纸重名，后改为《中外纪闻》。自此，"海内移风，纷纷开会，各国属目"。

北京强学会旧址

康有为

《中外纪闻》

1896年1月康有为在上海创办的《强学报》

2. 梁启超发表《论学会》

1896年7月，维新派人士黄遵宪在上海创办了《时务报》，时任主笔的梁启超在其第十册上发表了中国第一篇学会理论文章《论学会》，强调学会的重要性。

梁启超

《时务报》创刊号

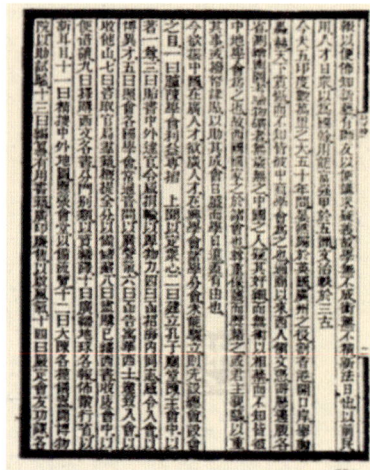

《论学会》一文

1896年9月25日（农历八月十九），于上海光绘楼摄。后排左起：汪康年、孙宝瑄、宋恕，前排左起：梁启超、胡庸、吴嘉瑞、谭嗣同

3. 谭嗣同创办算学社

谭嗣同认为，西方富强靠的是"格致、制造、测地、行海"等科学技术，而"诸学"之基础为算学。于是，他给自己的老师欧阳中鹄写下万言长信《兴算学议》，恳请"废经课，兼分南台书院膏火，兴算学格致"，得到支持。1895年8月，谭嗣同创办了中国第一个西学科技社团——浏阳算学社。

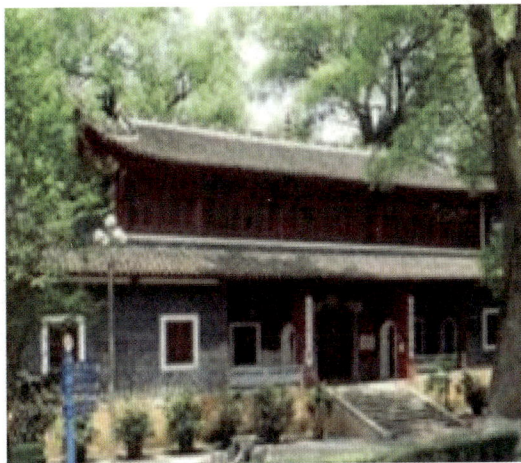

谭嗣同　　　　　《兴算学议》　　　　浏阳算学社旧址

4. 孙中山倡立农学会

孙中山曾感叹"我国自欲行西法以来惟农政一事未闻仿效。派往外洋肄业者亦未闻有入农政学堂者，而所聘西儒，亦未见有一农学之师，此亦筹富强之一憾事也"。1895年10月5日，孙中山在广州《中西日报》上发表《创立农学会征求同志书》，10月26日因第一次广州起义失败而被迫出走海外。

广州农学会旧址

创立农学会征求同志书

间尝综览古今，旷观世宙，国家得殊隆盛，入民克享康熙者，无非上赖君相之经纶，下藉师儒之学术，有以陶熔鼓舞之而已。是一国之兴衰，系乎上下之责任，师儒不以独善自谋，君相不以威福自雄。……今特创立农学会于省城，以收集思广益之实效。首以翻译为本，搜罗各国农桑新书，译成汉文，俾开风气之先。

香山孙文上言光绪乙未八月十六日

孙中山及其发表的《创立农学会征求同志书》

1895 年 11 月 6 日《镜海丛报》对广州农学会的报道

5. 罗振玉再创农学会

广州农学会被禁不久，1896 年 12 月 5 日，罗振玉、徐树兰、朱祖荣、蒋伯斧等在上海发起设立务农会（后改名农学会），开展"立农报、译农书、延农师、开学堂、售嘉种、试新法"等活动。次年 5 月，由罗振玉主持的《农学报》问世。

罗振玉

《农学报》第一期所载《治菜蔬虫法》

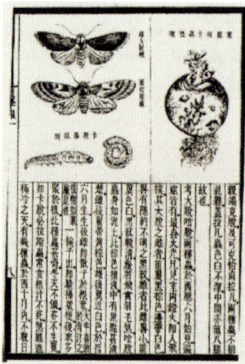

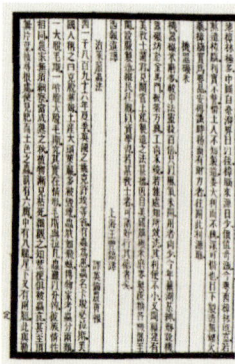

二、旋生旋灭

戊戌变法时期的学会被赋予强烈的政治属性，有大量的政治人物参与，发挥了强大的思想启蒙作用，印发报刊、开办图书馆和集会交流是活动的主要方式，呈现出存续时间短、规模较小和性质多样的特点。虽然10年内曾先后出现过600多个学会，但大多政治色彩太浓，真正称得上科技社团的并不多，这些学会都随着维新运动的失败而消失。

戊戌变法时期成立的部分学会

序号	名称	成立时间	成立地点	发起人
1	浏阳算学社	1895年8月	浏阳	谭嗣同等
2	上海强学会	1895年10月	上海	康有为
3	务农会	1896年12月	上海	罗振玉等
4	不缠足总会	1897年	上海	梁启超等
5	西学会	1897年	北京	阎道竹等
6	苏学会	1897年	苏州	章钰等
7	医学善会	1897年	上海	吴仲弦等
8	知耻学会	1897年	北京	康有为等
9	粤学会	1898年1月	北京	康有为
10	闽学会	1898年3月	北京	林旭
11	延年会	1898年	湖南	熊希龄
12	亚泉学馆	1900年	上海	杜亚泉
13	科学补习所	1904年7月	武昌	吕大森等
14	中国地学会	1909年	天津	张相文
15	中华医药学会	1909年	上海	—
16	中西医学研究会	1910年	上海	丁福保
17	强学会	1895年9月	北京	康有为等
18	农学会	1895年10月	广州	孙中山
19	圣学会	1897年4月	桂林	康有为等
20	质学会	1897年	武昌	—
21	金陵测量会	1897年	南京	—
22	蒙学公会	1897年	上海	汪廉年
23	译书公会	1897年	上海	董康
24	女学会	1897年	上海	李闰（谭嗣同妻）
25	南学会	1898年2月	长沙	谭嗣同
26	蜀学会	1898年3月	成都	宋育仁
27	励志会	1900年	日本东京	沈翔云
28	日知会	1904年	武昌	刘静庵

注：表中"—"意为无法获得资料。

三、清末"新政"

戊戌变法尽管失败了，但是农民的反抗斗争、资产阶级革命派的武装起义及帝国主义列强的侵略迫使清政府不得不做最后的自救，被迫实施一系列的改革"新政"。自洋务运动始，清政府就没有中断过引进西式教育，办学堂、选派留学生、办报纸、建图书馆，至1905年之前可以说引进西式教育的活动已初具规模，但是在一般人眼中，科举之路仍是正途。甲午战争失败后，中国科举教育体制受到极大挑战，中国的知识分子主张多派留学生到日本，并希望像日本那样建立从小学到大学的学校教育体系，呼吁"科举一日不停，士人皆有侥幸之心……学堂决无大之望"。1905年9月2日，清政府终应袁世凯、张之洞、赵尔巽等所请"立停科举以广学校"，废除科举。科举制度的废除打破了传统的人才选拔模式，研习儒家经典不再是走向仕途的必由之路，西学取得了合法地位，从而使科学技术教育在中国成为主流，对中国的社会文化和科学技术的发展产生了深远的影响。1906年9月，清政府被迫宣布"预备仿行宪政"。在立宪派不断请愿的压力下，1908年8月27日清政府公布了《钦定宪法大纲》，规定"一切臣民于法律范围以内，所有言论、著作、出版及集会、结社等事，均准其自由"。清末"新政"在一定程度上刺激了一些实用性科技社团的诞生，如中西医学研究会、中国地学会、中国药学会等。

1. 废科举、建新校

在清末自救行动中，最大胆、最有效的"新政"莫过于学制改革和废除科举，其影响之深远堪比辛亥革命，它强行阻断了知识阶层走向官僚阶层的唯一通路，清除了横亘在中国社会现代转型道路上的一个核心障碍，为现代科学的迅猛传播、现代教育制度的建立、现代科技事业的开创和新式知识分子群体的形成奠定了人才基础。1901年1月29日，清政府以光绪皇帝的名义发布"新政"的上谕。1902年5月，京师大学堂总教习吴汝纶被派往日本考察教育。1902年8月，管学大臣张百熙拟订了我国第一套从小学至大学的完整学制《钦定学堂章程》（今称壬寅学制），但并未实行。1903年，张百熙等重新拟订《奏定学堂章程》（又称癸卯学制），并于1904年1月正式颁布。癸卯学制规定大学堂分预科、分科和大学院3级，分科大学分政法、文学、格致、农业、工艺、商务、医术7科。其中，格致科又分天文学、地质学、高等算学、化学、物理学、动植物学6门。1905年，科举制度废除，变格致为科学，重申"以提倡科学为急务""饬令各督抚广设学堂"，大规模引进西方科学

科举考试场景图

年龄	阶段	学校					学年
26	高等教育		大学院				21
25			大学堂（三年）（分七科）				20
24							19
23							18
22		仕学馆	师范馆	高等学堂及大学预备科（分政艺二科，三年）	高等实业学堂		17
21							16
20							15
19	中等教育		师范学堂	中学堂	中等实业学堂	实业科	14
18							13
17							12
16							11
15	初等教育		高等小学堂（三年）			简易实业学堂	10
14							9
13							8
12			寻常小学堂（三年）				7
11							6
10							5
9			蒙学堂（四年）				4
8							3
7							2
6							1

壬寅学制示意图

技术。1906年，清政府设立学部，管理全国教育。在新教育制度的推动下，全国学校迅速发展。据统计，1904—1909年，学校由719所增加到52 000多所；1903—1909年，学生由6 943人增加到1 562 171人。但是，西式学堂仍然保留着浓厚的儒学教育传统。

晚清时期新学堂中学生上课的情形

晚清时期新学堂中女学生上课的情形

2. 实用性学会兴起

戊戌变法失败，政治学会解体。但是，随后的清末"新政"催生了一些职业性协会、应用性专门学会。1901年，莫里森等发起成立上海工程师和建筑师协会。1902年，余伯陶、李平书、陈莲舫、蔡小香、春圃等在上海成立上海医会。1903年，蔡元培、杜亚泉等在上海张园成立绍兴教育会。1904年，周雪樵等成立了上海医学研究会。1906年，李平书、蔡小香等在上海成立上海医务总会。1907年，中国留日学生在日本成立中国医药学会、中华药学会、中国国民卫生会、植物研究会、动物研究会等，中国留欧学生俞同奎、李景镐、吴匡时、陈传瑚等在法国巴黎正式成立中国化学会欧洲支会等。1908年，江西农务总会成立。1909年，美国的信宝珠（Cora Simpson）女士等在江西牯岭成立中国中部看护联合会（现为中华护理学会）。1910年，上海成立中西医药研究会、南京成立全国农务联合会、广东成立农商工艺研究公会等。1911年，成立江宁农务总会、广西农务总会、湖南农务总会、全国医学联合会、上海农人公会、南京中医公会等。总之，这一段时间成立的职业团体多为医学、农学、教育、工程、地学等职业性协会或学会。

（1）中国药学会

1907年，在日本留学的王焕文、伍晟、曾贞、胡晴崖、鲍燦、赵燏黄、蔡钟杰等药科学生在东京发起成立中华药学会，确立了"切磋学问、交换药学及其他有关专门技术知识"的宗旨。因辛亥革命爆发，王焕文、伍晟、赵燏黄等发起人相继回国，1912年中华药学会迁回国内。同年6月，中华药学会在北京先哲祠举行了第二次年会。全民族抗日战争爆发后，中华药学会活动中断，被国民党政府宣布为"非法团体"。1942年，中华药学会以"中国药学会"之名注册备案。1951年1月，中国药学会加入全国科联，1952年举行了新中国药学的第一次全国代表大会。

中华药学会发起人伍晟（左2）与部分会员合影

1936年，中华药学会首任秘书长赵燏黄（左1）在药市开市典礼上

（2）中国地理学会

1909年9月28日，张相文、白雅雨、吴鼎昌、韩怀礼等27人在天津成立了中国地学会，推举张相文为会长。1910年3月1日，创办《地学杂志》。1912年，中国地学会迁至北京。1928年，中国地学会派代表参加了德国地学会百年纪念大会，并决定"复活"中国地学会。1933年，翁文灏、竺可桢、张其昀在《方志》月刊刊布中国地理学会发起旨趣书。1934年3月，中国地理学会正式成立，发起人有翁文灏、丁文江、李四光、竺可桢、王庸、向达、张其昀等40余人，翁文灏为首任会长。同年8月，中国地理学会第一届年会在江西庐山举行。同年9月，《地理学报》在南京创刊。此后，两学会并存。1953年，两学会完成合并，定名为中国地理学会，竺可桢为理事长。

中国地学会成立大会的与会者合影

《地学杂志》封面

（3）中华护理学会

1907年，信宝珠女士从美国来到中国福州，在中国博医会秘书菲利普·高七兰医生的帮助下，在仓山南台岛创办了中国第一所护校。1909年8月19日，信宝珠等7名外籍护士和2名外籍医生于江西牯岭创建了第一个全国性护理组织——中国中部看护联合会（数日后更名为中国看护组织联合会），公推在安徽工作的哈特（C.M.Hart）为会长。从此，中国护士有了自己的学术组织。1914年6月30日—7月2日，第一次全国护士大会在上海召开，选举盖仪贞（Nina D.Gage）为会长、中国护士钟茂芳为副会长、信宝珠为总干事，并

1913年，信宝珠女士（中）与她的中国学生

1914年6月30日，第一次全国护士大会在上海召开

1909 年，中国第一所护士学校的首届毕业生
与教师合影（右 1 为信宝珠）。护校创办时才
两个人，当时的女护士不护理男患者

1907 年，信宝珠创建南丁格尔护理和助产士培训学校，
1912 年正式注册。原址位于福州仓山南台岛，现为
福建卫生职业技术学院

决定更名为中华护士会。大会根据钟茋芳的建议，将 "nurse" 的原译名 "看护" 改为 "护士"。1936 年，中华护士会再次更名为中华护士学会，抗战期间迁往重庆。1942 年，中华护士学会更名为中国护士会，1950 年再更名为中华护士学会，并加入全国科联。1964 年，中华护士学会更名为中华护理学会，并沿用至今。

1964 年，周恩来等党和国家领导人出席中华护士学会第十八届全国代表大会的合影

学会1964年学术年会第十八届全国代表大会全体代表合影·1964年7月30日

第二章

政局变幻与科技社团的新发展

中国近代科学技术事业的发展比其他任何国家都更受国际环境和国内政局变幻的制约。中国人真正认识近代科学技术是从西方列强的侵略开始的，发展科学技术始终是摆脱中华民族饱受屈辱和实现民族复兴的手段。甲午战争失败，"实业救国"破产；戊戌变法失败，"立宪救国"流产；袁世凯称帝，"共和救国"夭折。袁世凯死后，中国又进入黑暗的北洋军阀统治时期。于是，辛亥革命前后大批有志青年走出国门，寻找救国之道。种种救国救民的措施不断失败，让中国新一代知识分子彻底觉醒，他们认识到只有进行文化启蒙，特别是科学文化的启蒙，才能从根本上改变中国社会。于是，以陈独秀为代表的新一代知识分子高举民主与科学的大旗，掀起了轰轰烈烈的新文化运动，一扫不利于现代科学技术发展的思想障碍，为马克思主义在中国的传播创造了条件，让科学在中国得以扎根。

第一次世界大战的爆发、俄国十月革命的胜利改变了世界的政治格局，给中国送来了马克思主义。巴黎和会上中国外交的失败引发了轰轰烈烈的五四运动，各种新学说、新思潮不断涌现，社会主义成为这股新思潮的主流，涌现出陈独秀、李大钊、毛泽东、周恩来等一批马克思主义者。1921年中国共产党成立，1924年中国国民党第一次全国代表大会宣布了联俄、联共、扶助农工的三大政策。共产党员以个人身份参加国民党，开始了第一次国共合作。五四运动不仅催生了信仰马克思主义的革命家，而且促使一批青年学生走上科学之路。

1926年3月20日，蒋介石制造中山舰事件，开始反共行动。1927年4月，蒋介石在南京建立国民党一党专制政府。1928年，张学良易帜，中国名义上实现了统一，出现了难得的不稳定的和平时期。正是从1911年至1937年卢沟桥事变爆发这段时期，第二批受过西方文化熏陶的中国知识分子陆续回国，他们学贯中西，兴学会、办报刊、办教育，发起新文化运动，营造出思想大解放的氛围。在这样的背景下，科学家的社会角色开始出现，科技团体大兴，中国的大学得到充分发展，国立大型研究机构筹建，学会发展呈现出专业化的特点，职业科学家的活动越来越多，中国近代科学体制初步形成。

第一节　成为新文化运动的一支生力军

在清末民初教育制度的改革和留学热潮中形成了新一代的知识分子群体。辛亥革命之后的动荡局面，让这批中国的先进知识分子从希望的高峰跌入失望的谷底，陷入深深的苦闷与彷徨之中，正如毛泽东所讲："中国人向西方学得很不少，但是行不通，理想总不能实现。"[①] 民主政治的倒退、思想文化的逆流、封建迷信的盛行使他们终于意识到，要想救中国，就要从根本上改造中国，就需要文化上的觉醒和思想上的启蒙。

最先发起思想启蒙运动的是陈独秀。1915年9月，他创办《青年杂志》，在思想文化上掀起了一场以民主与科学为旗帜，向封建思想、道德、文化宣战的新文化运动。他在发刊词中指出："近代欧洲之所以优越他族者，科学之兴，其功不在人权说下，若舟车之两轮焉。"一年后，《青年杂志》更名为《新青年》，明确把鼓吹新思想、启发新觉悟和造就新青年作为该刊的主旨。《新青年》的创刊拉开了这场影响深远的新文化运动的序幕，科学精神成为新文化运动的核心价值观。在这里，陈独秀强调的科学既包含自然科学，也包含社会科学，但主要是指自然科学。

中国的新文化运动和欧洲的文艺复兴运动一样，都是力求改变人的思维和行为方式的启蒙运动。欧洲的启蒙运动要打破的是宗教思想的禁锢，中国的新文化运动要挣脱的是儒学文化的束缚。因此，新文化运动倡导的"德先生"（Democracy）有两层含义：一是民主精神与民主思想，二是资产阶级的民主制度。新文化运动倡导的"赛先生"（Science）

---

① 毛泽东：《论人民民主专政》（1949年6月30日），见《毛泽东选集》第4卷，人民出版社1991年版，第1470页。

也有两层含义：一是科学思想、科学精神和科学方法，二是具体的科学技术知识。在这场新文化运动中，陈独秀、胡适、罗家伦、傅斯年等向封建传统开战，掀起了声势浩大的思想解放浪潮，为五四运动的爆发、马克思主义在中国的传播奠定了思想基础，为中国科学技术的建制化创造了有利的条件。

中国近代科学技术事业是中国反封建、反殖民主义斗争的一个重要部分。科学社团作为民主精神与科学精神的双重体现者，自然是这场思想革命的重要参与者和推动者。1915年1月，任鸿隽等在上海创办《科学》杂志，发出了倡导民主与科学的先声，其发刊词开宗明义地指出"世界强国，其民权国力之发展，必与其学术思想之进步为平行线，而学术荒芜之国无幸焉"，同样把民主与科学作为强国之策。因此，可以说以中国科学社社员为代表的中国新兴的科学家群体开辟了新文化运动的另一个战场，是新文化运动不可或缺的一支生力军。他们立足专业，以弘扬科学精神为己任，使科学救国由器物层面转向制度、文化层面，为科学救国思潮在中国的盛行贡献了自己的力量。正如樊洪业先生所讲，科学在《新青年》那里，是提倡，是战斗；在《科学》这里，是播种，是耕耘，是收获。

一、新一代留学生群体的形成

无论是"革命救国""实业救国""思想启蒙"，还是"科学救国"，清末民初的留学生群体都是主力军。1840—1895年，清政府陆续向美国、欧洲各国派出的第一批留学生很少，不超过300人，而真正的近代中国留学运动发生于清末民初，并形成了3个高潮。

1896—1911年，受甲午战败、清末"新政"和日俄战争的刺激，出现了留学日本的高潮。留日学生从1896年最初的13人，逐年增加，至1906年达到12 000人。之后因留日政策变化，留日热潮逐渐消退，至1911年锐减至3 328人，一直到1921年，留日学生人数都基本维持在这个规模。留日学生受政治改革派的影响，大多选择学习法政等社会学科。留日学生关心国内政治形势，日本对中国的任何一次侵略都会引发大规模的抗议和回国潮，涌现出陈独秀、李大钊、李达、李汉俊、高一涵、陈启修、陈望道、钱玄同、鲁迅、郭沫若、刘半农、田汉等大批思想家、革命家和文学家。

1908年，中美签署"庚子赔款"留学协议后，1909年清政府特设"游美学务处""游美肄业馆"，出现了留学美国的新高潮。据统计，至1915年留美人数已达1 461人。这批留学生中的大多数人选择了科学技术领域，深受欧美科学和民主思潮的影响，与国内的新文化运动产生共振，很多人成为新文化运动的干将，涌现出一批科学英才和民主战士，如胡适、杨杏佛（杨铨）、马寅初、赵元任、侯德榜、叶企孙、竺可桢、茅以升、李四光、蔡元培等人，成为中国科学界、教育界和各民主党派团体的中坚力量。

1902年，清政府饬令各省选派留学生到欧洲留学，留欧以此为开端，至1920年形成了留法勤工俭学高潮。自1903年管学大臣张百熙从京师大学堂速成班选派16人留欧，选派学生赴欧留学逐渐兴起。据统计，1908—1910年，中国留欧学生总数为500余人，其中留学英国、法国、德国、俄国的学生人数分别为124人、140人、77人和23人，他们受实业救国的影响，大多学习工科。南京国民临时政府成立之后，"国家建设"的现实需求让一批青年学生意识到空谈误国，只有掌握了科学技术知识才能建设好自己的国家。民国初年政局混乱，官派留学生甚少，普通的热血青年走上了勤工俭学之路。1912年2月，李石曾、吴稚晖等在北京发起成立留法俭学会和第一所留法预备学校，"欲造成新社会、新国民"。1916年6月，吴稚晖、蔡元培、李石曾、吴玉章等以"发展中法两国之交通，尤重以法国科学与精神之教育，图中国道德、知识、经济之发展"为宗旨，在法国巴黎成立华法教育会。1917年，蔡元培、吴玉章成立北京华法教育会和留法勤工俭学会，作为留法勤工俭学机构。在新文化运动新思潮的影响和华法教育会的推动下，形成了赴法留学的热潮。1919年3月17日，首批89名留法勤工俭学学生乘日本邮轮离开上海，至1920年年底，已有1 600多名学生远涉重洋到达法国勤工俭学，涌现出蔡和森、向警予、徐特立、蔡畅、周恩来、邓小平、赵世炎、王若飞、刘伯坚、陈毅、聂荣臻、李富春、何长工等老一辈革命家，为中国人民的解放事业立下了不朽功勋。

1. 中华民国的诞生

1911年10月10日，湖北革命团体文学社、共进会在同盟会的推动下，以湖北新军为主力成功发动武昌起义，各省纷纷响应，终于推翻清王朝，建立了中华民国。1912年1月1日，孙中山就任中华民国临时大总

孙中山及其就任中华民国临时大总统的誓词

中华民国临时国民大会选举总统摄影

1912 年 1 月 3 日，中华民国临时大总统选举会的与会者合影

1912 年 1 月 3 日，中华民国第一届内阁成员合影

辛亥革命成功后群众庆祝场面

统。1912年2月12日，袁世凯迫使宣统帝溥仪颁布退位诏书。辛亥革命的性质，正如毛泽东所讲："辛亥革命，则是在比较更完全的意义上开始了这个革命。这个革命，按其社会性质说来，是资产阶级民主主义的革命。"① 辛亥革命结束了中国2 000多年的封建专制制度，有力地促进了中华民族的觉醒，推动了中国人民的思想解放，激励了中国人民为争取民族独立和人民解放、实现国家富强而更勇敢地奋斗。但是由于敌人力量太强大、自身力量太弱小、缺少坚强有力的领导核心、没有提出工农广泛参与的政治纲领等原因，辛亥革命的胜利果实被袁世凯窃取，中国陷入四分五裂的军阀混战时期。尽管如此，辛亥革命大大鼓舞了新知识分子群体继续寻找中华民族新出路的士气，促使新文化运动、五四运动相继爆发，并为中国共产党的诞生提供了历史契机。

1918年东扩后的清华学堂

2. 清华学堂的设立

1900年6月，八国联军侵略中国。1901年9月，清政府被迫签订《辛丑条约》，赔偿白银4.5亿两，分39年还清，利滚利达9.8亿多两，史称"庚子赔款"。其中，给美国的赔款占5%强，为控制中国未来的发展，美国决定退还赔款余额给中国，以使中国的年轻一代接受美国教育。经多次协商，1908年中美确定了退款办学的有关事宜。清政府在1909年7月正式成立了"游美学务处"，并附设"游美肄业馆"，专办庚子赔款赴美留学事宜。1909年9月第一批47人，1910年7月第二批70人，1911年6月第三批63人，3批共计180人赴美留学，中国科学社的9位发起人任鸿隽、秉志、周仁、胡明复、赵元任、杨杏佛、过探先、章元善、金邦正中，除杨杏佛、任鸿隽外都是庚子赔款留美学生。1911年2月，"游美肄业馆"改称"帝国清华学堂"，成为正式留美预备学校。1912年中华民国建立后，裁撤"游美学务处"，学堂改名为清华学校。虽然庚子赔款留学中断，但清华留美预备学校却并未停止

① 毛泽东：《毛泽东选集》4卷，人民出版社1967年袖珍版，第499页。

第一批庚子赔款留学生等合影

第二批庚子赔款留学生等合影

1925 年，清华留美学生到达美国西雅图时在"杰克逊总统号"上合影

20世纪20年代清华留美女生

1933年，第一批庚子赔款留英学生

选送优秀学生赴美留学。1928年，清华学校改名为国立清华大学后，赴美留学扩大到在全国公开招考。据统计，1909—1929年，清华共培养、选送留美学生1 280人，许多人后来成为中国杰出的人才。根据中美签订的《遣派学生规程》，美方要求"学理工的学生不得少于80％"，因此，庚子赔款留学生多为理工生，许多人成为中国近代科学事业的奠基人。据统计，在中央研究院中清华留美生占历届评议员的1/4，清华留美生占中国科学院（1955年）第一届学部委员人数的14％。

3. 寻求救国之道

辛亥革命前后，大批中国知识分子纷纷远赴美国、欧洲及东渡日本寻求救国之道。据任鸿隽的夫人陈衡哲回忆说："我是于1914年秋到美国去读书的。一年之后，对于留学界的情形渐渐熟悉了，知道那时在留学界中，正激荡着两件文化革新的运动。其

1910年麻省实业大学中国留学生合影

1909 年，中国留英学生在伯明翰合影，后排左 3 为丁文江，前排左 3 为徐新六、右 1 为钱宝琮

李大钊（前排左 3）在日本早稻田大学学习时与教员、同学合影

1920 年春假，在蒙塔尔纪尔学习的勤工俭学学生等合影。前排左 1 为蔡和森，左 2 为向警予，右 3 为蔡畅

一，是白话文学运动，提倡人是胡适之先生；其二，是科学救国运动，提倡人便是任叔永先生。"因此，"白话文学"和"科学救国"是走出国门的年轻知识分子寻找到的救国之策，这也是新文化运动的两项最主要的内容。蔡元培把中国的新文化运动与欧洲的文艺复兴相提并论，认为欧洲文艺复兴所"复兴的，为希腊罗马的文化"，而"我国周季文化，可与希腊罗马比拟"。他还同时指出，复兴不是复古，而是欧洲文艺复兴，是文化上的"一种革新运动"。作为新文化运动的旗手，蔡元培、陈独秀、胡适分别代表了留欧、留日、留美的爱国知识分子群体，把新文化运动推向了高潮。

二、现代科技体制的初建

辛亥革命结束了中国2 000多年的封建专制制度，有力地促进了中国人的政治思想解放，培养了中国人的民主精神，同时政团林立，各种"主义"涌现。辛亥革命加快了西方科学文化在中国的传播，有力地促进了近代教育体制和科技体制在中国的本土化。1912年1月1日，中华民国南京临时政府建立，孙中山任命蔡元培为教育总长，主持教育改革，并颁布了《普通教育暂行办法》，将"学堂"一律更名为"学校"。之后，又先后颁布了《小学校令》《中学校令》《大学校令》《实业学校令》等，从此中国的现代化教育有了较快发展。1913年，全国已有4所大学，111所专科学校，大学生481人，专科学生39 633人。1914年，各类学校总数达7 200余所，其中教会学校约占1/6，在校学生总数约200万人，其中教会学校的学生约占1/8。辛亥革命的成功推动了学术团体的不断出现。1912年，中华工程师学会组建，1913年中国经济学会、1914年中国科学社开始筹备。据统计，民国初年各地先后出现400个左右的学会，与清末相比，呈现出多元化的全面解放的局面。辛亥革命的成功催生了现代大学和科研机构，中国有了职业科学家群体。1913年，丁文江等创办的地质研究所成为中国历史上第一个科研机构，至1922年才出现中国历史上第二个科研机构——中国科学社南京生物研究所。

1. 北京大学的建立

现代大学是现代科技体制的重要组成部分之一。中国现代大学是在洋务运动中开办的西式学堂基础上发展起来的。1862年北京同文馆成立，1880年天津水师学堂成立，1898年京师大学堂成立，诏令各省、府等大学书院改为学习中学和西学的学校。1901年，同文馆

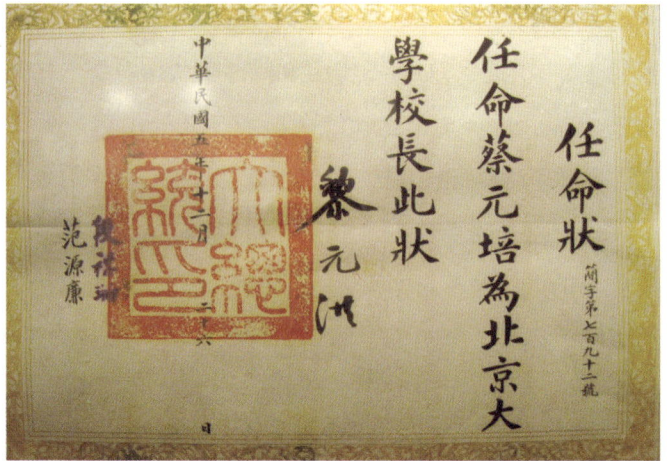

蔡元培及北京大学任命状

1913年，北京大学文科毕业师生合影和名单

1916年，北京大学理科毕业师生合影

并入京师大学堂。癸卯学制实施后直至1910年3月，分科大学才正式开学，当时格致科只有地质和化学两门。1912年5月，京师大学堂改名为北京大学校，后又更名为国立北京大学。同年10月，根据"大学令"，北京大学格致科改为理科，仅有4人。1913年，北京大学理科开办物理和化学2个班，工科开办土木、采矿、冶金3个班。1916年，蔡元培接任北京大学校长，遵循"大学者，研究高深学问者也"和"循'思想自由'原则，取兼容并包主义"等办学原则，对北京大学进行了一系列的改革。他停办工商、扩充文理、改门为系，理科设有数学、物理、化学、地质、生物5个系；他提倡成立学术团体、开办学术讲座、重用留学回国人员、倡导在大学设立研究所。蔡元培开创了北京大学思想自由的新风，奠定了科学体制的人才基础，使北京大学成为中国现代大学的起点和新文化运动的策源地。

2. 地质研究所的创建

实体科研机构的诞生是科学职业化、专业化的重要标志。没有自己的科研机构和固定的科学家群体就不会产生属于自己的科学。1913年6月，丁文江等创办了工商部地质研

1915年，地质研究所毕业生及教师合影，前排由左至右：翁文灏、章鸿钊、丁文江

究所（1914年1月因农林部、工商部合并，故更名为农商部地质研究所）。1913年7月，该所在北京、上海两地招生，1916年有了第一批18名毕业生。该所的创建标志着中国职业科技共同体正式诞生。地质研究所虽然只办了一期，但培养出了我国第一批地质人才，其中大多数人成为中国地质事业的脊梁。

三、新文化运动的兴起

新文化运动的兴起是受了辛亥革命后复辟帝制和军阀混战的直接影响。在民主政治上，以陈独秀创办《青年杂志》为开端，以国共两党联合发动国民革命的前夕为结束；在科学文化上，以任鸿隽创办《科学》为起点，以中央研究院的建立为终结。《青年杂志》诞生、中国科学社成立、蔡元培就任北京大学校长，预示着以文学、科学和教育为主要内容的新文化运动的正式形成。陈独秀、李大钊、鲁迅、胡适、钱玄同、刘半农、高一涵、周作人、易白沙、吴虞等《新青年》的主要撰稿人高举"德先生"和"赛先生"的大旗，大声疾呼："国人而欲脱蒙昧时代，羞为浅化之民也，则急起直追，当以科学与人权并重。"赵元任、杨杏佛、任鸿隽、蒋梦麟、秉志、胡先骕、竺可桢、胡适等《科学》的主要撰稿人早在《新青年》之前便将民主与科学作为改造中国社会的两大武器。无论是《科学》还是《新青年》，都把学习科学当作中国自身解放的工具，视其为救国的良方，强调只要有了科学，中国就会振兴。"科学救国"正是在这种社会历史背景下由洋务运动时期的器物层面、戊戌变法时期的制度层面转向科学的文化层面，形成了具有广泛影响的社会思潮。在这场"科学救国"思潮中，留美、留欧、留日学生构成了新文化运动的主体。在文化上，他们承担起西学东渐的任务；在思想上，他们通过对传统文化的反思，推动了中国社会的思想解放运动；在政治上，他们通过主张独立和自由，传播了西方社会的民主理念。

1. 陈独秀创办《青年杂志》

《新青年》的办刊历史大体上分为上海、北京和广州3个时期。1915年9月15日，陈独秀在上海创办《青年杂志》，1916年9月1日改名为《新青年》。《青年杂志》的发刊词《敬告青年》列举了6条标准，即"自主的而非奴隶的；进步的而非保守的；进取的而非退隐的；世界的而非锁国的；实利的而非虚文的；科学的而非想象的"，号召青年冲破封建礼教的束缚，做一个有个性的青年。1916年9月，《新青年》第二卷第一号发表了胡适以白话文翻译的俄国作家泰来夏浦的小说《决斗》。1917年，陈独秀被聘为北京大学文科学长，《新青年》编辑部迁至北京。1918年5月，《新青年》第四卷第五号发表了鲁迅的第一篇白话小说《狂人日记》。1918年10月，《新青年》第五卷第五号发表了李大钊的《庶民的胜利》《Bolshevism的胜利》等文章，传播马克思主义思想。1919年，五四运动爆发，北京大学和《新青年》成为新文化运动和五四运动的主要阵地。五四运动后，1920年陈独秀南下，《新青年》编辑部再次移至上海。1920年9月，《新青年》成为上海共产党早期组织的机关刊物。1921年4月，《新青年》因被上海的法国巡捕房查封而被迫迁至广州（实际编辑部仍在上海）。1923年6月，《新青年》成为中共中央理论性机关刊物，1926年7月25日终刊。

陈独秀创办的《新青年》面向青年，不仅高举科学与民主的大旗，引领了新文化运动

陈独秀及其任北京大学文科学长的教育部令

1918年，陈独秀与北大哲学门第二届毕业生等留影。前排左起：康宝忠、崔适、陈映璜、马叙伦、蔡元培、陈独秀、梁漱溟、陈汉章

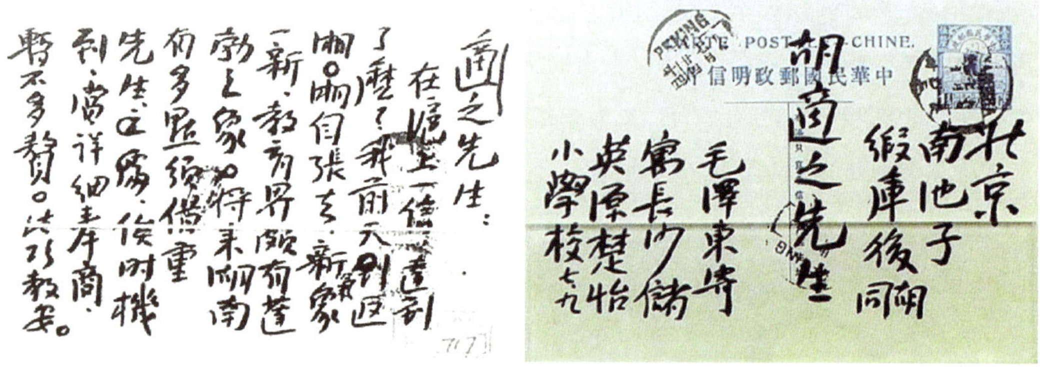

1920年7月，毛泽东给胡适的明信片（左为正面，右为反面）

和五四运动，唤醒了一代青年，改变了一代青年的人生观、世界观，而且还直接参与了建党伟业，对中国共产党的诞生产生了重大影响，极大地推动了中国的革命历史进程。《新青年》汇聚了一大批思想精英，他们撰写的文章使许多年轻人走上了革命道路。1936年，毛泽东在延安接受美国记者斯诺采访时说："《新青年》是有名的新文化运动的杂志，由陈独秀主编，当时我在湖南长沙师范学校做学生的时候，我就开始读这一本杂志。我特别爱

好胡适、陈独秀的文章。他们代替了梁启超和康有为，一时成了我的模范。……有很长一段时间，每天除了上课、阅读报纸以外，看书，看《新青年》；谈话，谈《新青年》；思考，也思考《新青年》上所提出的问题。"[1] 1923年，胡适在给高一涵等的信中也说："二十五年来，只有三个杂志可以代表三个时代，可以说是创造了三个时代。一是《时务报》，一是《新民丛报》，一是《新青年》，而《民报》与《甲寅》还算不上。"

胡适、李大钊和鲁迅在《新青年》上发表的著名文章

《青年杂志》创刊号，以及更名《新青年》后分别在北京、上海、广州复刊的封面

---

① ［美］埃德加·斯诺著，董乐山译：《西行漫记》，生活·读书·新知三联书店1979年版，第125页。

2. 任鸿隽创办《科学》杂志

《科学》于1915年1月在上海诞生，1960年停刊，是中国近现代科学发展史上持续时间最长、影响最广泛的综合性科学期刊。任鸿隽在《科学》的发刊词上将"科学"与"民权"并列，鲜明提出"兹以往，代兴于神州学术之林，而为芸芸众生所托命者，其唯科学乎，其唯科学乎"，表达了科学救国的办刊宗旨。同时，在《科学》"例言"中将学习"文明之国，学必有会，会必有报以发表其学术研究之进步与新理之发明"作为办刊模式，并"以传播世界最新科学知识为职志"，坚持"为学之道，求真致用两方面同时并重"的办刊方针。

《科学》首用横排与标点符号，迈出了文学革命的第一步。《科学》的印法是"旁行上左，兼用西文句读点乙，以便插写算术及物理化学诸方程式"。胡适在1916年1月曾为《科学》专门撰文《论句读及文字符号》，痛斥无文字符号的弊端，力陈文字符号的好处。

任鸿隽夫妇与胡适（右）合影

一年后，胡适在《新青年》上发表了倡导白话文的文章《文学改良刍议》。因使用标点符号是提倡白话文、改革中国文学的前提，《科学》一改传统从右向左的竖排，而采用从左到右的横排，用新式标点符号断句，并增加目录和索引，不仅开近代科学文化风气之先，而且首发文学革命的先声。

《科学》率先用科学批判封建迷信，强调"科学之有造智识"，其发刊词中明确指出"当中世纪之初，欧洲大陆，有宗教迷信，为人类智识进步之障碍。……乃谓听天敬神，则自然可任，桎梏人心，莫此为甚，使非科学家如加里雷倭（Galelio）者，本其好真之心，行其求是之志，血战肉搏，与宗教争此思想之自由，则至今犹蒙屯可也"，把"好真"和"求是"作为战胜封建迷信的有力武器。这与8个月后陈独秀的《青年杂志》发刊词中倡导以科学发起对封建迷信的批斗完全一致。

《科学》创刊号及其封三和《科学通论》

《科学》第一卷第四期
"战争号"封面及目录

　　《科学》首创"科学精神"一词，培育适合科学发展的文化土壤。它专设《通论》栏目，视科学为一个整体，而不是某一门的专门科学，讨论科学本质、科学方法、科学分类、科学组织、科学与社会等。1915年1月，任鸿隽在《科学》上发表了《说中国无科学之原因》，认为"科学者，智识而有统系者之大名"，强调"科学之本质不在物质，而在方法"，"吾国之无科学"是因"未得研究科学之方法而已"。任鸿隽进一步分析道："论理学之要术有二，一曰演绎法，一曰归纳法。二者之于科学也如车之有两轮，如鸟之有两翼，失其一则无以用也。"1916年1月，任鸿隽在《科学》上发表了《科学精神论》，认为"科学缘附于物质，而物质非即科学"，"科学受成于方法，而方法非即科学"，但科学却不能像物质和方法那样从西方直接获得，因科学的源泉是科学精神，而"其为学人性理中事，非摹拟仿效所能为功"。科学的源泉是科学精神。科学精神是科学家"性理中事"，不是靠模拟仿效而能得到的。然而，国人又必须把它学到手，因为"舍此而言科学，是拔本而求木之茂，塞源而冀泉之流"。1918年，《科学》在转载的《科学与近世文明》译文中提出，"传统主义"（traditionalism）和"科学精神"（scientific spirit）是构成维持社会稳定和推动社会发展的张力。科学精神即是"服从真理之精神"，认为中国之急务"莫如科学精神之普及"。此后，《科学》还刊载了杨杏佛的《科学的人生观》和梁启超的《科学精神与东西文化》等有关论述科学精神的文章。

《科学》中无论是通论类的文章还是专门科学类的文章，都为科学文化观念在中国的扎根做出了巨大的贡献。

3.《青年杂志》与《科学》合作

1915年10月，刚刚创刊的《青年杂志》即与《科学》合作共推新文化运动。

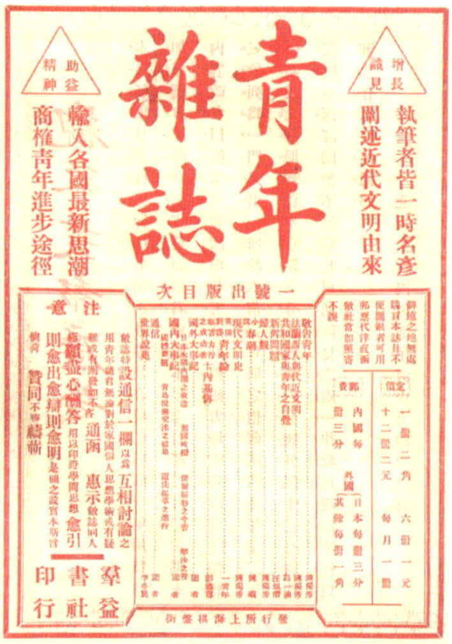

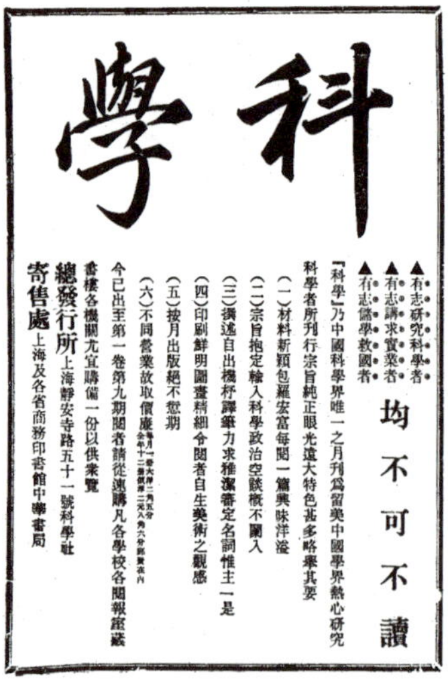

1915年10月出版的《科学》第一卷第十期刊载的《青年杂志》创刊号广告和《青年杂志》第一卷第二号刊载的《科学》广告

4. 科学学会的创立

辛亥革命前后，留学生在异国他乡就投入到创办科技社团、宣传科学的活动中。回国后，留学生更是科学救国思潮的主要推动和宣传力量。尽管在辛亥革命之前留学生已经创办了一些科技社团和期刊，但是大多以专门性技术知识为主要内容，对科学的理解停留在"技术救国"层面，并没有把科学作为一个知识体系进行宣传，社会影响不大。辛亥革命后，留学生创办的科技社团和期刊开始不仅把科学看成科学与技术的系统知识，而且把科学精神、科学思想和科学方法包含在科学的认知内，大力进行倡导和传播，开展科学实践活动，培育和支持中国早期科学家和科技共同体，成为形成新文化运动的科学思潮的一支生力军。

（1）中国科学社

1914年6月10日，在美国康奈尔大学留学的胡明复、赵元任、周仁、秉志、章元善、过探先、金邦正、任鸿隽、杨杏佛等9人在纽约州小镇伊萨卡成立了科学社，该社宗旨是"提倡科学，鼓吹实业审定名词，传播知识"，目的是采用股份公司形式集股400美元创办

1914年，康奈尔大学学生会成员合影，包括科学社的9位创始人

中国科学社举办第一次年会时董事会
成员合影，后排左起为秉志、任鸿隽、
胡明复，前排左起为赵元任、周仁

中国科学社在马萨诸塞州菲利普学校召开第一次年会

《科学》杂志。1915年1月，《科学》月刊在上海由商务印书馆出版发行。有社友认为仅靠《科学》之力难以实现提倡科学的宗旨，提出将股份公司形式的科学社改组为学术社团的建议。1915年4月，董事会向社员征求意见，大多数人表示赞成。1915年10月25日，由胡明复、邹秉文、任鸿隽起草的《中国科学社总章》得到社员赞成通过，中国科学社宣告

1916年9月2日，中国科学社在美国马萨诸塞州菲利普学校召开第一次年会的与会者合影，前排左5、6为任鸿隽、陈衡哲

正式成立，董事长为任鸿隽，宗旨为"联络同志，共图中国科学之发达"，标志着中国科学社正式成为一个科学共同体组织。1917年3月，中国科学社在北京政府教育部注册后正式成为法人团体。1918年，中国科学社因其主要领导人陆续从美国学成归国而将总部及《科学》编辑部迁回国内。中国科学社的全体社员把"科学精神和爱国主义"作为共同的价值追求，开始对什么是科学、科学方法、科学精神以及科学的社会功用等方面进行全面讨论、宣传。据统计，五四运动时期的162种报刊中有关自然科学的文章约有660篇，而《科学》在1915—1924年就刊登了介绍科学的文章达千篇以上。此外，中国科学社除了拥有众多的科学家外，还致力科学的体制化，蔡元培、胡适、张申府、傅斯年等社员成为新文化运动的主将，致力推动科学救国思潮的形成。

胡适是中国科学社的重要社员，但没有被写进发起人名单中。胡适与中国科学社发起人任鸿隽、赵元任、胡明复、周仁、过探先等关系密切，做过《科学》的编辑。1915年10月，胡适正式成为77名中国科学社成员之一，1936年被选举为中国科学社理事，为中国科学社写了社歌，在白话文运动中起着引领作用。

1917年3月，时任北大校长的蔡元培加入中国科学社，并当选为中国科学社的首位特社员。1922年，中国科学社改组，蔡元培成为新的董事会成员，当选为基金监，成为

1925年，胡先骕与胡适（右）的合影及胡适写的社歌

1936年，中国科学社举办蔡元培七十寿辰宴会

中国科学社的名誉领袖。

（2）中华学艺社

1916年12月3日，陈启修、王兆荣、吴永权、周昌寿、郑贞文、杨栋林等47人怀抱科学救国的理想在日本东京发起成立丙辰学社，《丙辰学社宣言书》中说："今者世界大通，万国比邻，国之强弱……皆将于学之发达与否观之，吾人以后进之国若于此时不谋所以急起直追之术，虽幸存残喘于今日，数世而后宁有幸哉。"社章明确以"研究真理、昌明学艺、交换智识"为宗旨。1917年4月，《学艺》杂志创刊，其发刊词叙述了刊行的缘起："十八世纪以来，自然科学大昌，其研究方法应用于精神科学，而精神科学因以大明。自时厥后，两者连镳而前，泰西文化为之大进。"杨适夷对刊名做了说明："本志封面德文成语 Wissen und Wissenschaft 正译当作知识与科学。觉义有未尽，乃为更进一解，而别以学艺名之。"因此，中华学艺社以政治经济学科的陈启修等，自然科学的周昌寿、郑贞文、苏步青等和文学历史科学的郭沫若、郑振铎等知名人士为社员，强调人文社会科学家和自然科学工作者要联合起来，一起推进社会改革，以实现科学救国的理想。郑贞文曾回忆说："溯学艺杂志之产生，由于五九国耻之后（1915年5月9日袁世凯与日本签订丧权辱国的'二十一条'，史称五九国耻日），同人等思以学术救国，组织丙辰学社于东京。"

俄国十月革命胜利后，段祺瑞政府为防止其影响在中国的扩大，在1918年5月秘密与日本签订《共同防敌军事协定》，出卖中国领土和军事主权，中国留日学生集会抗议，遭到日本军警镇压，引发了留日

中华学艺社旧址和《学艺》杂志

学生归国潮。因社员大部分回国，1920年10月丙辰学社决定将总部及《学艺》杂志编辑部迁回上海。1922年11月，丙辰学社的社员商议修改社章。1923年6月，新社章通过，丙辰学社正式更名为中华学艺社，宗旨为"研究真理、昌明学艺、交换智识、促进文化"。

陈启修是中华学艺社的重要发起人、首届执行部理事，1907年自费留日寻找救国之道。1918年，经吴玉章推荐，他受蔡元培之邀至北京大学法学院任教授并兼任政治系主任，是五四运动的重要参与者。1920年，他开设马克思主义经济学概论课程，讲授马克思主义经济学。1921年，他任北京大学马克思学说研究会《资本论》研究组导师，与李大钊等一起宣传马克思主义。1922年，他赴欧洲访问，在苏联经朱德介绍加入中国共产党。1927年，四一二反革命政变后，他被迫流亡日本。1930年3月，他翻译的《资本论》在上海昆仑书店出版，这是我国已知最早的一本正式的《资本论》中文节译本。

丙辰学社发起人之一陈启修及其1930年翻译的中国最早的马克思《资本论》中文节译本第一卷第一分册

第二节　培育产生中国共产党的科学文化土壤

　　五四运动发生在第一次世界大战结束、俄国十月革命胜利的国际背景下，尽管其爆发的直接导火索是巴黎和会上中国外交的失败，但是新文化运动奠定的思想基础也是其爆发的另一重要因素。五四运动不仅直接促成曹汝霖、章宗祥和陆宗舆3个卖国贼的下台和拒签巴黎和约，而且使近代科学体制的"东渐"得以深化，掀起了各地兴建大学的热潮，凝集了一大批包括科学工作者在内的新知识分子。他们成立政治团体和科学团体，创办报纸和期刊，形成了依托科学精神宣传马克思主义的思想潮流，让中国人有了新的觉醒。以陈独秀、李大钊为代表的具有初步共产主义思想的知识分子很快成为中国共产党的发起人。他们与工人阶级相结合，促成了中国共产党的诞生。中国共产党诞生在民族生死存亡的历史时刻，它是在探索救国救民的真理的道路中产生的，一开始就包含着救国救民的初心，肩负着实现中华民族伟大复兴的历史重任。

　　俄国十月革命的胜利是一个划时代的事件，它唤醒了世界上的无产阶级，唤醒了被压迫的民族，对世界产生了极大的影响，大大鼓舞了中国的先进知识分子，加快了马克思主义在中国的传播，"社会主义"最终成为五四运动的主流思潮。

一、五四运动的爆发

　　从19世纪后期开始，西方资本主义国家掀起了新一轮的技术革命，极大地推动了生产力的发展，资本主义进入到帝国主义阶段。美国、德国等后起资本主义国家利用第二次科技革命的成果，迅速赶上了英国、法国，而日本、俄国也迅速跻身帝国主义国家行列，经济的此消彼长导致了国际政治格局的变化，爆发了史无前例的第一次世界大战。战争的结果是德国、奥匈帝国、奥斯曼帝国及保加利亚等同盟国阵营战败，英国、法国、日本、俄罗斯、意大利、美国、塞尔维亚、中国等协约国阵营胜利。一战改变了各帝国主义国家在中国的利益格局，日本提出灭亡中国的"二十一条"。1919年1月，一战胜利国在法国巴黎凡尔赛宫召开和平会议。中国代表在会上提出废除外国在中国的势力范围、撤退外国在中国的军队和巡警、撤销领事裁判权、归还租界、取消中日"二十一条"及换文等正义要求，但都遭到拒绝。在会议上，日本提出要继承德国在山东的特殊利益的无理要求，4月29—30日，英、法、美接受了日本的提议。北京政府屈服于帝国主义国家的压力，竟准备在这个丧权辱国的条约上签字。中国在巴黎和会上外交失败的消息传回中国，立即激起了中国知识分子和青年学生的强烈愤慨。5月3日晚，北京大学1 000多名学生和北京十几所大学的学生代表写下血书"还我青岛"，决定次日在天安门广场举行学界大示威。5月4日下午，北京大学等13所大中专学校的3 000多名学生到天安门广场集会，遭到镇压，于是爆发了轰轰烈烈的五四运动。工人罢工支援，学生团体和社会知名人士支持，留学生声援。6月28日，中国代表没有出席和会的签字仪式，五四爱国运动取得了胜利。五四爱国运动是近代中国历史上第一次学生、教职员、工人和其他群众发起的反对帝国主义、反对军阀卖国的全国规模的革命斗争。在五四运动中涌现出为追求民族独立和国家富强而积极探索救国救民真理的先进知识分子，其中不乏科技社团成员。五四运动推动了科学普及宣传和科学教育事业的发展，为培养大批科学人才提供了初级阶梯，如严济慈、杨钟健、贝时璋、蔡翘、苏步青、汤佩松、朱洗、张钰哲、潘菽等著名科学家都是在那个时期走上科学之路的。潘菽、杨钟健、朱洗等人还是五四运动时期学生运动的直接参加者。

天安门广场举行学界大
示威

学生在操场焚烧日货

欢迎释放的被捕学生

二、马克思主义在中国的传播

经过五四运动的洗礼，中国知识分子有了新的觉醒，开始重新探索救国救民的新方案。他们写文章、办期刊、建社团，介绍、传播和研究国外新思潮。据统计，鼓吹新思潮的期刊有400多种。各种学说和"主义"层出不穷，既有马克思主义的科学社会主义，也有无政府主义、互助主义、合作主义等。俄国十月革命之前，马克思主义的影响主要在欧洲，除中国的一些留学生外，在中国很少有人知道。1899年，上海基督教广学会主办的《万国公报》首次提到了马克思和马克思学说。1907年，世界出版社出版的《世界名人六十人》首次出现了长着大胡子的马克思画像。这就是清末民初中国人对马克思主义的初步了解。

"十月革命一声炮响，给我们送来了马克思列宁主义。"[1] 1917年11月7日，俄国十月革命爆发，11月8日消息就传到了中国，11月10日《民国日报》即以《突如其来之俄国大政变》为题进行了报道。1949年9月16日，毛泽东在《唯心历史观的破产》一文中指出："1917年俄国革命唤醒了中国人，中国人学了一样新东西，这就是马克思列宁主义，中国产生了共产党，这是开天辟地的大事变。孙中山也提倡'以俄为师'，主张'联俄联共'。总之是从此以后，中国改换了方向。"[2] 十月革命的巨大影响大大加快了马克思主义在中国的传播。

李大钊是中国第一个传播马克思主义并主张向俄国十月革命学习的人。1918年，李大钊连续发表了《法俄革命之比较观》《庶民的胜利》《Bolshevism的胜利》3篇文章，指出无产阶级的社会主义革命是世界潮流。五四运动后，中国科学社的许多科学家和新一代马克思主义者直接发起和参与了"科玄论战"。中国学艺社作为这个时期第二大科学社团，五四运动后也发表了大量关于马克思主义的文章，通过"问题与主义"之争、"科玄论战"，马克思主义逐步主导了中国思想界。

1. 俄国十月革命爆发

第一次世界大战及其引起的一系列灾难性后果使各国人民觉醒，推动了各国革命运动的迅速高涨。在俄国，1917年3月（俄历二月）工人和士兵发动武装起义，推翻了统治俄国达300年之久的罗曼诺夫王朝，但国家政权最终落入由地主和资产阶级的代表人物

---

[1] 毛泽东:《论人民民主专政》(1949年6月30日)，见《毛泽东选集》第4卷，人民出版社1991年版，第1471页。

[2] 毛泽东:《毛泽东选集》第4卷，人民出版社1991年版，第1514页。

1917 年 11 月 7 日，俄国十月革命爆发。上左图为列宁在演讲，上右图为 11 月 8 日十月革命后的冬宫，右图为 11 月 10 日《民国日报》对十月革命的报道

组成的临时政府手中。1917 年 11 月 7 日（俄历 10 月 25 日），在列宁的领导下，彼得堡的工人发动武装起义，推翻反动的资产阶级临时政府。随后，苏维埃政权在俄国各地相继建立。俄国十月革命取得伟大的胜利。

2. 报刊宣传

五四运动时期，《新青年》《每周评论》《民国日报》《建设》等一大批报刊纷纷宣传马

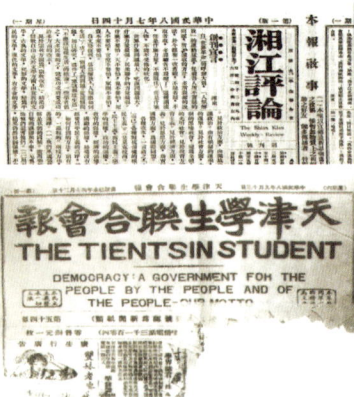

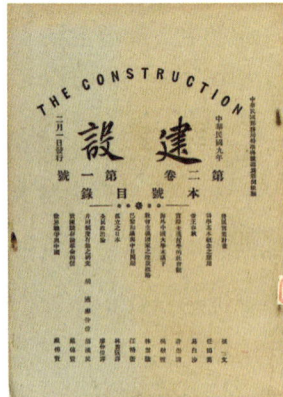

陈独秀主编的《每周评论》、毛泽东主编的《湘江评论》、周恩来主编的《天津学生联合会报》和朱执信主编的《建设》宣传马克思主义

克思主义，据统计，宣传文章达200多篇。在马克思主义传播的过程中，形成了以北京、上海为中心的南北两个马克思主义学说的研究中心。

三、中国共产党成立

俄国十月革命为中国送来了马克思列宁主义。五四运动后，在新思潮大量涌现、诸多学说的争鸣中，马克思主义以其高度的科学性和革命性吸引了越来越多的进步青年，早期社团组织开始创建，据统计有280多个。1920年3月，李大钊在北京大学成立了马克思学说研究会。1920年5月，陈独秀在上海成立了马克思主义研究会。1920年8月，王人达等在法国勤工俭学励进会的基础上成立了以马克思主义和实行俄国式的社会革命为宗旨的工学世界社。此时，五四运动之前的新文化运动已转变为以传播马克思主义为中心的思想运动。随着马克思主义学说传播的深入，毛泽东、周恩来、董必武、吴玉章、李达、邓中夏、蔡和森、杨匏安、高君宇、恽代英、瞿秋白、赵世炎等具有初步共产主义思想的知识分子迅速成长起来，他们很快由马克思主义的宣传者转变为马克思主义的实践者，投入中国共产党早期组织的创建中。在共产国际的帮助下，1920年8月在上海法租界老渔阳里2号《新青年》编辑部成立了中国第一个共产党组织，取名为"中国共产党"，陈独秀为书记。1920年10月，在北京大学图书馆李大钊办公室成立了北京的共产党早期组织，取名为"共产党小组"。此后，武汉在董必武等的组织下、长沙在毛泽东等的组织下、广州在陈独秀等的组织下、济南在王尽美等的组织下相继成立了共产党的早期组织。此外，旅法华人中的张申府、赵世炎、周恩来等也成立了共产党的早期组织，在旅日华人中也成立了共产党的早期组织。此外，1920年4月，共产国际也派代表维经斯基来中国指导建立中国共产党，他先后前往北京、上海、广州等了解情况，帮助中国建立共产党。

各地共产党的早期组织成立后，马克思主义的宣传和实践进入了有组织、有计划的新阶段。这些早期组织出版报刊、组织演讲、组织翻译马克思主义著作。其中，陈望道翻译的《共产党宣言》在马克思主义传播史上意义重大，使无数青年学生走上革命道路。在共产国际代表马林和共产国际远东书记处代表尼克尔斯基的帮助下，1921年7月23日晚，中国共产党第一次全国代表大会在上海法租界望志路106号（现兴业路76号）召开。后转移至浙江嘉兴南湖的一艘游船上召开了最后一天的会议。全国各地的党组织和旅日的党组

左图为陈望道翻译的《共产党宣言》中文全译本8月版，因印制工作疏忽，书名被印成《共党产宣言》；右图为《共产党宣言》中文全译本9月版

织共派出代表13人参会，他们是上海的李达、李汉俊，武汉的董必武、陈潭秋，长沙的毛泽东、何叔衡，济南的王尽美、邓恩铭，北京的张国焘、刘仁静，广州的陈公博，旅日的周佛海，以及受陈独秀派遣的包惠僧。他们代表着全国50多名党员。共产国际代表马林和尼克尔斯基出席大会。陈独秀、李大钊均因事务繁忙而没能出席会议。

中国共产党第一次全国代表大会宣告中国共产党正式成立，标志着以马克思列宁主义为行动指南、以实现社会主义和共产主义为奋斗目标的统一的无产阶级政党登上了中国的历史舞台。

1920年11月李达创办的《共产党》月刊

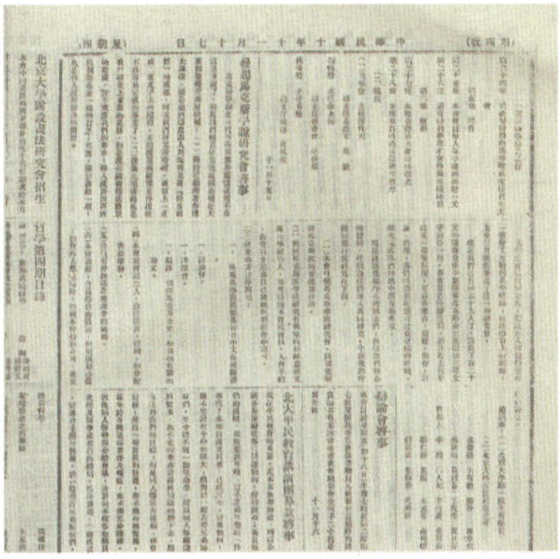

上左图为北京大学马克思学说研究会成立地址红楼，下图为研究会部分成员合影，上右图为1921年11月17日在《北京大学日刊》上刊登的对外公开的启事

张太雷担任共产国际代表维经斯基与李大钊会晤时的翻译

1. 新民学会与工学世界社

　　1918年4月14日，毛泽东和蔡和森在湖南长沙发起成立新民学会。学会成立后的第一项重要活动就是积极倡导留法勤工俭学，1920年蔡和森、李维汉等新民学会会员到达法国。1920年2月，李维汉等在巴黎发起创建工学励进会。8月，在工学励进会的基础上，

1918年，新民学会部分成员合影（2排左4周世钊，3排左6彭璜、右1何叔衡，5排左4毛泽东）

1919年3月17日，我国第一批留法勤工俭学学生赴法国。图为环球学生会欢送勤工俭学学生（最后排右1为毛泽东）

以部分新民学会会员为核心和骨干，成立了共产党早期组织——工学世界社。12月底，
工学世界社在法国蒙达尼召开年会，蔡和森、向警予应邀参加。

1920年12月底，工学世界社成员在法国蒙达尼召开年会时的与会者合影（1排左4为蔡和森，3排
右5为李维汉，4排右8为李富春）

2. 中国共产党第一次全国代表大会召开

1921年7月23日，中国共产党第一次全国代表大会在上海法租界望志路106号秘密

中共一大会址

嘉兴南湖红船

召开，24日各地代表报告本地党、团组织情况，7月30日会场被租界巡捕房搜查后休会，最后一天的会议在浙江嘉兴南湖的一艘游船上召开（最后一天的具体时间有多种说法）。中国共产党第一次全国代表大会明确了党的名称为“中国共产党”，并通过了中国共产党第一个纲领，明确“革命军队必须与无产阶级一起推翻资本家阶级的政权”，“承认无产阶级专政，直到阶级斗争结束”，“消灭资本家私有制”，以及联合第三国际。

3. 中国共产党的初心与使命

中国共产党一经成立就旗帜鲜明地把实现社会主义、共产主义定为自己的奋斗目标。中国共产党的初心与使命就是为中国人民谋幸福、为中华民族谋复兴。《共产党宣言》是科学社会主义的第一个纲领性文献，马克思、恩格斯在宣言中庄严宣告：“过去的一切运动都是少数人的或者为少数人谋利益的运动。无产阶级的运动是绝大多数人的、为绝大多

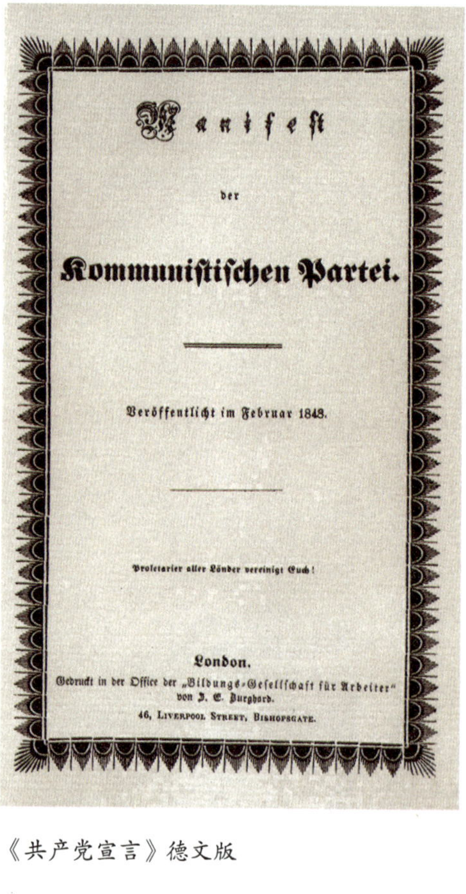

Manifest

der

Kommunistischen Partei.

Veröffentlicht im Februar 1848.

Proletarier aller Länder vereinigt Euch!

London.

Gedruckt in der Office der „Bildungs-Gesellschaft für Arbeiter"
von J. E. Burghard.
46, Liverpool Street, Bishopsgate.

《共产党宣言》德文版

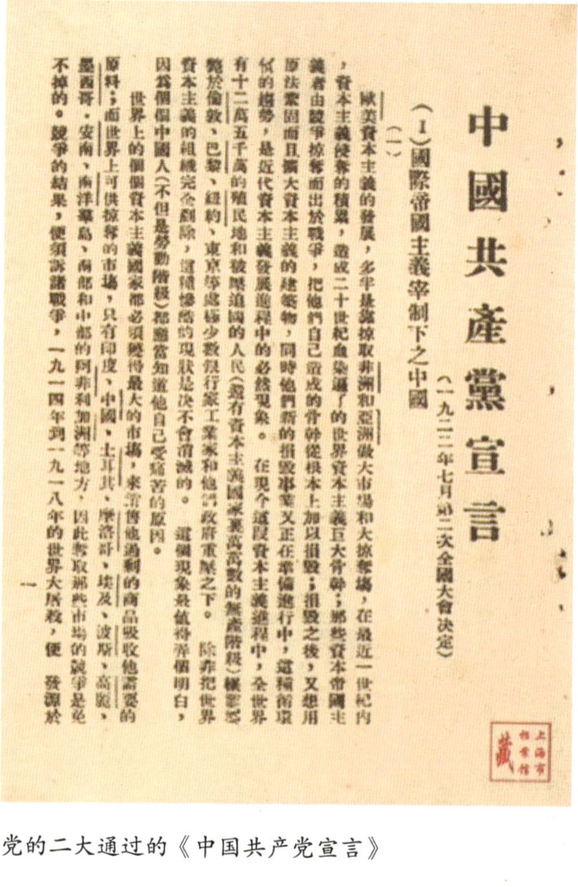

中國共產黨宣言

（一九二二年七月第二次全國大會決定）

（一）國際帝國主義宰制下之中國

（一）

歐美資本主義的發展，多半是靠掠取非洲和亞洲做大市場和大掠奪場，在最近一世紀內，資本主義侵奪的積累，造成二十世紀血染遍了的世界資本主義巨大骨幹；那些資本帝國主義者由競爭掠奪而出於戰爭，把他們自己造成的骨幹從根本上加以損毀；損毀之後，又想用原狀槊固而且擴大資本主義的建築物，同時他們新的損毀事業又正在準備進行中，這種循環似的趨勢，是近代資本主義發展進程中的必然現象。 在現今這段資本主義進程中，全世界有十二萬五千萬的殖民地和被壓迫國的人民（還有資本主義國家裏萬萬數的無產階級）横壓然斃於倫敦、巴黎、紐約、東京等處極少數銀行家工業家和他們政府重壓之下。 除非把世界資本主義的組織完全剷除，這種慘酷的現狀是決不會消滅的。 這個現象最值得弄個明白，因為個個中國人（不但是勞動階級）都應當知道他自己受痛苦的原因。

世界上的個個資本主義國家都必須覓得最大的市場，來消售他過剩的商品吸收他需要的原料；而世界上可供掠奪的市場，只有印度、中國、土耳其、摩洛哥、埃及、波斯、高麗、墨西哥、安南、南洋羣島、南部和中部的阿非利加洲等地方，因此奪取那些市場的競爭是免不掉的。競爭的結果，便須訴諸戰爭，一九一四年到一九一八年的世界大屠殺，便 發源於

一

党的二大通过的《中国共产党宣言》

数人谋利益的独立的运动。"① 这里阐述的一个重要思想是马克思主义政党——共产党没有自己的私利，共产党是工人阶级和最广大人民群众利益的代表，这就是共产党的宗旨。这意味着中国共产党自诞生之日起就担负起领导中国人民实现民族独立、民族复兴的历史使命。《共产党宣言》强调："共产党不是同其他工人政党相对立的特殊政党。它没有任何同整个无产阶级的利益不同的利益。"中国共产党成立后，领导全国人民推翻了帝国主义、封建主义和官僚资本主义"三座大山"，赢得了新民主主义革命的伟大胜利，建立了新中国，完成了民族独立、人民解放的历史使命。正如1945年党的七大的一篇社论所讲："中国共产党是什么？是中国人民为了自己的解放进行政治斗争的工具。做一个共产党员，对人民来说，只有特殊的义务，没有特殊的权利。"② 中国共产党的诞生是中华民族发展史上开天辟地的大事件。

---

① 《马克思恩格斯选集》第3版第1卷，人民出版社2012年版，第411页。

② 1945年6月14日《解放日报》社论《团结的大会　胜利的大会》，见《建党以来重要文献选编（1921—1949）》第22册，中央文献出版社2011年版，第561页。

第三节　筑牢中国科技体制之基

　　五四运动后，科学与民主的思潮更加深入人心。1921年中国共产党成立，1922年中国共产党参加第三共产国际，1923年党的三大决定同国民党合作，1924年中国国民党第一次全国代表大会宣布了联俄、联共、扶助农工的三大政策，国共第一次合作正式开始。在这样的背景下，随着大批留学生回国和中国现代大学教育的兴起，20世纪二三十年代，综合性学会开始转向学术研究，大批专门性学会成立，一些专业研究机构开始建立，国立大型科研机构诞生，近代科技体制逐渐在中国扎根，中国科学技术事业由以社会团体为主导进入以国家机构为主导的多元化发展阶段。著名的学会除中国科学社、中华学艺社外，还有1912年在广州成立的中华工程师学会、1915年在上海成立的中华医学会、1917年在南京重建的中国农学会等；专业研究机构有1916年成立的中央地质学研究所、1920年在北京大学设立的地质研究所、1922年成立的中国科学社生物研究所和1923年成立的黄海化学工业研究社等；国立大型科研机构有1928年成立的中央研究院、1929年成立的北平研究院、1930年成立的中央工业试验所、1931年成立的中央农业试验社等。在这个时期，中央研究院和北平研究院等大型国立科研机构的筹建不仅标志着近代中国科研体制的初步形成，而且表明西方科学经过漫长的器物形态的输入和科学理性思想的启蒙而逐渐在中国扎根。

一、综合性学会的学术转向

五四运动后，随着中国现代大学教育的兴起，现代科学的专门人才越来越多，于是综合性学会的主要任务开始由科学宣传转向学术研究。以英国皇家学会为楷模的中国科学社除介绍科学之外，1922年后开始设立图书馆、研究所、博物馆，举行学术讲演，组织科学旅行团，接受委托其进行的专项研究。致力人文与科学交融的中华学艺社除宣传社会科学和自然科学外，1923年开始把筹建图书馆、研究所和大学作为社务改革的重心。诞生在近代中国科技体制初建之后的中华自然科学社一开始就把研究与发展自然科学作为宗旨，推动科学社会化运动，组织科学考察，成立实业公司，走"科学服务就为大众"的发展道路。

1. 中国科学社

五四运动后，中国科学社的工作重心开始由科学宣传转向科学研究与交流，建立了生物研究所，加强图书馆建设，开展实地调查，形成学术交流体系，推动科学普及社会化运动等。1922年7月，中国科学社改组，宗旨为"联络同志，研究学术，共图中国科学之发达"，"研究学术"成为今后的发展方向。

（1）建立生物研究所

1920年，秉志回国后在南京高等师范学校（不久后改为东南大学）创建了中国第一个生物系。由于我国生物资源丰富而使用的生物教材所列的实例材料都取自外国，他决定亲自研究本国动植物，于1921年10月提议在中国科学社下建立生物研究所。1922年8月，中国第一个私人团体创建的实体研究机构——中国科学社生

1922年中国科学社生物研究所南楼

物研究所诞生。对此，胡适在1935年曾评价说，生物研究所在"秉志、胡先骕两大领袖

领导下，……为文化上辟出条新路，造就许多人才，要算在中国学术上最得意的一件事"。
受此鼓舞，中国科学社还计划继续创建理化研究所、卫生研究所、矿冶研究所和特别研究
所等，但因资金短缺和时局动荡而搁浅。

1922 年 8 月 18 日，生物研究所建立时的成员留影

1928 年，秉志的老师、康奈尔大学生
物系主任尼达姆携夫人、女儿来华访
问，在生物研究所合影（后排左 1、2
为胡先骕、秉志）

1930 年，秉志在中国科学社生物研究所新楼的动物研
究室工作

（2）增加学术讲演

1920年，中国科学社一改之前年会上仅进行通俗科学讲演的惯例，首次增加了学术讲演，力图使"一班人知道科学上的新理和新发明"，强调学术交流的重要性。

1920年，中国科学社南京第五次年会的与会者合影

1923年，中国科学社杭州第八次年会的与会者合影

1924 年，中国科学社南京第九次年会暨十周年纪念留影

1926 年，中国科学社杭州第十一次年会的与会者合影

1927 年，中国科学社上海第十二次年会的与会者合影

1928 年，中国科学社苏州第十三次年会的与会者合影

（3）加强图书馆建设

图书馆不仅是公共文化场所，而且是学术研究的基地，因此世界各国都把兴建图书馆作为重要基础设施进行建设。1927 年 12 月，中国科学社在上海兴建科学图书馆，1928年更名为中国科学社明复图书馆，以纪念英年早逝的领导人胡明复。明复图书馆于 1929年奠基、1931 年开馆。

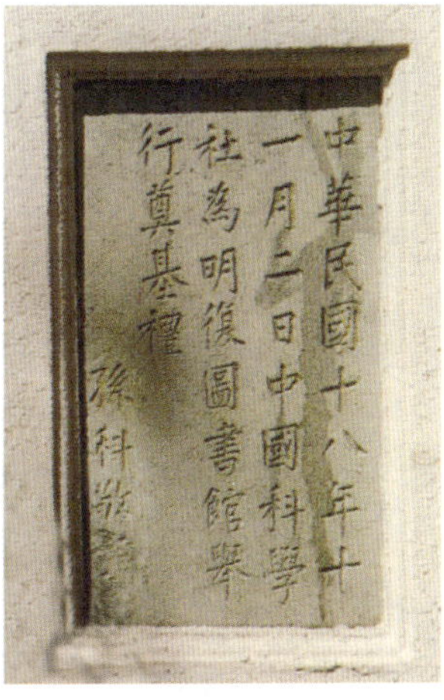

1929 年 11 月 2 日，蔡元培、孙科、杨铨等参加明复图书馆奠基典礼的合影。孙科题写了奠基碑碑文

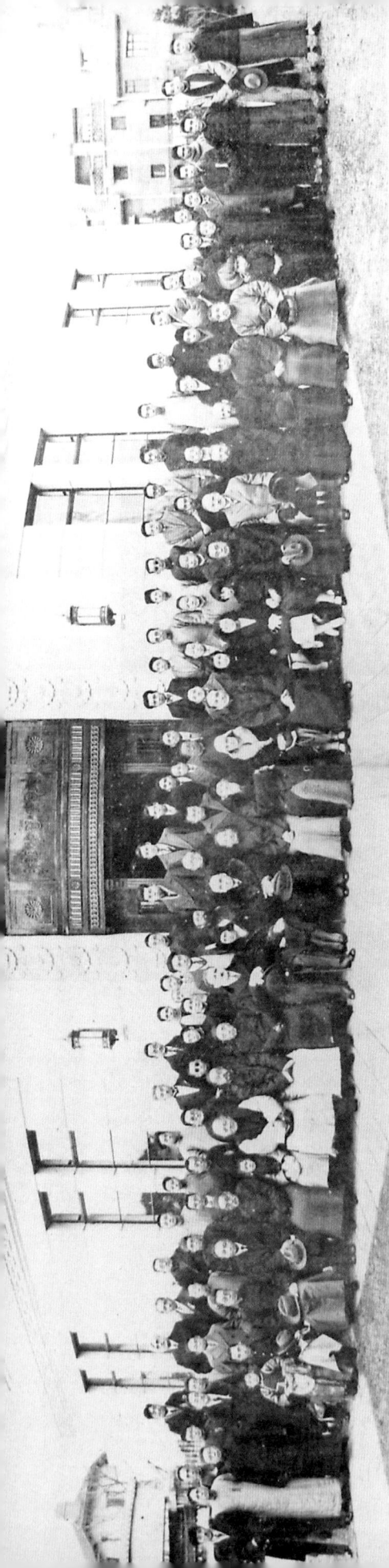

1931 年元旦，蔡元培、马相伯、吴稚晖与比利
时、德国两国领事共计 200 余人参加明复图书
馆开幕典礼时的合影

1931 年的明复图书馆

（4）推动科学社会化

20世纪30年代，近代中国科学体制和教育体制已初具规模，但掌握科学知识的仍是极少数人，于是以"科学社会化，社会科学化"为目标的中国科学化运动开始兴起。在这样的背景下，中国科学社创办的通俗科学杂志《科学画报》于1933年8月1日在上海问世。时任中国科学社社长兼《科学》编辑部部长、中央研究院化学所所长的王琎在发刊词中说："发刊《科学画报》的宗旨，最主要的就是要把普通科学智识和新闻输送到民间去。我们希望用简单文字和明白有意义的图画或照片，把世界最新科学发明、事实、现象、应

《科学画报》创刊号、早期封面及1937年上海沦陷时的战时特刊

1935年蔡元培和1937年茅以升为《科学画报》撰写的文章

用、理论以及谐谈游戏都介绍给他们。逐渐把科学变为他们生活的一部分，使他们看科学为容易接近可眼前利用的资料，而并非神秘不可思议的幻术。古人说'百闻不如一见'，图画与实物最为接近，看了图画，虽不能与实物相接触之一见，然比较空谈已胜过不少，至少可以说得半见。我们希望这呱呱坠地的《科学画报》，可以做引大众入科学的媒介。"《科学画报》创刊后大受欢迎，许多著名科学界和教育界人士为其撰文。《科学画报》为中国的科普事业做出了伟大的贡献，至今仍是科普的一面旗帜。

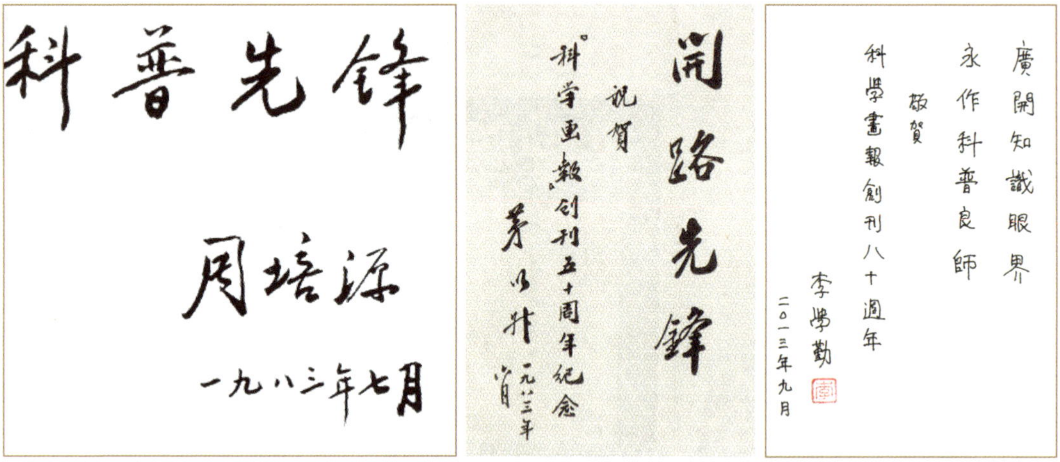

周培源、茅以升、李学勤为《科学画报》题词

2. 中华学艺社

五四运动之后，中华学艺社迁回国内，办社总体方针和学术研究方向发生了重大变化。1920年3月，《学艺》复刊后，刊载了陈启修的《文化运动的新生命》、陈承泽的《知识阶级应有的觉悟》、张梦久的《新文化运动的精神与新生命》、杨端六的《世界政治的改造》、白鹏飞的《何谓社会主义》等文章来讨论救国之道。中国共产党成立后，《学艺》更加侧重于对社会主义、马克思主义的介绍，主要有何松龄的《关于唯物史观的译文》、陶因的《经济价值论概略》、李希贤翻译的《马克思和近时的批评家》、资耀华的《亚丹·斯密与马克思之关系》、郭心崧的《中国经济现状与社会主义》、郭沫若翻译的《社会革命与政治革命》等。1927年，国共分裂后《学艺》上已看不到有关马克思主义的文章。九一八事变至全民族抗战期间，中华学艺社利用自己的优势，征求抗日方案，编撰有关日本的丛书，揭露日本侵略中国的阴谋。

1923年6月，丙辰学社更名为中华学艺社后，社章有了较大的修改，筹建图书馆、建立学艺大学成为社务改革的重大举措。1925年9月，文法两科共招收学生30名，图书馆也随之开馆。一年后，学艺大学因资金问题停办，但学艺图书馆得到保留。此外，中华学艺社曾试图建立实体研究机构，成立社会科学和自然科学的研究所，如组建化学研究室、国乐研究所等。

1947年4月20日，中华学艺社第三届理监事同人留影。前排左起：杨俊生、雷震、陈其采、胡政之、周昌寿；后排左起：李毓田、周宪文、张梦麟、罗宗洛、欧元怀、戴时熙、戈绍龙（代陈大齐）、戴夏

全民族抗战期间，中华学艺社场地租给了上海交通大学，社员大多回到内地，中华学艺社活动基本停止。抗战胜利至新中国成立期间，中华学艺社活动恢复。新中国成立后，中华学艺社基本停止了活动，1958年8月5日、6日在《解放日报》上正式登报宣布停办。

中华学艺社发起人之一郑贞文，以及他在1921年与中国科学社发起人之一赵元任为刚成立的厦门大学所写的校歌

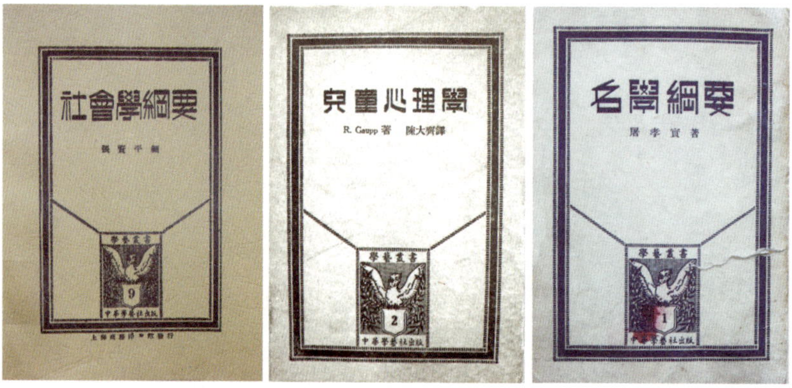

1923年，中华学艺社开始编辑"学艺丛书"，图为该丛书之《社会学纲要》
《儿童心理学》《名学纲要》

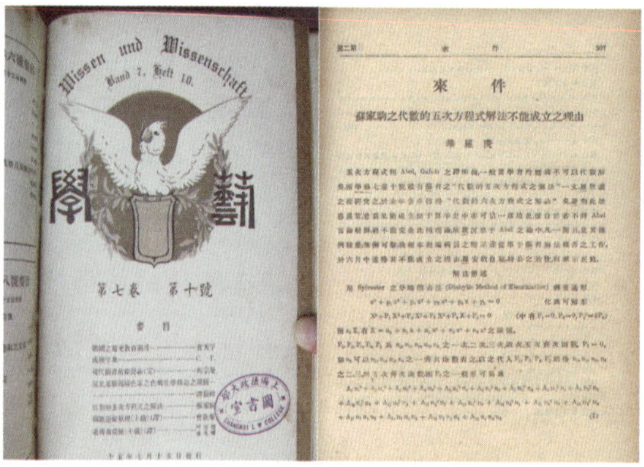

刊载苏家驹的论文的
《学艺》第七卷第十号
封面与华罗庚的《苏家
驹之代数的五次方程式
解法不能成立之理由》
首页

3. 中华自然科学社

中华自然科学社成立时，中国近代科学的体制化已初具规模，科学救国的理念在知识分子中已达成共识，科学的职业化、专业化和社会化正在悄然兴起。1927年9月9日，赵宗燠、李秀峰、郑集、苏吉呈等4名川籍学生因感于"我国西部科学落后，而又是得天独厚，亟待开发的宝库"，所以"纠合西南各省研究自然科学的同志"，在南京中央大学成立了华西自然科学社，"希冀有所贡献于国家社会"。1928年7月21日，华西自然科学社召开第一届年会时会员已有26人，因社友"籍贯不限于西南，同时又觉得我国科学落后是整个的现象，非团结全国自然科学工作者，共同努力不可"，所以改名为中华自然科学社，"以免割地自限"。同时，成立学艺部，下设数学、物理、化学、地学、生物和心理6组。此后，一些学生或走向社会，或到国外留学，或在国内继续读书，社务范围扩大，业务也大有发展。

中华自然科学社第六届和第七届年会的与会者合影

1946年，周培源（右2）、王大珩（右1）和钱三强（左1）、何泽慧夫妇在英国留影

1936年，沈其益（左1）、吴婷（右2）夫妇与陈华癸（右1）、周如松夫妇在伦敦留影

1929年7月3日，中华自然科学社召开第二届年会，确立以"研究和发展自然科学"为宗旨，增设农、工、医3组，社员已达42人。九一八事变后，中华自然科学社组织设立军事科学研究会，参加南京的各项反日活动。1932年11月，以"普及科学运动"为宗旨创办《科学世界》。全民族抗日战争爆发后，中华自然科学社迁至重庆，创办英文期刊《中国科学》《中国科学通讯》《中国科学与建设》，为战时介绍西方科学知识发挥了重要作用。同时，中华自然科学社开始把科学研究与战时国防和生产事业结合起来，组织西北科学考察，成立实业公司，以支持抗战事业。新中国成立后，它发起成立科代会，1951年结束社务后移交全国科联。中华自然科学社是中国近代科技体制形成之后崛起的综合性科技社团，拥有一个庞大的自然科学家群体。在数学方面，有陈省身、华罗庚、熊先珏、胡坤升等；在物理学方面，有钱三强、吴有训、张文裕、吴健雄、赵忠尧、钱学森等；在化学方面，有郑集、曾昭抡、卢嘉锡、袁翰青等；在天文学方面，有李晓舫、张钰哲等；在地学方面，有涂长望、赵九章等；在生物学方面，有朱树屏、曾呈奎、童第周等；在心理学方面，有丁瓒、潘菽等；在农学方面，有王桂五、刘伊农、沈其益、郑万钧等。为科学救中国，中华自然科学社把"平民精神"作为立社的基本精神，确立了"为谋科学之普及，以启民智；为作科学之发展，以裕民生；为求科学之调查，以固国本；为行科学之研究，以昌文化"4个目标。

中华自然科学社发行的期刊及科学考察团报告书

二、专门科技社团的兴起

20世纪二三十年代是专门科技社团兴起的高潮时期，五四运动前后出国留学人员是创办学会的主体。他们兴办学会的目的不再停留在对科学技术的宣传上，而是更加注重学术的发展，科学救国已从思想文化层面进入到体制和机制的制度层面，近代科学体制已经开始在中国的土地上生根。全民族抗战爆发后，近代中国科技建制化和职业化进程受到了较大影响，但是转移至大后方的中国科学家群体或成立新的科学团体，或利用原有科学社团为抗战服务。抗战胜利后，中国科学家渴望团结与和平，科学界出现了联合举办年会的风潮，借此表达中国科学家期盼科学界团结统一的美好愿望。

1. 中国工程师学会

中国工程师学会的组建过程复杂多变，数次合并重建后成为当今的中国土木工程学会。1912年，詹天佑在广州创建中华工程师会，并任会长。同年，颜德庆、屠慰曾等在上海创建中华工学会，颜德庆任会长。徐文炯等又在上海创办路工学会，徐文炯任会长。詹天佑认为3个工程师团体"既宗旨不殊，志同道合，与其分而名称不一，或存歧视之心，何如合而学力更宏，益速工程之进步，于原会无妨，于实业有俾"，因此向颜德庆、徐文炯建议合并，并征求各会会员的意见，结果获得全体赞同。1913年，恰逢詹天佑与颜德庆在汉口主办粤汉铁路，"工程学者来集渐多"。1913年2月1日，以上三会会员正式开会决定将三会合并为中华工程师会。8月17日举行了成立大会，推举詹天佑为会长，总会地点设在汉口。1915年，因詹天佑等认为"本会原以研究学术、期有发明为唯一之宗旨，中华工程师会名义范围似嫌太广"，故更

1912年5月，孙中山（前排中）、詹天佑（前排右1）和粤汉铁路公司员工的合影

名为中华工程师学会。1916年，学会会址由汉口迁到北京南河沿石达子庙；1917年，学会正式迁入北京西单牌楼报子街76号。1917年，留美工程师20余人决定在纽约成立中国工程学会，并推举陈体诚、侯德榜等7人向美国各地工程留学生征求意见。1918年4月，中国工程学会举行了成立大会，选举陈体诚为会长，确定"联络各项工程人才，协助提倡中国工程事业，及研究工程学之应用"为宗旨。因归国的会员较多，1920年中国工程学会决定将总部迁回上海。因会员中留学人员较多，中国工程学会发展迅速，很快超过了中华工程师学会。经过多次协商，1931年8月26日，两会在南京联合举办年会，决定合并，从"中华工程师学会"取一个"师"字，从"中国工程学会"取一个"国"字，定名为"中国工程师学会"。同时，会议决定以中华工程师会创建的1912年为创始之年，总会暂定上海，宗旨规定为"联络工程界同届，协力发展中国工程事业，并研究促进各项工程学术"，并选举韦以黻为会长。不久后，九一八事变发生，中国工程师学会积极参与抗战准备，建言献策。1936年，中国土木工程师学会在杭州成立，并于同年加入中国工程师学会，成为其分会，并成立了两会联合执

1916年詹天佑的会员证

1913年三会合并时部分会员合影（2排左2为詹天佑）及《中华工程师会报告》

1918 年 4 月，中国工程学会在纽约举办成立大会的与会者合影

1931 年，中华工程师学会与中国工程学会合并时的部分代表合影

行部。全民族抗战爆发后，学会积极动员工程师支持抗战，对资敌者，立即公示除名。抗战胜利后中国工程师学会逐渐恢复，至1949年，中国工程师学会已有52个分会、15个专门工程学会、20多个专业委员会，会员达16 000多人，成为民国时期规模最大的工程科技社团、工程师职业组织。1950年，全国科联成立后，中国工程师学会和中国土木工程师学会便解散了。1953年，中国土木工程学会决定以中国工程师学会为其前身，宣布重建，推举茅以升为理事长。

1953年9月24日，中国土木工程学会在北京召开第一次代表大会的与会者合影（前排左8为茅以升）

2. 中华医学会

辛亥革命之前，西方医学在中国的传播主要是由传教士主导。1886年，由传教士成立的博医会很少有中国人参加。随着国内学习西医的人增多和医学留学人员大量回国，中国现代医学的自主性被提上议事日程。1914年5月，伍连德、颜福庆、俞凤宾、肖智吉、古恩康、刁信德、黄琼仙7位医师在上海的俞凤宾医师家聚会，发起成立中华医学会。1915年1月，伍连德、颜福庆等商议筹备。2月5日，他们趁出席博医会年会之际，正式宣布中华医学会成立，并推举颜福庆为会长，伍连德为书记。7月，中华医学会正式成为法人团体。11月，中华医学会创办中英文《中华医学杂志》，并发表了《中华医学会宣言书》和《中华医学会例言及附则》，宣告学会的宗旨是"巩固医家友谊、尊重医德医权、普及医学卫生、联络华洋医界"。1916年2月7—12日，中华医学会在上海召开首届年会，会议选举伍连德为会长，并通过了中华医学会章程。1928年1月，中华医学会与中华民国医药学会讨论合并事宜。随着影响日益扩大，中华医学会逐步替代博医会而成为中国医学界的代表。1931年，博医会提出愿与中华医学会合并。1932年4月，两会正式合并，双方杂志也同时合并，仍称"中华医学会"和《中华医学杂志》。9月，合并后的中华医学会召开了第一次大会。两会的合并大大提高了中华医学会的影响力，使中华医学会一跃成为中国医学界的领袖。至1948年年底，中华医学会会员达4 000余人，其有33个分会和12个专科学会。全民族抗战时期，中华医学会一度西迁昆明、重庆，抗战胜利后迁回上海。1949年5月上海解放后，中华医学会积极组织慰劳解放军，捐款捐物，荣获上海市"劳军模范"。1950年10月，中华医学会总会迁至北京。1951年1月，中华医学会及其专科学会集体加入全国科联。

1915年2月，博医会在上海召开年会。图为与会者合影，包含中华医学会的创始者伍连德（2排右2）等

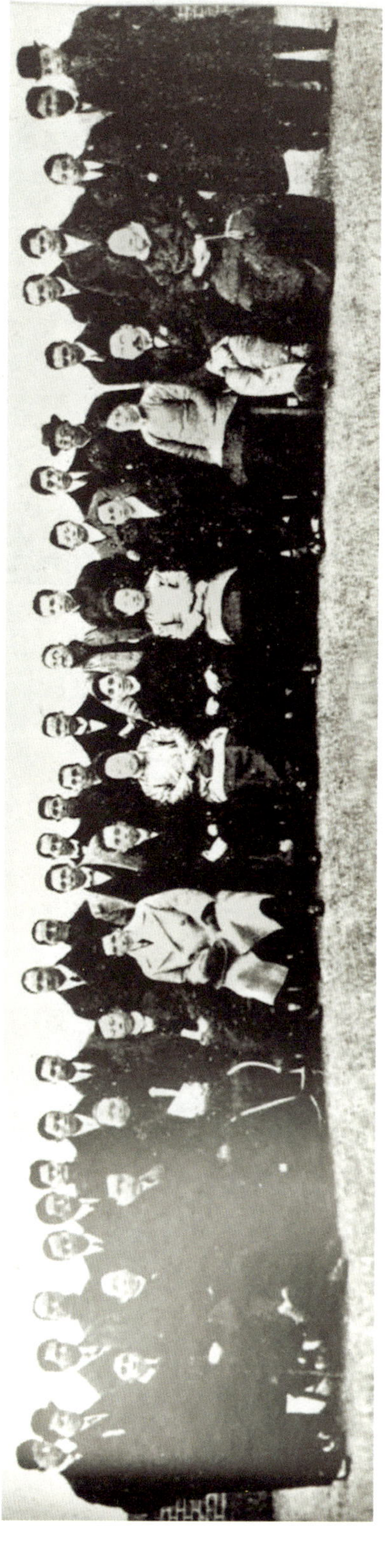

1916年2月9日，中华医学会第一届年会的与会代表合影

民國四年十一月發行

中華醫學雜誌

第一卷 第一號

中華醫學會編輯

THE
National Medical Journal
OF CHINA

Vol. I November, 1915 No. 1

TABLE OF CONTENTS

NOTE:—The First Conference in Shanghai, February 7th-12th, 1916.

中華醫學會例言及附則

第一條 名稱 本會定名爲中華醫學會

第二條 宗旨

第四條 入會

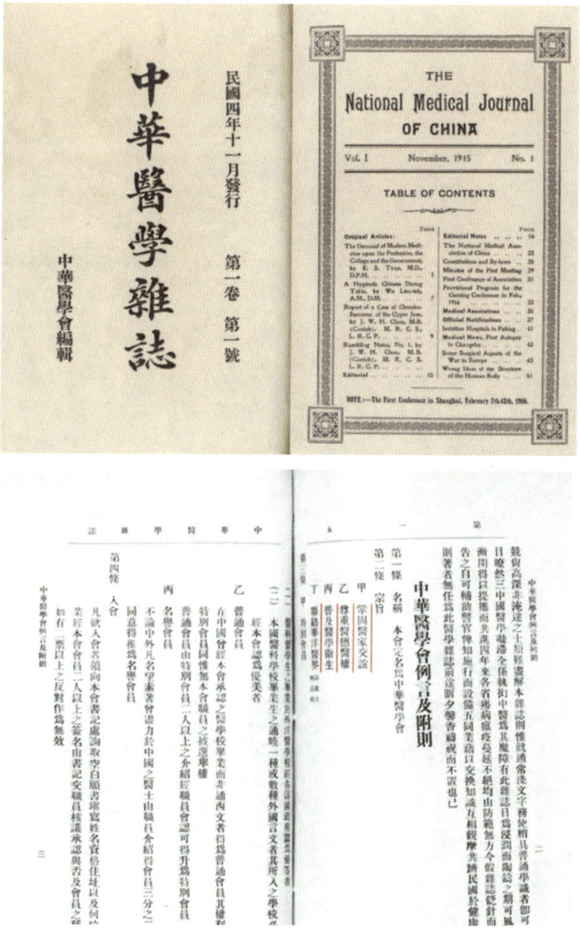

《中华医学杂志》创刊号（上），以及《中华医学会例言及附则》（下）

1917 年 1 月，在广州举办的中华医学会第二届年会的与会者合影

1920 年 2 月，在北京举办的中华医学会第三届年会的与会者合影

1932 年，两会合并后在上海雷氏德医学研究院召开的第一届大会的与会者合影

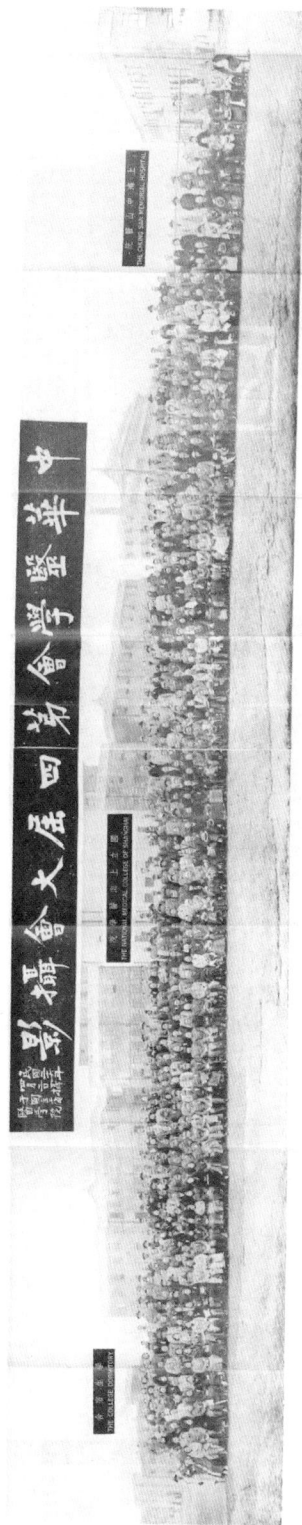

1937 年，两会合并后在国立上海医学院召开的第四届大会的与会者合影

3. 中国农学会

1916年，留学回国的农学家陈嵘、王舜成、过探先、唐昌冶、陆水范等发起成立中华农学会。1917年1月30日，在上海的江苏教育会召开中华农学会成立大会，会址定在南京，选举陈嵘为第一任会长。1918年，《中华农学会报》创刊。1922年7月7日，中华农学会第五届年会在济南的山东省教育会召开，选举王舜成为第二任会长。1926年8月16日，中华农学会第九届年会在广州中山大学农林学院召开，48人出席会议，这是一次具有特别历史意义的大会。连年不断的军阀混战让知识分子明白，要想发展我国的农业，就需要一个能切实为人民办事的政府和全国统一的政治局面。因此，许多人不顾北洋军阀和当地政府的监视和阻挠，怀着欢庆国共合作的革命激情，纷纷南下参加了这届年会。毛泽东以第六届农讲所所长的身份参加了中华农学会第九届年会并致辞，指出："农民是农业的根

《中华农学会报》刊登毛泽东的致辞

中华农学会第九届年会的与会者合影

中华农学会第十一届年会的与会者合影

本，也就是中国的根本！"① 同年，李石曾等在法国巴黎成立"新中国农学会"。1927年，随着南京国民政府的成立，中华农学会在南京有了固定的会址。1928年8月3日，中华农学会第十一届年会在南京金陵大学召开，400人出席会议，冯玉祥到会致辞。

1930年，"新中国农学会"迁至国内。此后，两会讨论了合并事宜。全民族抗战爆发后，中华农学会迁往重庆，先后由梁希、邹秉文主持会务，积极服务于抗战。抗战胜利后，中华农学会迁回南京。在此期间，1941年2月在朱德的建议下在延安成立中国农学会。1947年11月，中华农学会在南京与中华林学会、"新中国农学会"、中华昆虫学会、中国园艺学会、植物病理学会、中国作物改良学会、中国土壤学会、中国农业经济学社、中国农业推广协会、中国稻作学会、中国畜牧兽医学会、中国农具学会、中国农业经济建设协会、"新中国建设协进会"、中国农场经营学会、中国水土保持协会、中国农政协会等17个农业方面的学术团体联合举行年会，成为中华农学会成立以来最盛大的一次年会，也是新中国成立前最后的一次年会。新中国成立后，中华农学会、"新中国农学会"、中国农学会（延安）等重组后参加了全国科联。1956年6月4—6日召开了重组改造后的第一届会员代表大会，并定名为中国农学会。

4. 中国林学会

1917年，凌道扬、陈嵘等在南京发起成立中华森林会，后迁至上海，4年后创办《森

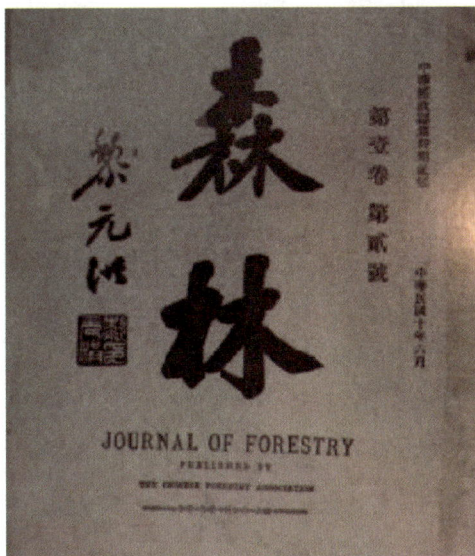

1917年3月6日上海《申报》的报道及《森林》杂志

---

① 何志平等主编：《中国科学技术团体》，上海科学普及出版社1990年版，第133页。

1916年，凌道扬在浙江演讲，涉及美国森林部之组织、森林利益、中国木材陋习等内容

林》杂志。由于军阀混战，不久中华森林会停止活动。因森林事业关乎国计民生，1928年凌道扬、陈嵘、梁希、邵均等再次发起成立中华林学会。8月4日，在南京金陵大学举行了中华林学会成立大会，姚传法被推举为理事长。1929年10月，创办《林学》杂志。九一八事变后，学会停止活动达4年之久。1935年9月1日，

1937年，梁希（中）在南京中央大学森林系任教时与学者们的合影

中华森林会支部南京金陵大学林学会成员合影

1953年2月，毛泽东和新中国第一任林垦部部长梁希亲切交谈

学会复会改选，凌道扬为理事长，《林学》杂志也随之复刊，1941年迁至重庆，抗战胜利后迁回南京。1947年，中华林学会与中华农学会等几个专业学会举行年会。1951年2月，在梁希、陈嵘、沈鹏飞、殷良弼等倡议下重组，定名为中国林学会，12月26日举行成立大会，选举梁希为第一任理事长。

5. 中国心理学会

随着留学国外专修心理学的学者不断回国，北京大学、北京高等师范学校、南京高等师范学校陆续开设了心理学课程。1917年，陈大齐在北京大学哲学系首次开设了心理课，并建立了一个简单的心理实验室。1920年9月，北京高等师范学校筹建实验室。同年，南京高等师范学校设立了心理学系。1921年8月，在南京高等师范学校教育讲习会上有许多学员认为心理学与教育有重要关系，签名发起成立中华心理学会，并在南京召开了成立大会，通过了中华心理学会简章，并选举张耀翔为会长兼编辑股主任。1922年1月，创办了《心理》杂志。因经济困难和时局动荡，《心理》杂志于1925年7月停刊，学会活动也随之停止。1931年暑假，陈鹤琴、陈选善、郭一岑、艾伟等在上海召开筹备会，试图恢复中华心理学会，九一八事变爆发后此事被搁置。

20世纪30年代中国心理学已有一定的发展，全国有十几所大学设立了心理学系或心理学组，中央研究院设立了由唐钺任所长的心理研究所。一些大学出现了师生组织的心理学会，如清华大学组织的心理学会从1931年起就开始编译《中国心理学会字典》，中央大学心理学会在1934—1937年创办了《心理半年刊》《心理附刊》，上海大夏大学心理学会于1936年创办了《心理季刊》。1936年10月，章颐年、张耀翔和章益等14人计划成立上海心理学会。1937年1月10日，上海心理学会正式成立。1935年11月，陆志韦等倡议创建中国心理学会，得到了孙国华、樊际昌、高觉敷、胡毅、黄钰生、张耀翔等的支持。1936年9月，《中国心理学报》创办，被称赞为"替我国的心理学界放一异彩"。同年11月，潘菽、陈立、唐钺等34人正式发起建立中国心理学会。1937年1月24日，在南京召开了中国心理学会正式成立大会，公推陆志韦为主席。全民族抗战爆发后，许多大学内迁，中国心理学会和《中国心理学报》的活动都被迫停止。新中国成立后，中国心理学会开始考虑筹备重组。1950年8月，中国心理学会正式筹备，并加入了全

张耀翔及他所著的《感觉心理》

1925年，潘菽、夏少平、蔡翘、杨武之、吴有训（右起）在美国芝加哥大学

1936年，上海大夏大学心理学会创办的《心理季刊》

1937年1月24日，在南京国立编译馆大礼堂举行中国心理学会成立大会的与会者合影

1955 年 8 月 1 日，中国心理学会第一次会员代表大会的与会者合影

国科联。1953 年 10 月，中国心理学会筹备会召开了第一次会议；1954 年，召开了第二次筹备会；1955 年 8 月 1 日，在北京正式成立并举行了第一次会员代表大会，公推潘菽为理事长；1956 年 11 月，创办《心理学报》。

值得一提的是潘菽在北京大学学习期间参加了五四运动，是被军警逮捕的 32 名学生之一，后经蔡元培、朱家骅等营救而获释。1920 年，他抱着"教育救国"的思想考取了公费留美资格，1923 年获印第安纳大学心理学硕士学位，1926 年获芝加哥大学博士学位。1927 年回国后，他先后在中山大学、中央大学任教。1944 年，潘菽和梁希、涂长望、金善宝等联合包括竺可桢、李四光等著名科学家在内的 100 多人共同发起组织了中国科学工作者协会。1946 年 5 月，潘菽和许德珩、涂长望等在重庆创立九三学社。

6. 中国地质学会

五四运动后，北京大学的学术氛围浓厚，学术团体兴起，但大多是社会科学类团体。1920 年 9 月 19 日，北京大学地质系学生田奇㻬、杨钟健、罗运磷、赵国宾、李芳洲、曾钦英、吴国贤 7 人不满中国地质调查或考察皆由外国人"包办"而发起成立地质研究会，同年 10 月 5 日登报说："我们中国地质，自来少人调查，即有言及，无非就外人调查的大概而言，这是何等可耻的事！我们力量虽少，却要尽力做到一洗此耻。"1920 年 10 月 10 日，在北大二院北楼举行了地质研究会正式成立大会。1921 年冬，袁复礼和谢家荣提议成立中国地质学会，得到丁文江和翁文灏的支持。1922年1月27日，在刚刚建成的地质调查所图书馆召开学会筹备会。2月3日，召开了学会成立大会，通过了《中国地质学会章程》，选举章鸿钊为会长，翁文灏、李四光为副会长，丁文江等为评议员，谢家荣为书

北京大学地质研究会成立大会的与会者合影

中国地质学会成立大会的会员合影

记。同时，创办了旨在国际交流的英文期刊《中国地质学会志》。1936年，创办了旨在国内交流的中文期刊《地质评论》。1937年，由章鸿钊、谢家荣、杨钟健、葛利普设计，张海若绘制了会徽。1940年，尹赞勋、杨钟健创作了会歌。新中国成立后，中国地质学会加入全国科联，成为团体会员。

1922年7月17日，地质调查所图书馆、陈列馆开幕典礼的参加者合影

中国地质学会会徽和会歌

20世纪二三十年代，专门科技社团相继成立。20年代成立了中华心理学会、中国地质学会、中国化学工业会、中国天文学会、中国气象学会等专门的自然科学学会，30年代还成立了中国化学会、中国物理学会、中国植物学会、中国动物学会、中国地理学会、中国数学会等。14年抗战期间，科技社团通常联合举办年会等学术活动。解放战争时期，这种联合年会的规模更大。1947年，中华农学会与17个农业方面的学术团体举行了联合年会。1948年，"双十节"前后，南京举行十科学团体联合年会、北平举行了十二科学团体联合年会、武汉举行了七科学团体联合年会，表达了科学家反对内战、期盼和平的心声。联合学术活动不仅促进了科学家之间的团结，而且也促进了跨学科的科研合作，科学家之间的沟通与协作日益变得重要和迫切。专门学会的发展有力地推动了各学科的建制化、本土化和现代化，连年的战乱让科学家们懂得科学界需要一个统一的组织，这为新中国成立后科学家走向大团结、大联合，建立全国统一的科技组织奠定了思想文化基础。

1933年，中国植物学会借中国科学社在重庆北碚召开第十八次年会之际宣布成立。1934年，中国地理学会、中国动物学会借中国科学社举办第十九次年会之际宣布成立。

1935年，中国科学社与中国工程师学会、中国植物学会、中国动物学会、中国地理学会在广西召开联合年会，这是国内自然科学领域最大的学术团体与国内工程技术领域最大的学术团体之间的联合年会，在学术界产生了重大影响。

面对日本的侵略，为了体现科学家的团结精神，1936年由中国科学社发起，中国数学会、中国物理学会、中国化学会、中国动物学会、中国植物学会和中国地理学会等六科学团体积极响应，共同召开了自然科学家大会，这是国难当头之际的一次科学界大团结。

抗日战争胜利后，为表达团结建国的意愿，1947年8月，中国科学社联合中华自然科学社、中国天文学会、中国气象学会、中国地理学会、中国动物学会、中国解剖学会（这也是其第一届年会）在上海召开了联合年会。

1934 年，中国科学社、中国动物学会、中国地理学会联合年会的与会者合影

1935 年，中国科学社、中国工程师学会、中国植物学会、中国动物学会、中国地理学会在广西召开联合年会的与会者合影

1936 年，中国科学社发起召开的七科学团体联合年会的与会者合影

1947 年 8 月 30 日，七科学团体联合年会开幕典礼的参加者合影

1914—1936年成立的主要科技社团

序号	名称	成立时间	成立地点	发起人/单位
1	医史研究会	1914 年	上海	陈邦贤等
2	中华医学会	1915 年	上海	颜福庆、伍连德等
3	中华民国医药学会	1915 年	上海	汤尔和、侯希民等
4	中国科学社	1915 年	美国	任鸿隽、赵元任等
5	中外国学研究会	1915 年	上海	许超然等
6	丙辰学社	1915 年	日本	陈启修、王兆荣等
7	中华森林会	1917 年	南京	凌道扬等
8	中华农学会	1917 年	上海	王舜臣、过探先等
9	中国工程学会	1918 年	美国	茅以升、陈体诚等
10	中国化学研究会	1918 年	法国	王祖榘、李书华等
11	中美工程师协会	1919 年	北京	邝孙谋等
12	上海中医学会	1921 年	上海	丁甘仁、夏应堂等
13	中国地质学会	1922 年	北京	章鸿钊、李四光等
14	中国天文学会	1922 年	北京	高鲁等
15	中华化学工业会	1922 年	北京	陈世璋、俞同奎等
16	上海市国医学会	1922 年	上海	王一仁、戴达甫等
17	三三医社	1923 年	杭州	裘吉生等
18	"新中国农学会"	1924 年	法国	皮作琼等
19	中国气象学会	1924 年	青岛	蒋丙然等
20	蜀农学会	1924 年	日本	张文湘、赵孝清等
21	大中华科学研究社	1925 年	北京	吴稚晖等
22	华夏医学会	1925 年	北京	梅光羲、释静应等
23	上海医师公会	1925 年	上海	余云岫、汪企张等
24	中国生理学会	1926 年	北京	林可胜等
25	丙寅医学社	1926 年	北京	杨济时、陈志潜等
26	中华麻风救济会	1926 年	上海	邝富灼、刁信德等
27	医界春秋社	1926 年	上海	张赞臣等
28	中国矿冶工程学会	1927 年	上海	翁文灏等
29	中华自然科学社	1927 年	南京	赵宗燠、李秀峰等
30	中国建筑师学会	1927 年	上海	范文照、庄俊等
31	中华矿学社	1928 年	南京	王德森等
32	中国养鸡学社	1928 年	上海	黄中成等
33	中国古生物学会	1929 年	北平	孙云铸、杨钟健等
34	中国营造学社	1929 年	北平	朱启钤等
35	中国植物病理学会	1929 年	南京	邹秉文、戴芳澜等
36	中国农学社	1929 年	南京	—
37	全国医师联合会	1929 年	上海	上海医师公会倡议
38	中国园艺学会	1929 年	南京	吴耕民、管家骥等

序号	名称	成立时间	成立地点	发起人/单位
39	中国针灸学研究社	1929年	江苏	承淡安
40	中华西医公会	1929年	南京	—
41	中华卫生学会	1930年	上海	褚民谊等
42	中国纺织工程学会	1930年	上海	朱仙舫、傅道伸
43	中国数理学会	1930年	北平	张贻惠、冯祖荀等
44	中国化学工程学会	1930年	美国	顾毓珍、杜长明等
45	中华海产生物学会	1930年	厦门	陈子英等
46	中国养鸡学术研究会	1930年	上海	张瑞芝等
47	中华地学会	1931年	上海	葛绥成、盛叙功等
48	中国测验学会	1931年	北平	艾伟、萧孝嵘等
49	中国水利工程学会	1931年	南京	李仪祉、李书田等
50	化学工业建设协会	1931年	天津	魏元光等
51	中国化学会	1932年	南京	曾昭抡、戴安邦等
52	自然学会	1932年	日本	余颂尧、甘尘囚等
53	中国科学化运动协会	1932年	南京	陈立夫、张其均等
54	中国物理学会	1932年	北平	李书华、梅贻琦等
55	中国牛顿社	1932年	日本	姜家祥、王德立等
56	中国农学社	1933年	武昌	唐贻荪、闻悌生等
57	中国植物学会	1933年	重庆	胡先骕、钱崇澍等
58	中国技术合作社	1933年	上海	沈钧儒、吴征等
59	中国预防痨病协会	1933年	上海	吴铁城等
60	国药科学改造学会	1933年	上海	—
61	中华化学社	1933年	上海	—
62	民众医药社	1933年	上海	范守渊等
63	开发西北协会	1933年	南京	—
64	中国医事改进社	1933年	南京	—
65	中国农业协会	1933年	天津	魏悌斯（德国人）
66	世界动力会中国分会	1933年	南京	—
67	东南医学会	1933年	上海	东南医学院学生
68	世界科学社	1934年	北平	王良骥、吴藻溪等
69	考古学社	1934年	北平	容庚、邵子风等
70	中国工厂检查协会	1934年	上海	
71	华北农业改进社	1934年	北平	金城银行等
72	中国地理学会	1934年	南京	竺可桢、翁文灏等
73	中国动物学会	1934年	江西	秉志、陈桢等
74	中国电机工程学会	1934年	上海	李熙谋、顾毓琇等
75	中华护肺健康协会	1934年	上海	—

序号	名称	成立时间	成立地点	发起人/单位
76	中国博物馆协会	1935 年	北平	马衡、袁同礼等
77	中国兽医学会	1935 年	上海	蔡无忌、王兆祺等
78	科学建设促进社	1935 年	上海	蔡元培、朱家骅等
79	中西医药研究社	1935 年	上海	宋大仁、丁福保等
80	中国自动机工程学会	1935 年	上海	张登义、梁砥中等
81	中国数学会	1935 年	上海	胡敦复、熊庆来等
82	中华矿业促进社	1935 年	太原	阎锡珍、薄绍宗等
83	中医科学研究社	1936 年	上海	徐恺、谢利恒等
84	中国心理卫生协会	1936 年	南京	方治等
85	禹贡学会	1936 年	北平	顾颉刚等
86	中国土壤肥料学会	1936 年	镇江	马寿征、彭家元等
87	中国古泉学会	1936 年	上海	叶恭绰、丁保富等
88	中国机械工程学会	1936 年	杭州	黄伯樵等
89	中国畜牧兽医学会	1936 年	南京	刘行骥、蔡无忌等

注：表中"—"意为无法获得资料。

三、大型科研机构的建立

五四运动前后，在相继成立了一些研究机构后，国民政府开始建立国立科研机构。1924年，孙中山提议设立中央学术院。1927年，国民政府设立大学院。1928年，建立中央研究院，由蔡元培任院长。1929年，成立北平研究院，标志着科学活动由业余科学家的活动变成了国家组织的职业科学家的活动，科研任务也列入国家使命。

1. 中央研究院

1927年4月，李石曾提议建立附属于大学院的中央研究院。1928年6月，蔡元培建立了独立于教育部的中央研究院。1928年11月颁布的《国立中央研究院组织法》明确规定："中央研究院直隶于国民政府，为中华民国学术研究最高机关。"其主要任务：一是从事科学研究，二是指导联络奖励学术研究。依据第一项任务，中央研究院先后组建了物理、化学、工程、地质、天文、气象、历史语言、国文学、考古学、心理学、教育、社会科学、动物、植物等14个研究所。依据第二项任务，1935年组建了中央研究院评议会，以决定中央研究院的研究方针、促进国内外学术交流与合作、选举院长候选人等。

中央研究院院徽

中央研究院旧址

1935 年 9 月 7 日，中央研究院第一届评议会成立大会的与会者合影

中央研究院第一届院务会议年会
的与会者合影（1930 年 7 月 1 日）

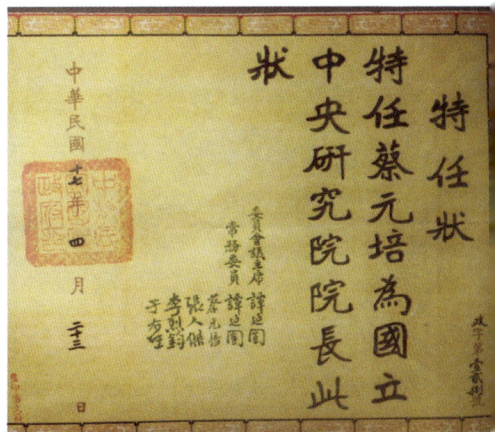

1948 年，中央研究院第一次院士
会议的与会者合影和蔡元培任院
长的特任状

2. 北平研究院

1927 年，在国民政府筹备中央研究院的过程之中，北平大学校长李石曾提出了同时设立地方性研究院的建议。1928 年 9 月，中国国民党中央政治会议通过了建立北平大学研究院的建议。1929 年 8 月召开的行政院会议上通过了由教育部部长蒋梦麟提出的"国立北平研究院"之名，并决定其性质是独立于中央研究院的地方性学术机构。此后教育部任命李石曾为北平研究院院长。同年 9 月 9 日，北平研究院正式宣告成立。

北平研究院旧址和 1930 年 4 月北平研究院特约研究员等合影（前排左起翁文灏、刘慎谔、桑志华、李书华、普意雅、斯文·赫定）

北平研究院院徽和 1948 年 9 月召开的北平研究院学术会议的与会者合影

1932年，朗之万教授（左3）到北平研究院物理研究所参观

1931年，北平研究院盛耕雨、严济慈、李书华、饶毓泰、朱广才、吴学蔺（前排左起），
以及钱临照、鲁若愚、陆学善、钟盛标（后排左起）合影

第三章

国难与红色科技社团的兴起

大革命失败后，革命形势转入低潮。1927年8月1日，南昌起义爆发，中国共产党开始了独立领导革命战争、创建人民军队和武装夺取政权的道路。同年8月7日，中共中央在湖北汉口秘密召开紧急会议，确定了土地革命和武装反抗国民党反动派的总方针。此后，中国革命进入武装起义和建立农村根据地的阶段。1931年11月，在江西瑞金成立了中华苏维埃共和国临时中央政府。因苏区较小和处在连续不断的反"围剿"的严酷战争中，中国共产党领导的科技活动和科技组织除为战争服务的医疗、无线电通信，以及为生产服务的农事试验场、农业研究会、农业研究学校和农产品展览所外还没有开始。1931年九一八事变爆发，民族危机日益严重，全国性抗日救亡运动兴起。1934年，中央根据地第五次反"围剿"失败，中央红军被迫长征。1935年10月，中央红军经过艰苦卓绝的二万五千里长征到达了陕甘根据地吴起镇。同年11月，中共中央机构到达陕甘根据地的瓦窑堡。经过近一年的经营，中国共产党基本站稳了脚跟。1936年12月12日，西安事变爆发，从此10年内战基本结束，国共两党第二次合作已是大势所趋。1937年7月7日，日本侵略军发动卢沟桥事变（七七事变），全民族抗战爆发。同年8月，中共中央在陕北洛川召开政治局扩大会议，通过了《中国共产党抗日救国十大纲领》和毛泽东起草的《为动员一切力量争取抗战胜利而斗争》宣传鼓动提纲，标志着中国共产党的全面抗战路线正式形成。同年9月6日，陕甘宁边区政府成立。9月22日国民党中央通讯社发表的《中共中央为公布国共合作宣言》和9月23日蒋介石发表的实际上承认共产党合法地位的谈话，标志着国共第二次合作和抗日民族统一战线的正式形成。"团结就是力量，团结就能胜利"成为这个时期的口号，中国共产党建立的抗日民主根据地迎来了相对稳定的时期。抗日战争环境下的延安地处偏远，经济落后，人文素质很低，中国共产党将科技工作提上了议事日程。

随着大批青年学生和知识分子的到来，建学校、兴学会、办报刊一时蔚然成风。全民族抗战进入相持阶段后，为克服党内右倾和防止国民党投降，中共中央的抗日民族统一战线的政策转变为"坚持抗战、团结、进步"的指导方针。在中共中央南方局的领导下，国民党统治区广泛开展了科技、文化、教育、工商、青年、妇女各界的进步性群众活动，成立了一些群众性团体，为新中国成立和中国各界的团结统一打下了坚实的基础。

1935年10月—1949年3月，陕甘宁边区政府历经抗日战争、整风运动、大生产运动、中共七大、解放战争等一系列重大历史事件，在中国共产党局部执政的13年，中国共产党发展科技的思想初步付诸实践，成为新中国成立后中国科技体制的历史源头。

第一节 解放区红色科技社团的诞生

全民族抗战爆发后，中国共产党在陕北、华北、华中广大地区相继建立了晋察冀、晋西北、晋冀豫、晋西南、山东、华中、陕甘宁等十几个抗日根据地。第二次国共合作开始后，中国共产党的积极抗日和国民党的消极抗战使党中央所在地延安成为革命者的"圣地"，吸引了中国大批知识分子和青年学生，其中不乏科技人才。1938—1940年年初，到达延安的知识分子已达4万余人。党中央及时做出大量吸引知识分子的决定、有力的宣传和对投奔者的妥善安排是形成投奔者云集的主要原因。在日军进攻、国民党封锁、自然条件恶劣和文盲率高等环境下，抗日根据地的军民生活遇到了极大的困难，发挥科技的生产力作用是自然而然的事。人才的大量聚集为根据地开展科技工作准备了人员条件。于是，在中共中央和边区政府的领导和支持下，1938年2月边区国防科学社诞生，1939年5月延安自然科学研究院筹建，1940年2月边区自然科学研究会成立。此后，一大批科技教育机构和科技社团在陕甘宁、晋察冀、晋西北等根据地陆续成立。在抗战胜利前夕和解放战争时期，山东和东北解放区等又先后成立了山东自然科学研究会、东北自然科学研究会等科技社团。解放区科技社团开展的科学运动有力地支撑了中国共产党领导下的根据地经济发展，为新中国科技事业的发展积累了丰富的"红色经验"。

一、"到延安去"

全民族抗战期间，大批知识分子奔向延安，形成了延安知识分子群体。延安成为他

抗战时期的延安

抗战时期爱国青年去延安

高士其（中）与好友李公朴（右）、照顾他的"红小鬼"陈世富在延安窑洞前

们心目中抗日的"革命圣地"和民主自由的"新世界"，"到延安去"被《申报》称为"现代的最奇特参圣之旅"，成为那个时期青年学生最响亮的爱国主义口号。据不完全统计，全民族抗战时期，延安的学者、文艺界人士和青年学生有4万～6万人，其中科学家、医生和技术工作者（含国际友人）有数百人。在这个群体中，科技人才相对较少，虽有称为"红色科学家"的陈康白、高士其、屈伯传等留学人员，但主要是有理工科背景的青年学生。

延安知识分子群体的快速形成，一方面是因为在国共合作抗日的统一战线背景下中共中央及时做出大量吸收知识分子的正确决定，以及通过各级党团组织、救亡团体、学校、八路军驻各地办事处等多种渠道的强有力的组织动员措施；另一方面是因为中国知识分子的强烈爱国情怀和民族忧患意识，特别是五四运动以后马克思主义的广泛传播，他们对中国共产党的救国政策的认同，对国民党的消极抗日路线的反感。"到延安去"的热潮正如诗人何其芳在1938年年初所记录的见闻："延安的城门成天开着，成天有从各个方向走来的青年，背着行李，燃烧着希望，走进这个城门。"大量知识分子的到来充实了我党的干部队伍，提高了干部队伍素质，使马克思主义的教育观、科技观得到充分实践，为新中国建立科技体制积累了经验。

1938 年 6 月，毛泽东与世界学联代表柯乐满（左 3）等合影

1938 年 6 月，世界学联代表团在抗大参观访问

1940 年 5 月，陈嘉庚（中）等到延安访问

1940 年 5 月，欢迎爱国华侨陈嘉庚到延安访问

二、创办科技社团

早在五四运动时期，中国共产党的创建者都是"赛先生"的坚定拥护者，希望革命成功后，无产阶级政府要重用"科学家来帮助无产者开发实业，振兴学术"。中华苏维埃时期，针对极其缺乏的医师、无线电人才、军事技术人员，临时政府就曾发布《征求专门技术人才启事》，愿"以现金聘任"。延安时期，党中央就向全体党员说明"多种经济工作和技术工作是革命工作不可缺少的部分"，号召"用自然科学粉碎敌人的经济封锁，打击敌人的文化政策"。毛泽东在陕甘宁边区自然科学研究会成立大会上说："今天开自然科学研究会成立大会，我是很赞成的。因为自然科学是很好的东西，它能解决衣、食、住、行等生活问题，所以每一个人都要赞成它，每一个人都要研究自然科学。"[1] 中国共产党对知识分子和青年学生非常重视，毛泽东特地为中共中央起草了《大量吸引知识分子》的决定，指示边区政府制定了《优待专门人才的暂行条例》。边区施政纲领明确提出"提倡科学知识，欢迎科学……人才"。在中国共产党重视科学技术工作和尊重科技人才的前提下，根据地开展了一场自然科学运动，多种综合或专门的科技社团、研究机构纷纷成立，掀起了开展各种科学研究和科学实践活动的热潮。

1. 新哲学指导下的第一个科技社团

1938年2月6日，高士其、董纯才、陈康白、周建南、李世俊等20多位科技工作者在延安陕北公学发起成立了解放区第一个科技社团——边区国防科学社。1938年3月20日，《群众》周刊第一卷第二十五期发表了高士其的《国防科学在陕北》一文，叙述了边区国防科学社成立的缘起、宗旨和任务。它的成立是因为全民族抗战爆发后，"国内的科学刊物停刊了，实验室关闭了，研究院关门了"，来自四面八方的科学青年们要"建立自然科学在中国的新堡垒"，国防科学"在目前的战争环境中有着重要的意义和伟大的作用"。它的宗旨是"研究与发展国防科学，增进大众的科学知识"。它的任务有3个方面：一是在新哲学的基础上研究国防科学的理论与实践；二是协助国防工业的建设，指导农业的改良和进行医药材料的供给；三是以防空、防毒、防疫等国防科学知识教育民众。边区国防科学社的3位核心发起人高士其、陈康白、董纯才均是在1937年全民族抗战爆发后不久到达

---

① 武衡主编：《抗日战争时期解放区科学技术发展史料》，中国学术出版社1983年版，第5页。

延安，并都从事了当时边区学府的科学教育及管理工作。其中，高士其、陈康白曾分别在美国、欧洲学习自然科学并获得了博士学位。因高士其1939年4月需治病而离开延安，以及自然科学研究会的成立，边区国防科学社的活动即告结束。

需要指出的是边区国防科学社提出的新哲学是指马克思主义的哲学，即辩证唯物论与历史唯物论。毛泽东特别重视对马克思主义哲学的研究，于1937年七八月编写了《辩证法唯物论提纲》，常以此为基础在抗日军政大学、陕北公学等的课堂上讲授，很受学生欢迎。高士其到延安后不久，毛泽东就告诉他："革命的科学家应该研究自然辩证法。"[1] 因此，边区国防科学

1937年4—8月，毛泽东为延安抗大学员讲授马克思主义哲学课程

社成立后做的第一件事就是召开自然辩证法座谈会，恩格斯的《自然辩证法》和自然科学发展史成为座谈会的主要话题。随着艾思奇、周扬、何干之、柯伯年等一大批理论家来到

《辩证法唯物论》（讲授提纲）封面及毛泽东在书中的部分批注

---

[1] 高士其：《延安回忆录》，载《人民日报》1982年11月4日。

1932年8月上海出版的第一个《自然辩证法》中译本

延安，在毛泽东的提议下，于1938年夏秋之际正式成立了新哲学研究会，高士其也是18位发起人之一。

新哲学研究会明确提出，"我们需要团结的不仅仅是研究哲学的人，也需要一切在实际活动中的人们以及自然科学家、社会科学家、历史家、考古家等，来共同合作"，号召大家团结起来，为抗战建国做出自己的贡献。1940年，在延安文化俱乐部召开了新哲学研究会第一届年会，毛泽东、朱德到会并讲话，强调了学习马克思主义理论的重要意义。艾思奇在做会务报告时诙谐地说"我们的会员毛泽东同志写了一本《新民主义论》……"，引起了毛泽东等与会同志大笑。毛泽东在与大家的讨论中特别指出，搞哲学的要与自然科学结合起来。1941年8月，成仿吾、江隆基、何干之、邓拓、沙可夫等发起成立晋察冀边区新哲学研究会。边区新哲学研究会在其成立的缘起中说："在抗战建国的伟大事业中，在敌后抗日根据地的建设中，特别是在向前推动边区的文化事业当中，哲学始终是我们一个有力的前进的武器。"毛泽东的新哲学思想极大地影响了以后在解放区成立的科技社团。

董纯才

1938年，高士其在延安窑洞前

1938 年 2 月 13 日，边区国防科学社举办边区文化界反侵略大会

高士其在《群众》周刊上发表的《国防科学在陕北》

2. 陕甘宁边区自然科学研究会

1940 年 2 月 5 日，在毛泽东、吴玉章等领导同志和各界人士的发起和资助下，在延安成立了陕甘宁边区自然科学研究会，吴玉章任会长。出席该研究会成立大会的有 1 000 多人，毛泽东、陈云等到会并讲话。大会推举蔡元培等组成名誉主席团，蔡元培为名誉主席，并推举曹菊如、饶正锡、李强、马海德、祝志澄、傅连暲、刘景范、周扬、陈康白、李世俊、屈伯传等组成大会主席团，陈康白为主席。

毛泽东在成立大会上针对中国有没有科学的问题说："有人认为中国历来就没有自然科学，这是不对的，中国自有人类生活以来都要吃饭，要吃饭就要进行生产，就要有自然科学的萌芽，后来并逐渐发达。不过过去没有把自然科学发展成为一个体系罢了。"[1] 针对社会科学与自然科学的关系问题，毛泽东说："人们为着要在社会上得到自由，就要用社会科学来了解社会，改造社会进行社会革命。人们为着要在自然界得到自由，就要用自然科学来了解自然，克服自然和改造自然，从自然里得到自由。自然科学是要在社会科学的指挥下去改造自然界，但是自然科学在资本主义社会里却被阻碍了它的发展，所以要改革这个不合理的社会制度。"[2] 接着他又说："边区现在的社会制度是有利于自然科学发展的。边区经济是落后的，但是干起来也更有意义，只要大家努力，一定可以改造成为更好

[1] 武衡主编：《抗日战争时期解放区科学技术发展史料》，中国学术出版社 1983 年版，第 5 页。
[2] 同上。

的地方。"① 最后毛泽东强调:"马克思主义包含有自然科学,大家要来研究自然科学,否则世界上就有许多不懂的东西,那就不算最好的革命者。"② 毛泽东深入浅出地表达了他的先革命救国再科学救国的"革命+科学"观点。

陈云在大会上强调说:"我们共产党对于自然科学是重视的,对自然科学家是尊重的,自然科学在共产主义社会是可以大大发展的。"③ "科学要大众化,要在广大群众中去开展科学的工作,并与全国自然科学界取得联系。"④

大会通过的《自然科学研究会宣言》指出了成立研究会的缘起、宗旨和任务。研究会的成立是因为"抗战两年来自然科学界在后方或前线参加抗战建国的工作"没有做到"进一步的广泛的把自然科学界组织团结起来","陕甘宁边区自然科学界同人"要担负起这个历史责任,"团结全边区自然科学界人员及对自然科学有兴趣的同志,从事自然科学运动并进行联络全国自然科学人士"。研究会总的奋斗目标是"争取抗战建国的最后胜利和完成中华民族的自由解放"。为此,研究会提出4项任务:一是开展自然科学大众化运动;二是从事科学探讨;三是开展自然科学与社会科学统一问题的研究;四是与全国自然科学界取得联系。

毛泽东、朱德和吴玉章(右)在延安

自然科学研究会成立后,会员除个人外也有陕北公学、卫校、农校、农具工厂等团

---

① 武衡主编:《抗日战争时期解放区科学技术发展史料》,中国学术出版社1983年版,第5页。

② 同上。

③ 何志平等主编:《中国科学技术团体》,上海科学普及出版社1990年版,第338页。

④ 武衡主编:《抗日战争时期解放区科学技术发展史料》,中国学术出版社1983年版,第5页。

《自然科学研究会宣言》

《新中华报》刊登的自然科学研究会成立的报道

体会员；同时，又成立了农牧、卫生、化学、机械、自然辩证法等研究小组，以便会员进行自然科学问题的讨论。1941年8月2日，自然科学研究会召开了第一届年会，朱德到会并做了题为《把科学与抗战结合起来》的讲话。1941年9月24日，自然科学研究员电贺苏英美中4国科学会议。1941年10月4日，在《解放日报》上开辟了《科学园地》副刊，徐特立撰写了发刊词。至1942年12月，自然科学研究会陆续成立了机电、炼铁、土木、航空、数理、化学、农业、生物、医药、地矿等10个专门学会，以及习仲勋专员等建立的关中分会、丁子文等建立的绥德分会和唐海建立的米脂分会。由于时局变化，1943年3月后自然科学研究会基本没有开展活动。

需要指出的是陕甘宁边区自然科学研究会的成立与自然科学院的成立密切相关。由于抗日根据地面临着日伪的"扫荡"和"清乡"、国民党的军事包围和经济封锁，以及资源匮乏等，抗日根据地经济极其困难。因此，用科学技术解决经济上的困难成为当务之急。1939年2月2日，当困难刚刚露头的时候，中共中央就在延安召开生产动员会，毛泽东在会上发出了"自然动手"的号召："饿死呢？解散呢？还是自己动手呢？还是自己动手吧！"[1]不久，各抗日民主根据地掀起了经济自给的大生产运动，创办科技教育机构，成立科技团体，发起轰轰烈烈的自然科学运动。

---

[1] 杨丽凡:《发展科技的指导思想：从延安时期到建国初期》，载《自然科学史研究》2002年第1期。

1939年5月，为促进边区的经济发展，中共中央决定创办自然科学研究院，并任命李富春为院长，陈康白为副院长。经过半年多的准备，由于面临科技人员和设备的短缺，自然科学研究院几乎没有开展具体的工作。在这种情况下，1939年12月25日，自然科学研究院召开了为期6天的自然科学座谈会，主要讨论了人才匮乏问题。会议形成了两个决议：一是将自然科学研究院改为自然科学院，研究机构变为教育机构，以培养自己的科技人才；二是成立陕甘宁边区自然科学研究会，以吸引和联络国统区的科技人才到延安来。在报请中共中央批准后，陕甘宁边区自然科学研究会于1940年2月成立，而自然科学院也于1940年9月宣告成立。

陕甘宁边区自然科学研究会成为中国共产党历史上第一个综合性的科技社团，自然科学院成为中

毛泽东与徐特立在延安

徐特立为《科学园地》写的发刊词

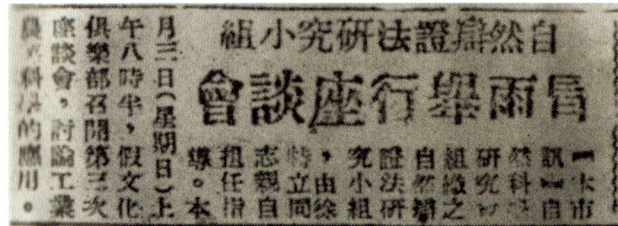

1941年11月《解放日报》报道自然科学研究会

1940年11月10日《新中华报》报道自然科学研究会自然辩证法研究小组活动的情况

杨献珍（2 排左 12）、艾思奇（2 排左 13）、陈康白（2 排左 11）等参加中央党校自然辩证法班的合影

国共产党历史上第一个开展自然科学教学与研究的专门机构。陕甘宁边区自然科学研究会和自然科学院吸引和培养了大量的科技人才，促进了一大批科技社团的诞生，有力地支持了根据地的经济和文化建设。

3. 第一个敌后抗日民主根据地的科技社团

1938年1月10日，晋察冀边区军政民代表大会在冀西阜平召开，出席这次会议的有共产党员、国民党员、各抗日军队和抗日群众团体、各民族代表等140余人。会议经过选举，成立了晋察冀边区临时行政委员会，标志着中国共产党领导建立的第一个统一战线性质的抗日民主政权正式诞生。1940年8月，为响应陕甘宁边区自然科学研究会和吴玉章的号召，晋察冀根据地召开会议讨论并决定成立晋西北自然科学研究会，开展自然科学活动。1942年3月15日，晋察冀边区科学界人士在边区政府工矿局召开了自然科学研究会第一次筹备会议。1942年6月10日，晋察冀边区自然科学界协会成立大会在边区政府所在地灵寿祁林院村隆重开幕，协会发起人、华

1937 年，成仿吾在陕北公学讲课

《晋察冀日报》报道自然科学界协会成立情况

北联大校长成仿吾，华北联大沙可夫及联大自然科学研究室人员，国际友人、燕京大学原教授班威廉（William Band）及其夫人，燕京大学教授林迈可，印度医学家柯棣华，奥地利医学家傅来，以及边区工农医电各领域技师、专家等100余人参加大会。边区主任宋劭文、军区副司令员萧克出席大会，萧克代表根据地边区政府做了演讲。

晋察冀边区自然科学界协会以"团结全边区自然科学家与自然科学工作者，开展自然科学的工作为抗战建国服务"为宗旨，其主要工作任务：一是开展自然科学的理论与实用的研究，以求得自然科学家更大的发展、抗战时期物质困难问题的解决；二是帮助政府推行自然科学教育，推广自然科学知识以求得自然科学常识的普及与一切迷信的、反科学的思想习俗的破除；三是将自然科学集体研究的精神与边区及全国各自然科学团体密切联系起来，并帮助与推动各种新的自然科学组织的建立，以求得自然科学运动的广泛开展；四是开展自然科学与社会科学统一问题的唯物辩证法的研究，使自然科学与社会科学密切地联系起来，使自然科学与社会科学互相推进、互相发展。

1942年夏，殷希彭（左1）、柯棣华（左2）、傅来（左3）、江一真在河北唐县葛公村白求恩卫生学校留影

1943年冬，殷希彭指导学生做研究工作

1943 年 7 月 19—23 日，协会召开了会员代表大会，推举陈凤桐为理事长，刘再生为副理事长，张三省、殷希彭、王承周为常务理事，先后成立工学、农学、医学、电学等分会，出版会刊《自然界》等。1944 年 2 月召开了扩大干部会议，要求配合边区的生产运动。1946 年 3 月，协会向全国科学界倡议设立中等职业学校，大学工学院增设工厂、科学调查研究所等。解放战争时期，晋察冀边区自然科学界协会的活动基本停止。

4. 解放区的最后一个科技社团

1948年4月，由李富春、王首道、吕正操、何长工、邵式平、陈郁等85人发起，在哈尔滨成立了解放区的最后一个科技团体——东北自然科学研究会，其宗旨是“团结愿为人民服务的自然科学者和科学工作者，促进科学理论技术之发展，积极参加东北与新中国的各种事业，把科学理论技术与广大人民的劳动结合起来”。它的任务是“研究自然科学理论和技术，尽量协助会员解决工作中所遇到的理论和技术上的疑难问题；表扬并奖励会员在自然科学上的发明和创作；会员有要求工作者，本会尽量介绍其工作”。东北自然科学研究会以解放区科技社团的身份与中国科学社、中华自然科学社、中国科学工作者协会发起筹备科学工作者代表会议。1950年，全国科联和全国科普成立后，东北自然科学研究会完成了历史使命，宣告解散。

李富春等同志發起
成立自然科學研究會
團結科學人材參加建設工作

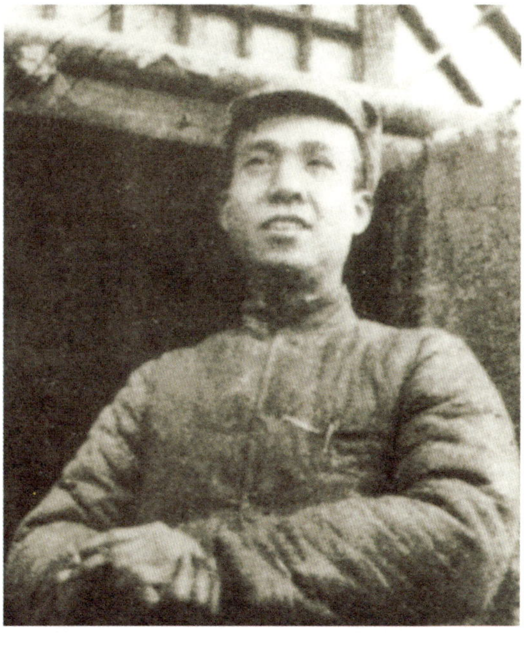

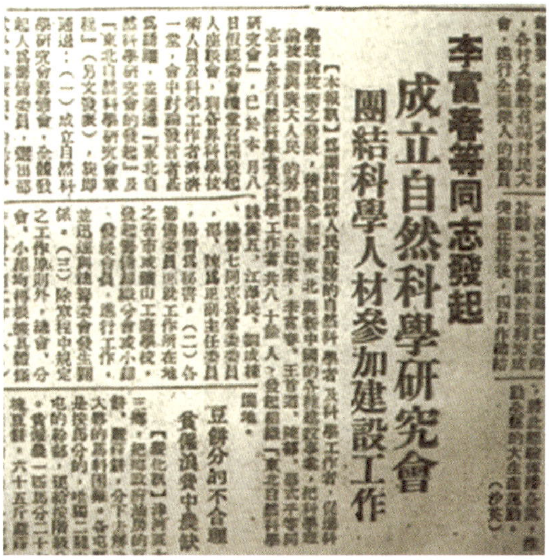

李富春和《东北日报》刊登发起成立自然科学研究会的报道

第二节　国统区红色科技社团的创建

中国共产党组织和领导的国统区科技社团是扩大抗日民族统一战线的结果。国共第二次合作开始后不久，中国共产党就面临着如何处理统一战线中"统一和独立、团结和斗争"关系的问题，这对抗战成败具有决定性意义。1938年9月29日—11月6日，中国共产党在延安召开扩大的六届六中全会，首次提出马克思主义中国化的命题。毛泽东明确指出："马克思主义在中国具体化，使之在其每一表现中带着必须有的中国的特性，即是说，按照中国的特点去应用它，成为全党亟待了解并亟须解决的问题。"[1] 全会强调"我们的方针是统一战线中的独立自主，既统一，又独立"。全会号召加强党的建设，毛泽东提出，党还必须扩大自己的组织，向着真诚革命、信仰党的主义、拥护党的政策、愿意服从纪律、努力工作的广大工人、农民和青年积极分子开门，使党成为一个伟大的群众性的党，并强调"大胆发展而不让一个坏分子侵入，是发展党员的正确方针"[2]。同时，张闻天在讲话中也指出：发展党员，要保证工农手工业者，开始时多吸收革命的知识分子，以便依靠他们的帮助，使党深入到下层群众中去。全会特别强调学习的重要性，号召全党学习马克思列宁主义理论，并指出："如果我们党有一百个至二百个系统地而不是零碎地、实际地而不是空洞地学会了马克思列宁主义的同志，就会大大地提高我们党的战斗力量。"[3]

---

[1] 本书编写组：《中国共产党简史》，中共党史出版社、人民出版社2021年版，第83页。

[2] 中共中央党史研究室：《中国共产党历史》第一卷（1921—1949）下册，中共党史出版社2002年版，第523页。

[3] 本书编写组：《中国共产党简史》，中共党史出版社、人民出版社2021年版，第83页。

全会还决定撤销长江局，设立南方局（周恩来为书记，秦邦宪、凯丰、吴克坚、叶剑英、董必武为常委），领导南方各省及香港、澳门地区的党组织。在周恩来的领导下，南方局根据党的扩大的六届六中全会的精神，坚持抗战、团结、进步的基本方针，国统区的文化、教育、工商、青年、妇女等各界广泛开展交朋友和各种进步的群众活动，以巩固和扩大抗日民族统一战线。在科技人员集中的重庆，1939年春组织了团结爱国科学家的读书会——自然科学家座谈会，1939年冬组织了团结青年科技人员的读书会——青年科学技术人员协会。南方局按照周恩来的"先求量的发展，后求质的进步；先求面的发展，后求深入的进步；先求个性的发展，后求集体创造的成功；先求思想上的进步，后求学术上的成功"[1]原则，有步骤地发展科技人员的群众性团体。随着形势的发展，在南方局的指示下，由自然科学座谈会牵头，1940年5月青年科学技术人员协会在重庆正式成立，1945年7月中国科学工作者协会在重庆成立，1946年3月中国学术工作者协会也在重庆成立。这些协会的成立为新中国科技界的团结、统一发挥了极为重要的作用。

一、组织重庆自然科学座谈会

1939年4月，在周恩来和重庆新华日报社社长潘梓年的组织和领导下，为了团结自然科学工作者而成立了重庆自然科学座谈会。重庆自然科学座谈会大约每两周活动一次，为避免引起"国特"的注意，座谈会地点经常更换，时间大多选在周六或周日。大多数成员是中央大学和重庆大学的教授，大约有20人，经常参加学习的有孙克定、吴藻溪、张申府、葛名中、梁希、潘菽、金善宝、李士豪、钱保功、涂长望、干铎、蔡善英、姜治光、丁瓒、卢于道等10余人。虽然组织是公开的，但成员是不公开的，用化名在《新华日报》《群众》（1937年12月中共中央成立的长江局在当时的政治中心武汉创办的党报党刊，武汉陷落后迁往重庆）上发表文章。学习和讨论的主要内容有科学、时局和唯物辩证法。其中，梁希被评价为"学习得最认真"，他的学习心得汇编成《用唯物辩证法观察森林》一文，以"一丁"为笔名于1941年发表在《群众》周刊第六卷第五、六期上。学习和讨论马克思主义的唯物辩证法成为在思想上影响并促进科学工作者转变为先进的"红色科学工作者"的重要方法。在吴藻溪的推动下，1940年5月14日《新华日报》副刊《自然科

---

[1] 中央文献研究室编：《周恩来年谱》，中央文献出版社1998年版，第456页。

1939年1月，周恩来和南方局负责人秦邦宪（后排中）、叶剑英（后排左）、董必武（前排左）、徐特立（前排中）以及中共代表、国民党参政员林伯渠（前排右）在重庆红岩村合影

1941年冬，周恩来、董必武（左2）、叶剑英（左1）、邓颖超（右1）在重庆红岩村接见司徒美堂（左3）、黄兴夫人徐宗汉（右2）

学》创刊，成为重庆自然科学座谈会的会刊。会刊的作者大多是座谈会的成员，宣传马克思主义的科学观、推动自然科学的大众化、号召国内外自然科学界的团结、讨论唯物辩证法和介绍苏联的自然科学发展状况等成为它的主要内容。皖南事变后，1941年1月14日《自然科学》出版了最后一期。1942年2月，张申府主持的《新华日报》的"科学专页"取代《自然科学》而成为重庆自然科学座谈会成员发声的主阵地。

周恩来（前排左1）和董必武（前排左2）在红岩村同八路军办事处、《新华日报》工作人员合影

《新华日报》副刊《自然科学》

1942年1月，《新华日报》对自然科学座谈会座谈民族工业问题的报道

1942年，《群众》周刊纪念伽利略逝世、牛顿诞辰三百周年的特刊

1941年9月21日，北碚社友会成员在天文望远镜旁合影，前排左1王家楫、左3钱崇澍、左4曾昭抡、左5竺可桢

1938年4月16日，涂长望等在重庆珊瑚坝机场迎接竺可桢。左起：胡焕庸、竺可桢、吕炯、程纯枢、涂长望

重庆自然科学座谈会帮助成立了一些爱国学术团体。经周恩来、潘梓年授意，重庆自然科学座谈会的核心成员潘菽邀请自然科学座谈会的人陆续加入了1944年11月由许德珩秘密组织的民主科学座谈会，成员逐渐发展到30余人，在1945年9月3日反法西斯胜利日改称为九三座谈会。1946年5月4日举行了成立了大会，定名为九三学社。此外，重庆自然科学座谈会还帮助成立了以东北流亡青年科技人员为主体的中国青年科学技术人员促进会，通过学术活动、研究活动与中国学术研究会等左翼学术界建立了联系，保持与延安自然科学研究会的联络。这样的活动一直持续到抗战胜利。

二、成立中国科学工作者协会

中国科学工作者协会的诞生是中国共产党扩大建立抗日民族统一战线的结果。1944年，日本在太平洋战争中逐渐失利，想在中国大陆打通陆路交通，便大举进攻国统区。仅在1944年春季至冬季的8个月中，国民党政府就丢失了河南、湖北、湖南和广西的大片国土，146座城市20多万平方千米国土沦陷。同年9月15日，林伯渠根据中共中央指示，在国民参政会上正式提出结束国民党一党统治、建立民主联合政府的主张，在国内外引起强烈反响。在此背景下，周恩来指示潘梓年指导和协助重庆自然科学座谈会的同志积极团结更多的科学工作者、教育工作者，组织范围较广泛的、公开的科学团体。同时，周恩来又会见李四光、竺可桢、卢于道等科技界有影响的人士，希望他们支持成立全国性科技组织。

此外，1944年10月结束了中国东南、西南之行回到重庆的李约瑟向涂长望介绍了英国、美国、加拿大的科学工作者协会的情况，希望中国的科学工作者也能成立这样的组织，并提供了相关资料。受两次世界大战的影响，英美科学工作者协会成立了类似于工会的科学组织，以保障"自己所应享有的利益"和"科学的进步能依照健全的轨道而不被误用"。

1944年年底，经常参加重庆自然科学座谈会的涂长望和梁希、潘菽、谢立惠、金善宝、干铎、李士豪起草了《组织中国科学工作者协会缘起》《中国科学工作者协会总章（草案）》等文件，并征得竺可桢、李四光、任鸿隽、丁燮林、严济慈等100多人的赞同。1945年3月15日，在沙坪坝举行筹备大会，推举涂长望、吕炯、潘菽、陈崇寿、干铎5人为筹备委员，筹备委员会由涂长望主持。在《组织中国科学工作者协会缘起》中虽明确以世界科学工作者为"模范",但强调中国作为一个落后的国家,大家在即将胜利之际更应该"有公无私""先本后末",团结起来,建立独立的、自由的、民主的新中国,以实现"科学救国""科学建国"的理想。就这样,类似英国的科学家工会的中国科学工作者协会正式成立了。

1945年7月1日,在周恩来、潘梓年的组织和领导下,由中国科学社、中华自然科学社、中华农学会、中国工程师学会及研究科学技术的知名人士111人在重庆沙坪坝中央大学发起成立了中国科学工作者协会,选举涂长望、黄国璋、梁希、吕炯、潘菽、卢于道、竺可桢、任鸿隽、林可胜、丁燮林、曾昭抡等为理事,竺可桢为理事长,李四光为常务监事,涂长望为总干事。协会宗旨:一是联络中国科学工作者致力"科学建国"工作;二是促进科学技术之合理利用;三是争取科学工作条件之改善及科学工作者之保障。由此可见,中国科学工作者协会一开始就把自己定位为"科学工作者的同业公会",而不是一个单纯的学术团体。

中国科学工作者协会成立后出版了《科学新闻》月刊,召开科学技术专题座谈会和讲演会,建立国内外分会,并联合英、美、法、加等国筹备成立世界科协。1946年2月,涂长望借出席国际会议之际与留英学者徐尔灏、周慧明、黄新民等在伦敦成立了中国科学工作者协会英国分会,并安排同来参会的留法学者钱三强在法国成立中国科学工作者协会法国分会。

1946年科学时代社创办的《科学时代》创刊号

1948年11月创办的《科学工作者》杂志

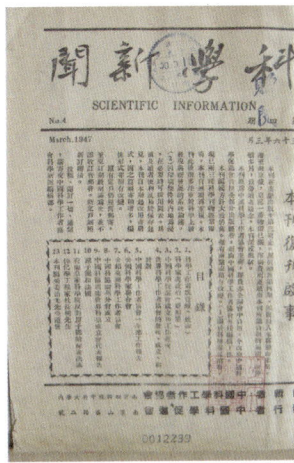

《科学新闻》于1946年年初创刊后仅发行3期。1947年复刊,不久再次停刊

　　1946年4月，涂长望前往纽约，联系葛庭燧、侯祥麟、薛葆鼎、丁懋、丁瓒、计苏华、冯平贯、陈立、罗沛霖等留美学者筹备中国科学工作者协会美国分会（因美国法律不允许外国在美国设立分支机构，所以称为留美科协）。1946年7月20—21日，世界科协召开了成立大会，涂长望当选为世界科协远东区代表理事。在此期间，中国科学工作者协会重庆、成都、兰州、北碚分会相继成立。

　　1946年，随着国民党政府机关、学校、社会团体、厂矿的回迁，中国科学工作者协会先后在南京、杭州、上海、北平建立了分会，总会活动中心转至南京、上海、杭州、北平等地的几个分会。其中，1947年春夏之交，科学时代社（中共中央青年委员会领导下的科学团体）加入中国科学工作者协会。同年6月29日，上海分会在上海岳阳路的中央研究院召开成立大会，选举裴维裕为理事长。1948年12月2日，《上海科协》创刊，李四光题写刊名。1948年9月19日，中国科学工作者协会第一次代表大会在南京中央大学举行，并决定创办会刊《科学工作者》杂志，并派代表参加了在捷克斯洛伐克的布拉格举行的世界科协首届代表大会，涂长望、钱三强被选为远东区理事。同年11月1日，中国科学工作者协会与南京分会合办的《科学工作者》问世。自1946年起，在以中共地下党党员为主的留美人员的筹划下，芝加哥的"芝社"、匹兹堡的"建社"、明尼苏达州的"明社"和纽约的"朝社"等留美进步科学团体陆续成立。1949年1月29日，第一个区域性留美科协在美国芝加哥率先成立。同日，留美学生李恒德、傅君诏、茅于宽在纽约宣布成立美东科协，以示响应。很快，美国各地的地区性分会纷纷成立。至此，成立全美科协的条件已经成熟。1949年6月18日，来自美国13个地区分会的代表在匹兹堡召开留美科协成立大会，

1947年，科学时代社发起成立了中国农业科学研究社。图为《申报》的报道

1946年11月，世界科协的第二次执行理事会在巴黎召开（前排左3约里奥、左4贝尔纳，后排左1伍斯特、左2叶诸沛、左3钱三强）

动员留学生回国成为其中心任务。

1949年2月6日，曹日昌、严希纯、曾昭抡、秦元勋、沈吾华等在香港和过香港的科学工作者35人发起成立了中国科学工作者协会港九分会，主要任务是团结在香港和过香港的科技工作者，以及动员和帮助他们去解放区。

1949年春，中国科学工作者协会总部迁至北平，主要任务是团结科学工作者建立新中国，协助留美学生回国，联合中国科学社、中华自然科学社、东北自然科学研究会发起筹备科学工作者代

涂长望介绍世界科学工作者协会的文章

表会议。1950年，全国科联和全国科普成立后，中国科学工作者协会终于以重庆自然科学座谈会为基础实现了中国共产党对中国科学界的统一领导，完成了自己的历史使命，随后宣告解散。

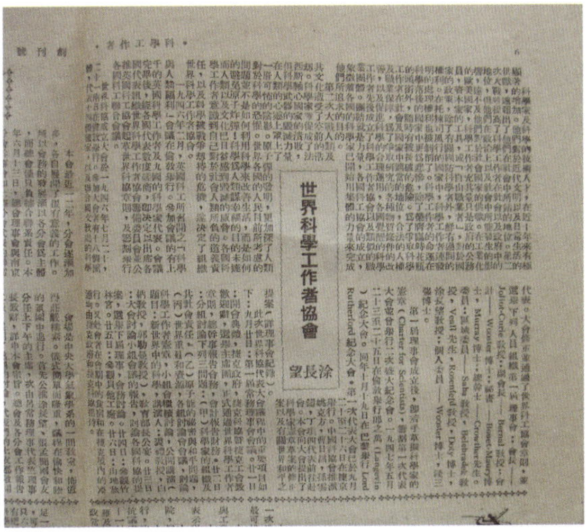

1949年，留美科协波士顿分会成员在哈佛大学校园聚会。后排左起：任以都、裴惠珍、不详、陈秀瑛、杨友鸿、陈国伟、不详、卢肇钧；中排左起：李耀滋与夫人林同端、不详、赵景伦、不详、不详、张钦楠；前排左起：不详、Victor Yeh（麻省理工学院机械系教师）与夫人、不详、苏绍礼、不详、张兴铃

1948年1月25日，中国科学工作者协会上海分会第一次会员大会的与会者在中央研究院门前合影

1948年，潘菽在《上海科协》第八期上发表的《论中国科学工作者宪章的订定》（刊名为李四光题写）

1947年，在布拉格举行的第一届世界青年节开幕式上，留英学生代表与中国解放区派出的青年代表团成员一起高举当时的中国国旗和毛泽东画像

第三节　红色科技社团的概况与特点

　　红色科技社团是在中国共产党的组织和领导下成立的。抗日战争时期，在陕甘宁边区自然科学研究会会长吴玉章的号召下，陆续成立了十几个专门科技社团及其地方分会。受其影响，在晋察冀边区、山东、东北等其他解放区也陆续成立了一些综合性科学团体及其专门学会和地方分会。据统计，在解放区成立的红色科技社团和国统区成立的红色科技社团有70多个（包括分会）。这些科技社团虽因受战争、人才和地域的影响而大多存续时间较短、规模较小，但是对新中国成立后的科技社团的体制和机制产生了重要的影响。红色科技社团呈现出受到党和政府的高度重视、坚持党和政府对科技社团的统一领导、强调用马克思主义哲学研究自然科学和社会科学问题、紧密结合革命战争和生产活动的实际需要、团结与联系世界科技工作者等重要特点。红色科技社团的成立，凝聚和团结了解放区科技人员；红色科技社团的成立，使许多具有自然科学知识背景的人来到相关工作岗位；红色科技社团的成立，延揽了不少国统区的科技人才到边区进行生产建设；红色科技社团的成立，为党的统一管理和规划科技发展的思想积累了初步的实践经验。

一、红色科技社团的概况

　　红色科技社团大体上分为3类：一是以自然科学研究会为基础而成立的专门学会和相应的地方分会；二是根据国防、生产建设等需要而成立的实用性专门学会；三是在国统区秘密成立的具有统战性质和工会性质的科学团体等，如中国科学工作者协会及其分会、中国青年科学技术人员协会、中国学术工作者协会等。其中，第一类占绝大部分，主要成立于抗日战争时期，成立地点主要在延安。抗日战争时期，陕甘宁边区自然科学研究会是中国共产党领导下的规模最大、影响最大的综合性科技社团，在其组织下，至1942年2月先后成立了机电、炼铁、土木、航空、数理、化学、农业、生物、医药、地矿等10个专门分会，以及干校科学小组，关中、绥德、米脂等地方性科学分会。在研究会的号召下，1942年晋察冀边区成立了自然科学界协会，并以此为基础成立了工学、农学、医学、电学等4个专门学会。解放战争时期，山东、东北和国统区又陆续成立了山东自然科学研究会、东北自然科学研究会、中国科学工作者协会及其分会。据统计，包括分会和前身在内的科技社团总共70多个。

红色科技社团一览表

序号	名称	成立时间	地点	主要组织人员或机构
1	陕甘宁边区自然科学研究会	1940.2.5	延安	吴玉章、屈伯传等
2	农牧与造纸专门委员会	1940.5.20	延安	振华工业合作社
3	自然科学编译社	1941.1.30	延安	徐特立、康迪等
4	中国农学会	1941.2	延安	乐天宇、李世俊等
5	陕甘宁边区医药学会	1941.9	延安	林伯渠、金茂岳、傅连暲等
6	陕甘宁边区地质矿业学会	1941.2（3）	延安	武衡、范慕韩等
7	陕甘宁边区机械电机学会	1941.11.6	延安	闫沛霖、聂春荣等
8	陕甘宁边区化学学会	1941.11.6	延安	李苏、董文立等
9	陕甘宁边区炼铁学会	1941	延安	吴崇岭
10	陕甘宁边区土木学会	1942.1.6	延安	丁仲文、武可久
11	陕甘宁边区航空学会	1941	延安	王弼、黎雪
12	陕甘宁边区数理学会	1941	延安	闫沛霖、力一等
13	陕甘宁边区生物学会	1941	延安	乐天宇、陈凌风
14	陕甘宁边区军工学会	1941	延安	江泽民、徐驰
15	自然科学研究会绥德分会	1942.1	绥德	丁子文、何楠若等
16	自然科学研究会关中分会	1942.1	关中	习仲勋等
17	自然科学研究会米脂分会	1942.10.25	米脂	唐海、马润之、高志超等
18	晋察冀边区自然科学界协会	1942.6.10	晋察冀边区	成仿吾、陈凤桐、张珍等
19	晋察冀边区电学学会	1942.8.15	晋察冀边区	林迈可、王士光
20	晋察冀边区医学学会	1942.9	晋察冀边区	朱子衡、胡雨村

续表

序号	名称	成立时间	地点	主要组织人员或机构
21	晋察冀边区工学学会	1942.6.10	晋察冀边区	孟益堂、韦宾等
22	晋察冀边区农学学会	1942.11.29	晋察冀边区	阎一清、祖德铭等
23	山东自然科学研究会	1946.3.10	临沂	孙克定、刘春安、张立吾等
24	东北自然科学研究会	1948.4.8	哈尔滨	李富春、王首道、陈郁等
25	东北自然科学研究会吉林分会	1948.4	吉林	—
26	东北自然科学研究会合江分会	1948.4	合江	—
27	东北自然科学研究会工业部分会	1948.8	工业部	工业部
28	东北自然科学研究会抚顺矿物局分会	1949.2	抚顺矿物局	抚顺矿物局
29	边区国防科学社	1938.2.6	延安	高士其、董纯才、陈康白等
30	延安卫生人员俱乐部	1938.12	延安	姜齐贤、马海德、马寒冰等
31	中央医药讨论会	1939.11	延安	中央医院
32	陕甘宁边区国医研究会	1940.6.29	延安	李长春、宋尘寄、阎劲荣等
33	延安护士学会	1941.5.12	延安	中央医院
34	延安图书馆协会	1941.7	延安	延安图书馆、中山图书馆
35	定边医药研究会	1944.6	定边	阎桂枝等
36	延县中西医学研究会	1944.7	延县	李树槐、张振华等
37	延安市西区中西医学研究会	1944.8	延安	周毅胜等
38	三边分区中西医药研究会	1944.5	三边分区	苗植庵、高丹如、王照新等
39	盐池中西医药研究会分会	1944.5	盐池	—
40	靖边中西医药研究会分会	1944.5	靖边	—
41	陕甘宁边区中西医药研究会	1945.3.14	延安	李鼎铭、刘景范、傅连暲等
42	兴县中西医药研究会	1945.1.29	兴县	张仲武、寇斌等
43	山东招北农场群众性研究会（中安村、蚕庄、汤家、杜家）	1949.4—5	招北	招北农场、劳模等
44	济南护士学会	1949.7.17	济南	陈英华、李会文、曹竹平等
45	自然科学座谈会	1939	重庆	周恩来、梁希、涂长望等
46	中国科学工作者协会	1945.7.1	重庆	涂长望、竺可桢、李四光等
47	中国科学工作者协会重庆分会	1946	重庆	—
48	中国科学工作者协会成都分会	1946	成都	—
49	中国科学工作者协会兰州分会	1946.7.9	兰州	袁翰青、郑豹君、高一涵等

续表

序号	名称	成立时间	地点	主要组织人员或机构
50	中国科学工作者协会北碚分会	1946	北碚	—
51	中国科学工作者协会武功分会	1946	武功	—
52	中国科学工作者协会英国分会	1946	伦敦	钱三强、徐尔灏、周慧明等
53	中国科学工作者协会南京分会	1946.7.20	南京	梁希、施雅风、吕志明等
54	中国科学工作者协会杭州分会	1947.1.7	杭州	陈立、杨士林、过兴先等
55	中国科学工作者协会上海分会	1947.6.29	上海	吴藻溪、潘菽、裴维裕等
56	中国科学工作者协会北平分会	1948.3.28	北平	严济慈、黄国璋、马大遒等
57	中国科学工作者协会法国分会	1948.11	巴黎	钱三强等
58	留美（中、东两部）中国科学工作者协会	1949.1.29	芝加哥	侯祥麟、薛葆鼎、丁攒、计苏华等
59	中国科学工作者协会港九分会	1949.2.6	香港	曹日昌、严希纯、曾昭抡等
60	中国学术工作者协会	1938	武汉	郭沫若、马叙伦等
61	青年科学技术人员协会	1940.5	重庆	徐冰、周建南、孙友余等
62	科学时代社	1945.3	重庆	吴作和、金礼楠、何惧等
63	中国农业科学研究社	1947	上海	王璧、张学元、程绪珂等

注：表中"—"意为无法获得资料。

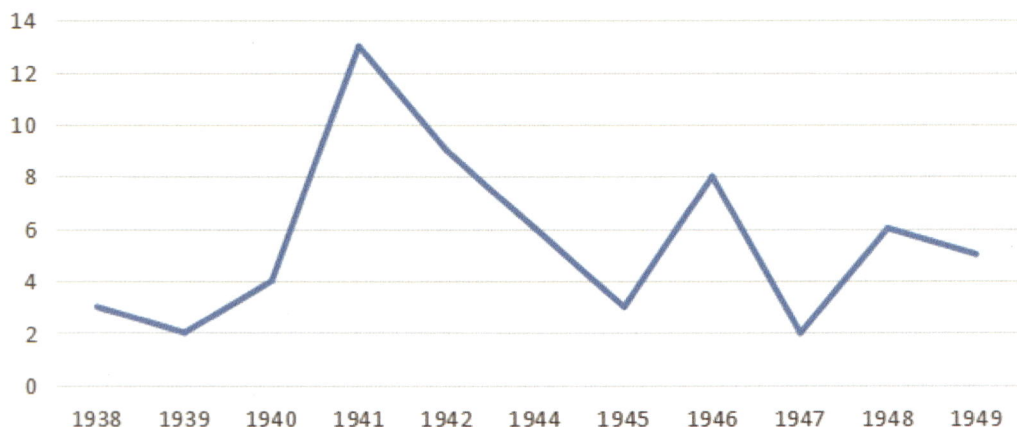

1938—1949 年红色科技社团成立的数量（个）

陕甘宁边区国医研究会旧址和当时的会员证

中国农学会旧址及其技术人员向边区人民讲解农业生产知识

二、红色科技社团的特点

　　解放区成立的科技社团与国统区成立的科技社团有着很大的不同。解放区发起成立科技社团主要是为了团结边区各部门、各行业的科学技术人员为边区的生产建设服务。在陕甘宁边区自然科学研究会成立大会上，干事会负责人屈伯传明确地说："目前为了加强经济抗战战线的力量，必须把自然科学界团结和组织起来，今天自然科学研究会的成立就是这个目的。"延安自然科学院成立后不久，第二任院长徐特立在《怎样进行自然科学的研究》一文中说："首先要提出的就是研究的任务问题，就总的方面来说，我们的科学应该替抗战建国服务。无论是一般的研究，专门的研究，理论的研究和技术的研究，其总的任务只一个：在物质上加强和扩大我们的抗战建国力量。我们不是为科学而研究科学，不是企图在科学上争取地位造成特殊的科学家，因为目前还是处在全面战争的时期，还是技术落后于敌人的时期，还是处在后方区域狭小和经济落后的地区。财力、人力和一切经济力量还十分赶不上抗战建国的需要。我们的国力和敌人的对比，敌人是技术超过精神，我们是精神超过技术。我们的军事技术较七七事变开始时虽已大大提高，而生产运动虽已大大的注意，但达到应有的自给程度还差很远。因此我们对于自然科学的研究，无论在高深的学理方面或粗浅的技术方面，总的任务是为着生产，为着解决抗战的物质问题。"这明确提出了发展科学不是"为科学而科学"。李富春曾专门写信给自然科学研究会要求解决怎样种菜、怎样施肥、怎样改善机关学校的煮饭烧菜的方法等问题。因此，医药卫生学会把防疫、防止河流污染、生产药材作为任务，化工学会把制造耐火瓷土、硫酸、单宁作为任务，地矿学会把找煤、找油作为任务，呈现出"科学活动的实用主义"。

在指导思想上，科技社团的实践活动是在马克思主义理论指导下进行的。毛泽东提出"自然科学要在社会科学的指挥下去改造自然界"[①]，这里的社会科学指的是马克思主义。《自然科学研究会宣言》强调要"运用唯物辩证法来研究自然科学，并运用自然科学来证明与充实唯物辩证法的理论，努力使自然科学界和社会科学界建立统一战线"。朱德在自然科学研究会第一届年会上也讲道："马列主义决不如有些人所设想的那样，只限于社会科学、历史科学。马列主义仍是一切科学的最高成果，它的世界观，它的方法，当然适用于一切科学。"[②]因此，边区国防科学社、陕甘宁边区自然科学研究会、晋察冀边区自然科学界协会、中国科学工作者协会都成立了自然辩证法研究小组，把马克思主义理论研究作为科技社团的重要任务和头等大事，呈现出"科学思想上的唯物主义"。

在活动方式上，强调科学界的团结统一领导，强调科学实践活动的计划性。陕甘宁边区自然科学研究会、中国科学工作者协会都明确要求边区、全国和世界科学工作者团结与联系起来，共同为抗战建国服务。1941年11月，屈伯传在《解放日报》上发表了《建立科学和技术的统一领导》一文，指出："目前科学和技术工作虽然在组织上有中央、军委、政府和系统的不同，在任务上有研究、教育、工农矿业、交通运输、医药卫生等区别，但从科学和技术上来讲，它们之间却有不少相同或联系之处。因之各部门、各系统联系与合作是十分必要的，而且只有如此，才能充分发挥我们现有的人力与物力，才能有计划地发展的我们的事业。可惜得很，这一点我们未能做到，反而走上另一个极端，以致系统森

---

① 何志平等主编：《中国科学技术团体》，上海科学普及出版社1990年版，第387页。

② 同上书，第393页。

毛泽东给科技工作者做报告

1942 年，毛泽东、朱德与科技干部合影

严，各自为政，不联系，不合作，妨碍了科学和技术的发展。……怎样克服与纠正这些障碍与缺点呢？建立科学技术的统一领导！从科学技术上（不是从行政系统上）来领导全边区的科学技术工作。负责：（一）研究、计划、调整、指导、检查并监督各方面的科学技术工作。（二）推动并组织全面性的及较繁巨的非个别所能举办的科学技术事业。（三）促进中央、军委、政府和系统及研究、教育、事业各部门间在科学技术上进一步的联系与合作。（四）有计划地发展并调整已有或未有的科学技术事业，使之与边区经济建设密切配合。（五）搜罗并调剂科学技术人员，购置及合理使用科学技术设备，及时反映科学技术人员的意见。只有这样边区的科学技术才能迅速地发展，边区的经济建设才有远大的前途。"同样，国统区的中国科学工作者协会在其成立缘起中也强调说："唯有集体的合作的方式才能发挥出巨大无比的力量。并且也唯有在集体的合作的组织之中，个人才能免于孤陋寡闻和偏缺之见，并保证自己的努力不致趋向错误的方

1945 年 9 月，晋察冀边区自然科学界协会理事长陈凤桐在介绍协会工作成就时说，工学会供给并保证了边区子弟兵的充分武器和弹药，农学会展开全边区的水利建设、压绿肥运动和造林、防兽疫、除虫害等工作，医学会用科学方法精制了大量的土药和整理出许多土法治疗，电学会解决了电力供给。图为陈凤桐

向。"因此,"科学合作的集体主义"成为边区红色科技社团活动的指导方针,陕甘宁边区自然科学研究会、中国科学工作者协会的成立正是"党管科技、党管人才"的具体体现。

在体制和机制上,解放区的红色科技社团与国统区的红色科技社团虽然都是在中国共产党的组织领导下成立的,但是实行的是两种管理制度。国统区实行民间群众组

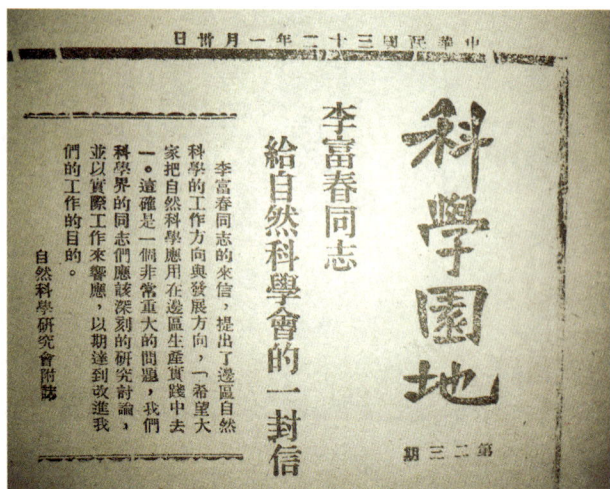

李富春写给自然科学研究会的一封信

织的自治方式,而解放区是在党的统一领导下有组织地进行科研活动,实行统一领导管理,干事会(相当于秘书处)一般挂靠在相应或相近的部门,如自然科学研究会会址设在中财部、农学会设在边区农业学校、医学会设在医疗卫生机构等,有的虽然没有固定的场所,但组织上受某个部门的领导。解放区科技社团的筹备和建立基本上是经过总会与部门或地方行政领导协商,按计划成立的,并形成"总—分"的组织模式,这与国统区各地方或各学科先自发成立后自行协商合并的组建模式不同。综合性科技社团的工作机制则是通过团体会员制实现对科学技术活动的统一组织和协调,通过个人会员制实现科学技术人员的团结和联系,通过贯彻党的路线、方针、政策和上级部门的指示精神以实现科学活动的最大效益。

第四章

建立新中国与科技社团体系的形成

1946年6月26日，国民党撕毁"双十协定"，以围攻鄂豫边宣化店为中心的中原解放区为起点，相继向其他解放区展开大规模进攻。全面内战由此爆发。1947年6月30日，刘伯承、邓小平率领晋冀鲁豫野战军一举突破黄河天险，标志着中国人民解放战争进入战略进攻阶段。随着解放战争的节节胜利，各民主党派和无党派民主人士日益倾向于支持人民革命。1948年4月30日，中共中央发布"五一"劳动节口号，中国共产党同各党派、各团体、各民族、各界人士协商建国由此开始。1949年3月25日，中共中央进驻北平，开始组织新的中国人民政治协商会议、拟定共同纲领、筹建中华人民共和国。1949年4月23日，南京解放，宣告了国民党在中国大陆统治的终结。各界人士开始组织起来，先后召开了全国妇女代表大会、全国青年代表大会、全国文化艺术工作者大会，社会科学工作者大会、教育工作者大会和新闻工作者大会也都在筹备中。

同样，广大科技工作者也认识到团结起来参与新中国建设责无旁贷，特别是以此为己任的中国科学工作者协会。1949年5月，中国科学工作者协会香港分会率先倡议召开全国性科学会议并建立全国科学工作者的组织，得到中国科学工作者协会理事会和北平科技界的赞同，以及中国化学会北平分会的支持。面对百废待兴的中国，中共中央为团结科技工作者有组织、有领导地发展科技事业，邀请科技界代表参加中国人民政治协商会议，并同意着手筹备召开中华全国自然科学工作者代表会议（以下简称科代会）。从此，中国的科学技术事业翻开了新篇章。

经过周密的准备，1949年7月顺利召开了科代会筹备委员会全体会议，选举出参加中国人民政治协商会议的正式代表，并提出设立国家科学院等发展中国科技事业的提案。1949年9月21—30日，中国人民政治协商会议第一届全体会议在北平举行，通过了具有临时宪法性质的《共同纲领》。该纲领第四十二条是"提倡爱祖国、爱人民、爱劳动、爱科学、爱护公共财物为中华人民共和国全体国民的公德"；第四十三条是"努力发展自然科学，以服务于工业、农业和国防建设，奖励科学发现和发明，普及科学知识"；第四十四条是"提倡用科学的、历史的观点，研究和解释历史、经济、政治、文化及国际事务，奖励优秀的社会著作"。此外，毛泽东在党的七届二中全会上指出的由落后的农业国变成先进的工业国和《论人民民主专政》宣布的向苏联"一边倒"政策，成为新中国发展科学事业所遵循的基本原则。

1949年10月1日，中华人民共和国成立。1949年11月1日，中国科学院和政务院所属各委、部陆续成立。许多海外留学人员觉得报国时机已到，纷纷踏上回国之路。1950年8月18—24日，科代会如期召开，成立了中华全国自然科学专门学会联合会和中华全国科学技术普及协会（以下简称全国科联和全国科普），吴玉章为这两个组织的名誉主席。至此，全国科技界的团结统一基本完成，中国科学技术事业进入了新的历史时期。全国科联和全国科普成立后，一方面着手组织建设工作，另一方面积极开展学术交流和科学技术普及工作，为新中国的社会主义建设服务。1950年6月25日，朝鲜内战爆发，美国进行武装干涉。10月初，美国不顾中国政府的一再警告而要占领全朝鲜，中国被迫做出抗美援朝、保家卫国的决策。10月19日，中国人民志愿军跨过鸭绿江。1953年7月27日，美国被迫在停战协定上签字。

在此期间，全国科联和全国科普积极动员科学人才参加抗美援朝运动。至1955年年底，全国科学技术人员已达40余万人，专业研究机构超过800个，科普会员达3.8万多人，全国性专门学会37个（包括已有筹备委员会的），形成了中国科学院、高等院校、产业部门、国防部门和地方性科研机构并存的科研机构网络及初步的科技社团体系，为提前完成我国第一个五年计划提出的各项建设任务发挥了重要作用。

1956年1月14—20日，中共中央召开了关于知识分子问题的会议。周恩来代表中共中央做了《关于知识分子问题的报告》，首次向全国公开全面阐述中国共产党的知识分子政策。该报告充分肯定了知识分子在社会主义建设中的地位和作用，认为他们的绝大部分"已经是工人阶级的一部分"，并发出"向现代科学进军"的动员令。会后，国务院成立了科学规划委员会，制定《一九五六——一九六七年科学技术发展远景规划纲要》。为繁荣和发展社会主义科学文化事业，中共中央不久后提出了"百花齐放、百家争鸣"的"双百"方针。1956年9月15日，中国共产党第八次全国代表大会在北京召开，开启了大规模社会主义建设的新时期。在"向现代科学进军"的热潮和"大跃进"运动的背景下，1958年9月，全国科联和全国科普合并为统一的全国性科技群众团体——中国科学技术协会（以下简称中国科协），实现了中国共产党成立中国科学工作者协会的初心，实现了中国科技界的团结统一。

中国科协成立后，历经"大跃进""文革"，在曲折中发展，在探索中前进，逐步形成了跨部门、跨领域和跨区域的覆盖全国的统一的科技群众团体网络体系。

第一节　团结在建设新中国的旗帜下

抗日战争时期和解放战争时期，科技团体已经呈现出联合统一的趋势。中共中央发布"五一"劳动节口号后，中国科学工作者协会承担起了推动科技界团结起来建设新中国的新的使命。1949年5月，中国科学工作者协会香港分会率先正式提出召开全国性科学会议并建立全国科学工作者的组织的建议，这一建议得到中国科学工作者协会理事会和北平科技界的赞同，并得到中国化学会北平分会的支持。从此，在中共中央的支持和鼓励下，科技界团结统一，共同参与建设新中国的工作便拉开了帷幕。

一、号召建立新中国

中国人民解放战争进入战略进攻阶段后，战争形势向着有利于人民解放军的方向发生了重大转变。1947年10月，中国人民解放军总部发表宣言，响亮提出"打倒蒋介石，解放全中国"的口号。随着解放战争的胜利推进，国统区的人民民主运动也有了新发展。各民主党派和广大无党派人士中的大多数人站在了中国共产党一边，一起抵制伪国大、反对伪宪法。在这样的背景下，毛泽东审时度势，认为筹备建立新中国的时机已经成熟。1948年4月30日，中共中央发布著名的"五一"劳动节口号，号召各民主党派、各人民团体、各社会贤达迅速召开政治协商会议，筹备建立民主联合政府。"五一"劳动节口号是经过毛泽东精心修改和中共中央书记处审议通过的，体现出中国共产党对此事的高度重视。周恩来还专门强调说，这不是宣传口号，而是行动口号，这是今天形势发展的趋势，

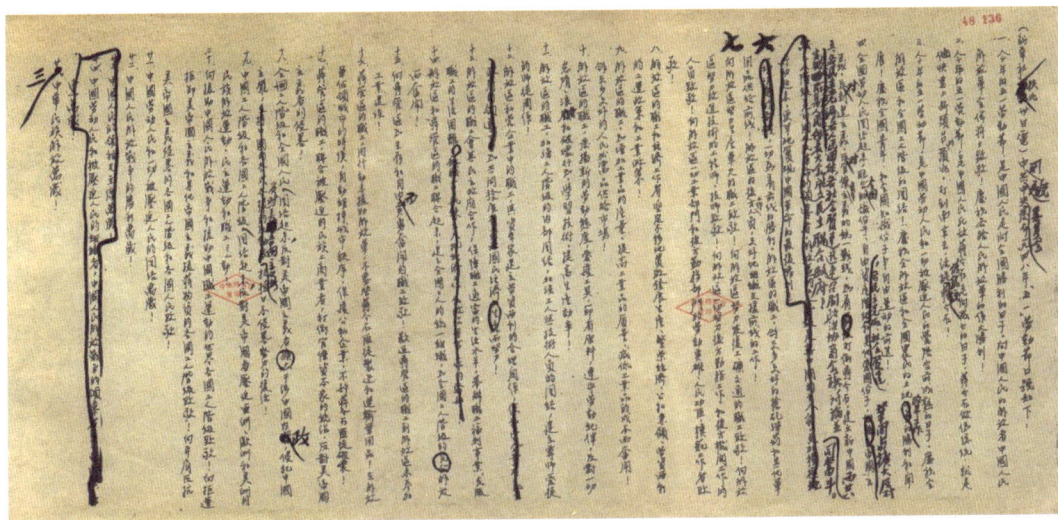

"五一"劳动节口号的毛泽东修改稿

是全国人民的要求。"五一"劳动节口号于5月1日在《晋察冀日报》头版头条位置公开发表。同日，中国共产党领导的香港《华商报》也根据新华社电讯稿全文刊登。5月2日，《人民日报》《群众日报》《东北日报》等解放区报纸也纷纷全文报道。"五一"劳动节口号开启了协商建国的序幕，奠定了中国共产党领导的多党合作和政治协商制度的基础。"五一"劳动节口号一经发布，立刻引起了包括科技界在内的社会各界的强烈反响，各界纷纷表示支持，掀起了组织召开全国代表会议的热潮。

《人民日报》和《晋察冀日报》头版全文刊发"五一"劳动节口号

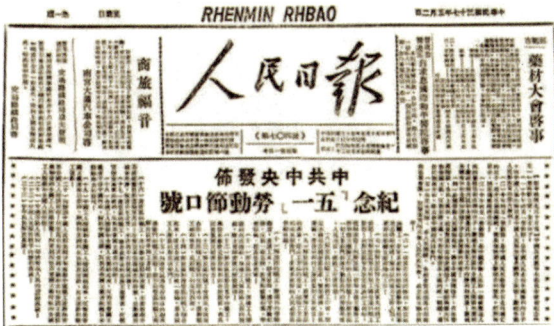

1949 年 6 月 15 日，毛泽东在新政协筹备
会上讲话

1949 年 6 月 16 日，周恩来在新政协筹备会上讲话

新政协筹备会常务委员在中南海合影（左起：谭平山、周恩来、章伯钧、黄炎培、林伯渠、朱德、马寅初、蔡畅、毛泽东、张奚若、陈叔通、沈钧儒、马叙伦、郭沫若、李济深、李立三、蔡廷锴、陈嘉庚、乌兰夫、沈雁冰）

1949 年 9 月 21—30 日，中国人民政治协商会议第一届全体会议在中南海怀仁堂召开

二、组织全国自然科学工作会议

内战爆发前后，国民党加强了文化和思想的专制统治，对民主进步人士进行迫害，大批文化名人和民主人士转移至香港，使香港成为反对国民党统治和宣传进步思想的中心。早在1945年9月，中共中央就决定利用香港的政治、地理和环境的优势，派出工作组筹办或复办报刊，开辟新的文化战场，巩固和扩大人民民主统一战线。1946年1月，《华商报》复刊。同年5月，南国书店开业。1947年1月，《群众》编辑部迁至香港。同年5月，中共中央香港分局成立。"五一"劳动节口号发布后，中国国民党革命委员会、中国民主同盟、中国民主促进会、中国致公党、中国农工民主党、中国人民救国会、中国民主同盟、中国国民党民主促进会、三民主义同志联合会、九三学社等相继发表声明、宣言和通电，表示热烈响应。自1948年8月起，各民主党派、各民主阶层的代表人士陆续进入解放区，在中国共产党的领导下共同开展新政协的筹备工作。

1948年8月，根据组织安排，中共党员、心理学家曹日昌从英国来到香港大学任教，并与刚从美国归来的秦元勋、去英过港的曾昭抡等一起着手组建中国科学工作者协会港九分会，以团结过香港、在香港的科技工作者，并为去解放区的科技界人士提供便利。1949

年2月，港九分会宣告成立。

南京解放前夕，涂长望、梁希、潘菽领导进步师生反对国民党把中央大学迁往台湾，中共中央担心他们的安全就把他们秘密转移至北平，参与新政协的筹备工作。1949年4月24日，梁希、潘菽安全到达北平（涂长望在天津停留几日后于5月10日到达北平）。

1949年5月5日，为了团结和组织科学界、学术界的民主人士，北平市军事管制委员会所属的文化接管委员会与中国科学工作者协会及学术工作者协会一起召集科学界、学术界人士举行纪念五四运动爆发30周年座谈会，商讨今后科学界的工作。梁希、范文澜、马叙伦、沈志远、严济慈、袁翰青、曾昭抡、周建人、胡先骕、潘菽、胡愈之、黎锦熙、杨振声、杨人楩、李宗恩、张子高、吴晗、夏康农、钱端升、费孝通、樊弘、费青、钱伟长、向达等200余位科学界、学术界人士到会。

周恩来在座谈会上讲话，鼓励学术界、科学界积极参加新民主主义国家的建设工作，使科学真正为人民服务，并希望在八九月间召开全国科学工作者会议。在发展科学的国内外关系上，周恩来指出："学术界内部关系先要弄好，然后再与外国联系，像居里这样的科学家是应该去联系的，而且联系应该是多方面的。但是首先要自力更生，才能争取外援，否则是依赖外援。"[1] 袁翰青作为中国科学工作者协会的代表向大家汇报了协会的状况，并提议组织一次全国科学工作者大会。由此，中国科学工作者协会组织的全国科学工作者会议的筹备工作立刻紧锣密鼓地开展起来。

1. 科代会筹备会促进会

1949年5月13日，中国科学工作者协会原在北平的理事严济慈、曾昭抡、黄国璋、袁翰青、钱三强，以及北平解放后陆续到来的卢于道、丁瓒、周建人、潘菽、梁希、涂长望共11人召开理事会（在北平的理事人数已超过2/3），决定成立临时常务理事会，推举梁希等7人为常务理事，梁希为理事长，涂长望为总干事。会议决定中国科学工作者协会的中心任务为"发动全国科学工作者加强团结，加紧调查研究与自我教育，为实现毛主席的增加生产号召与建设新中国而尽最大努力"。中国科学工作者协会在完成组织准备之后，梁希、潘菽、严济慈等立即向中国科学社、中华自然科学社在北平的理事发出正式邀请，共商召开全国科学会议之事宜。

---

[1] 周恩来：《纪念五四运动30周年座谈会上的讲话》，载《人民日报》1949年5月5日。

5月14日，马大猷、曾昭抡、袁翰青、陆志韦、薛愚、袁复礼、夏康农、潘菽、周建人、胡经甫、齐燕铭、钱伟长、严济慈、祁开智、沈其益（鲁宝重代）、黄国璋和涂长望等17人在北京饭店召开全国科学会议筹备会第一次促进会。会议决定：为推进工作，由中国科学社、中华自然科学社、中国科学工作者协会（不久东北自然科学研究会加入）发起，邀请国内理、工、农、医各界及各地区的有关机关和团体的代表共同组成科代会的筹备委员会；在筹备委员会成立之前，由发起者和北平科技界的代表人士组成筹备委员会的促进会，以促进筹备会的成立；为了便于执行促进会的各项事务，公推严济慈、袁翰青、潘菽、夏康农、沈其益、卢于道、涂长望等7人为促进会的临时干事（后又增加孟少农、计苏华），严济慈为干事会的召集人，涂长望为总干事。之后，5月21日、5月29日、6月5日、6月17日又召开了4次会议，先后参加以上会议的除了上述17人外还有来自解放区的刘鼎、沈鸿、孟少农、乐天宇、陈凤桐、苏井观、李志中、恽子强，以及计苏华、丁瓒、卢于道、钱三强、裴文中。

促进会讨论的主要问题：科代会的基本任务；科代会筹备会章程；出席科代会筹备会的代表的推选及邀请办法等。会议初步确定的科代会的任务：团结和发动全国科学工作者从事新中国的建设以服务于人民；检讨中国以往的科学工作以为今后改进之参考；确定中国科学

1949年4月初，中共中央秘密将涂长望、梁希、潘菽由南京经上海转香港再转送北平参加新政协的筹备工作。图为涂长望在经香港到北平的船上

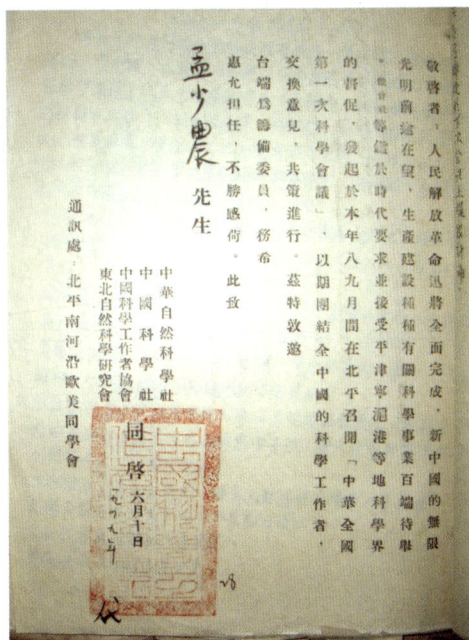

科代会筹备会促进会给汽车工程专家孟少农的邀请函

的总方向并制定纲领；计议成立全国科学界的联合组织。

因涂长望、沈其益和卢于道分别是中国科学工作者协会、中华自然科学社和中国科学社3个最大科学团体的总干事，所以科代会的筹备工作多由3个人组织协调。

2. 科代会筹备委员会全体会议

经过中国科学社、中华自然科学社、中国科学工作者协会和东北自然科学研究会4个团体一个多月的积极活动，科代会筹备委员会第一次会议于1949年6月19日在北平市灯市口中国工程师学会所在地召开，宣布促进会的工作结束，筹备会正式成立。到会的有平津、东北和华东的筹备委员共127人，来宾5人。中国人民解放军总司令朱德、中华全国总工会主席陈云和中共中央委员林伯渠出席会议并讲话。

朱德在题为《科学转向人民》的讲话中指出，各位科学家，应该做建设工作的计划者和工作者。以往的科学是给封建官僚服务，今后的科学给人民大众服务。如果在这个条件下来发展科学一定很快的就可以有成绩。最近即将召开新政协会议，产生新的联合政府。科学家当然也有代表参加，所以将来的新政府一定能够领导全中国的人民，大家团结起来，建设新中国。

当时，解放战争还在长江以南继续进行。因交通问题，华中和华南的筹备委员未能及时赶到，所以会议开了一天就暂时休会，以等待未到会的筹备委员。

1949年7月13日上午8点，上海、南京代表团到达北平，9点到达会场后，9点半科代会筹备委员会全体会议立刻在北平原中法大学礼堂继续举行。285名筹备委员中有205名到会。周恩来、徐特立、李济深、郭沫若、沈雁冰、谭平山、史良、叶剑英、陈其尤、蔡廷锴等领导人、各民主党派代表及各界人士连同来宾、记者近百人出席了会议。会议开始由刘鼎报告筹备经过，接着推举出吴玉章、梁希、竺可桢、吴有训、乐天宇、贺诚、刘鼎、曾昭抡、叶企孙等41人组成主席团，以决定会议日程和主持会议，并由主席团提名丁瓒、李志中、孟少农、夏康农、袁翰青、郭栋材、卢于道、钱三强8人组成干事会，负责会务。

当天上午，吴玉章致开幕词，徐特立、叶剑英、李济深、郭沫若等相继致辞。吴玉章说："现在科学工作者迫切地要做些什么呢？首先就要团结起来，组织起来。……其次就要加紧工作。现在摆在我们面前的，就是怎样迅速恢复生产和发展生产。从何着手呢？我认为：第一是调查统计，没有这，则一切建设无从着手。……第二是培养人才，我们的科学人才太少了，必须大量地来培养。不只是在学校中培养，而且要在工厂中培养，并送到外国去学习。"最后他说："我们要加深学习，每天要用一定的时间来学习，不仅要学习业务，而且要学习理论，使理论与实际相联系，特别要学习用马列主义和毛泽东思想来武装自己，来作行动的指南。"叶剑英在题为《世界上没有孤立的科学》的报告中说："我诚恳的对于科学工作者们，贡献一句话，就是：要把自己改造成为真正的人民科学家，真正的为人民服务。这就要求我们：一、要有坚定的人民立场。二、老实的科学态度。三、真诚的团结。四、积极的工作。"①

当天下午，中国人民革命军事委员会副主席周恩来出席大会并讲了话。他说：近百年来的经验，已足以证明在阶级社会中，科学是无法"超政治"的。科学既然不能超越政治，那么一切有良心的、有正义感的、忠于真理的自然科学工作者，只有自己参加人民的政治事业，只有解决问题。新民主主义的政治是为人民服务的。共产党团结除少数反动派以外的广大人民，同时共产党是尊重科学、拥护科学和真理的革命党。周恩来还说：自然科学工作者所要成立的团体就当是一个广泛的群众性组织，凡是从事自然科学研究、自然科学运动者和实际工作者，只要不反动，都在受欢迎之列。

7月13—18日，科代会筹备委员会全体会议共开了6天，梁希在闭幕词中说："这次筹备会议，主要是讨论科学工作者的基本任务，就是团结、组织、拟定工作纲领和检讨过去工作4项，而4项之中，尤以团结和组织为主要中的主要。"

会议取得的主要成果：将这次会议定名为中华全国第一次自然科学工作者代表大会筹备委员会；通过中华全国第一次自然科学工作者代表大会筹备委员会简章；通过中华全国第一次自然科学工作者代表大会代表产生条例；选出参加中国人民政治协商会议的正式代表为梁希、李四光、侯德榜、贺诚、程孝刚（后请辞，筹委会常务委员会决定由茅以升接替）、曾昭抡、刘鼎、严济慈、姚克方、恽子强、涂长望、乐天宇、丁瓒、蔡邦华、李宗恩等15人，候补代表为靳树梁、沈其益（推选标准为学术有素养、在民主运动事业中有贡献，并兼顾年龄、地区和学科）；选出科代会筹备委员会常务委员25人，推选李四光为特选常务委员，主任委员为吴玉章，副主任委员为梁希、李四光、侯德榜、贺诚、曾昭抡，秘书长为严济慈。

科代会筹备委员会全体会议闭幕后，常委会开展了一系列的活动。各地区陆续成立

① 何志平主编：《中国科学技术团体》，上海科学普及出版社1990年版，第452页。

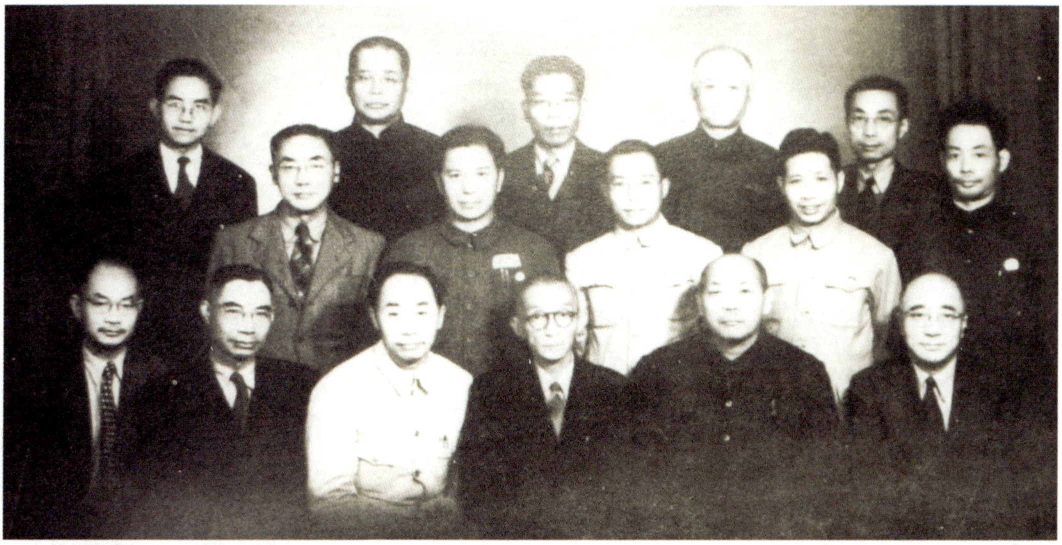

参加中国人民政治协商会议的正式代表和候补代表合影（后排左起：涂长望、恽子强、严济慈、靳树梁、蔡邦华；中排左起：姚克方、贺诚、沈其益、丁瓒、乐天宇；前排左起：曾昭抡、茅以升、刘鼎、梁希、侯德榜、李宗恩）

中華全國第一次自然科學工作者代表大會
籌備委員會為召開代表大會的通告

中華全國第一次自然科學工作者代表大會籌備委員會的任務，原來在於團結全國自然科學工作者，檢閱過去工作的成果和糾正散漫空疏以及思想紛雜門戶宗派的舊時作風，務期實事求是，確立為人民服務的新精神，配合新興的偉大人民共和國的需要。但是自從籌備會成立以來，由於人民解放戰爭的迅速發展，全國獲得解放，全國科學工作者，獲得了思想的迅速覺悟，和工作熱忱的普遍提高。人民的勝利鼓舞了他們，人民對於他們的期望也吸引着他們竭忱改造。這是很好的現象。可是，也因此我們「科代」的任務也就不應該再以單純的團結自限，而要求進一步的提高。這也就是說，我們要注重於專門學術的研究，要深入地發掘我們具體工作中應該解決的問題，要從學術的角度上，重訂我們的工作方向。我們要從各個科學部門裡掃除為科學而科學的虛幻思想，使科學能担負完成生產發展的任務。

正如毛主席所昭示我們的，人類知識的本來面目，不過只是階級鬥爭與生產鬥爭的知識的兩大部門。毛主席和中國共產黨領導的革命鬥爭的勝利，輝煌地指示出我們中國人民在社會科學領域內的世界性的成就。過去我們中國社會的發展，是遭受了帝國主義封建主義與官僚主義的障礙而阻滯了我們生產的發展。惟有實現了人民民主專政，纔能談得上轉變農業國為工業國。

今天的事實証明，為什麼我們的科學過去被提倡了數十年，老沒有在我們的土地裡生根；也為什麼今天才展開了科學發展的肥沃土壤。偉大的中國人民今天將發展科學建設新中國的擔子交給中國科學工作者。這是一個偉大光榮的任務。

因此我們這第一屆的「科代」會議，必須切實領會過去在科學研究應用與教學各方面的經驗以作進一步推動工作的依據。這裡，一方面要求我們的出席代表認清時代與人民的要求從新的社會基礎上體驗到他們的任務。一方面也要求他們對於專門科學有足夠修養。這是新型科學工作的開始。

至於全國科學工作者的普遍調查與登記，仍然是我們總會和各地籌委分會應當繼續進行的工作。不過，作為出席「科代」會議代表的產生辦法，我們必須估計到全國範圍內科學發展的不平衡，科學工作者人數分配的不平均，各地解放時期的不一律，這些條件，因而應當保有實事求是的精神，不可能强求形式的一致。在解放期間較久，本會登記工作較有基礎的城市及地區，應由各分會在一定時限內暫時結束登記，並各自斟酌條件，議定代表產生的具體辦法，報告總會聽候決定。其餘新獲解放，登記工作並未展開或甚至籌備分會尚未成立的城市及地區，則由各大行政區軍政委員會文教部負責邀集本地區內科學工作者協商，儘量在民主基礎上適當照顧各方面（如青年婦女以及在理、工、農、醫各科間的分佈）產生代表，同時仍應隨時與總會取得聯繫與同意。

正由於我們重視「科代」的召開，我們總會常委會幾經會議，在原有條例之外，訂出了大會代表產生的補充辦法；同時為了說明「科代」召開的任務，配合國家與人民的需要，而作了進一步的考慮，特鄭重發出如上的通告。

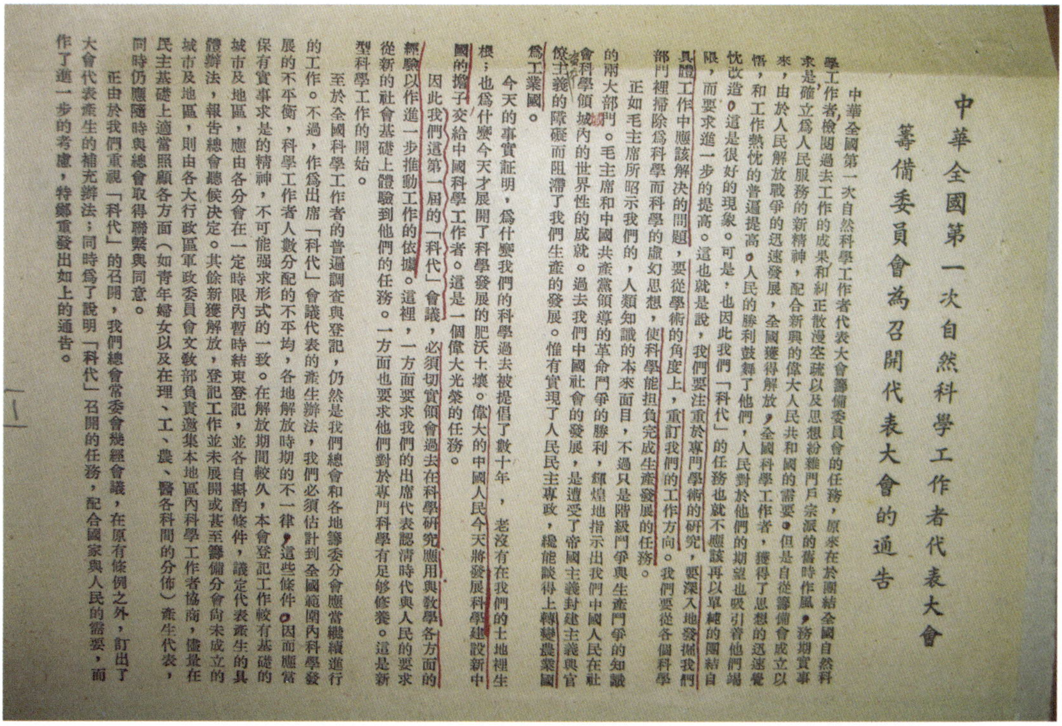

科代会筹备会为召开代表大会的通告

梁希（排队队伍左4）、侯德榜（排队队伍左1）等科学界代表参加中国人民政治协商会议并投票通过《共同纲领》

科代会筹备会地方分会，并立即展开自然科学工作者的调查登记工作，组织到东北参观考察，编辑《科学通讯》，举行座谈会、讲演会、展览会，开辟《科学副刊》栏目，举办科学讲座和播放科学广播节目等。

科代会筹备委员会为自然科学界选出的代表参加了中国人民政治协商会议第一届全体会议。筹备会向会议提交了关于科学院组织、全国资源调查机构、复员军人进修教育3项提案。设立国家科学院的提案建议："设立国家科学院，统筹及领导全国自然科学、社会科学的研究事业，使生产及科学教育密切配合。科学院并负责审议及奖励全国科学创作、著作及发明。科学院为适应特种需要，得设立各种研究机构。此种研究机构发

中国科学社《社友》刊登科学界代表参加中国人民政治协商会议的名单

1949 年 7 月 11 日，科代会筹备会宣传部创办《科学通讯》，主要报道筹备会和各地分会的活动。该刊不定期发行至 1950 年 8 月 15 日，共 10 期

1949 年 7 月 11 日，《东北日报》关于东北自然科学研究会增选专家代表参加科代会筹备会全体会议的报道

1950 年 1 月，科代会筹备会武汉分会与中国科学工作者协会武汉分会联合创办《新科学》

1950 年 1 月，中国科学工作者协会南京分会地理组创办《地理知识》

展至相当阶段时，为与生产取得进一步之配合，得成立独立机构。"科代会筹备会代表还向新政协代表提交了关于扶持科学刊物等提案。

此外，科代会筹备会代表自然科学界选出的代表分别参加了6个分组委员会的工作：曾昭抡参加了政协组织法草案整理委员会，侯德榜参加了《共同纲领》草案整理委员会，贺诚参加了政府组织法草案整理委员会，严济慈参加了宣言起草委员会，茅以升参加了国旗、国徽、国都纪年方案审查委员会，梁希参加了代表提案审查委员会。梁希、李四光、侯德榜3人当选为中国人民政治协商会议第一届全国委员会委员。

值得一提的是李四光1947年7月被推选为中国地质学会的代表去英国伦敦参加第18届世界地质学大会。1948年8月25日—9月1日，大会召开，李四光做了题为《新华夏海之起源》的发言。会议结束后，他没有立即回国，而在英国休养，因而缺席科代会筹备会第一次会议和中国人民政治协商会议第一届会议。1950年3月初，他历经2个多月，漂洋过海到香港。1950年5月6日，李四光夫妇在地质研究所的俞建章、张文佑、孙殿卿的陪同下到达北京。李济深、郭沫若、陶孟和、竺可桢、丁西林、钱端升、钱昌照等到站迎接。7日下午，周恩来到北京饭店会见了李四光。

3. 科代会的召开

科代会筹备会成员就成立组织的性质问题没有达成共识，有的认为应是工会性质，以个人会员为主，有的则认为应是学术团体性质。这一基本问题直接影响着科代会组织的方法和形式，所以从1949年冬至1950年春科代会的筹备工作几乎停顿。经过缜密研究和征求多方面意见，1950年4月15日，在科代会筹备会第十次常委会上吴玉章主任委员提出了科学团体的设计和构想，并达成了共识。这个构想的要点：（1）科学团体以后的主要任务，在于配合国家的经济和文化建设工作，其组织形式及各方面的关系，应该由这个任务来决定。（2）由于政府已经不是过去少数统治者的政府而是人民自己的政府，科学团体就应该放弃旧社会时与政府对立的作风，而向人民政府有关部门靠拢，成为其有力的辅助。（3）今后科学团体的主要组织形式，将是与政府有关部门密切结合的专门性学术研究团体。（4）要从旧社会遗留下来的科学团体的组织形式，转变为上述的新的组织形式，需要在全国科学工作者中酝酿宣传这个新的方向，使大家从旧的观点前进到新的观点，这就是科代会筹备会目前阶段的历史任务。同时，各种专门学术团体之上有一个联合组织，也是需要的。常委会经再三讨论，决定在科代会上提议建立中华全国自然科学专门学会联合会和中华全国科学技术普及协会两个团体。前者以团结号召全国自然科学工作者从事自然研究，以新民主主义的经济建设与文化建设为宗旨，以政府准予立案的自然科学专门学会为会员；后者以普及自然科学知识和提高人民的科学技术水平为宗旨，以科学技术工作者个人为会员。

经过一年多的筹备，科代会于1950年8月18—24日在北京清华大学礼堂举行，各界代表469人出席。其中，科代会筹备会的常委40名，中央直属有关科学机构37名，解放军及军委直属机关50名，各地区代表291名，特邀代表51名；按学科统计，理科代表119名，工科代表173名，农学代表78名，医学代表99名。

中华人民共和国中央人民政府副主席朱德、李济深，中华人民共和国中央人民政府政务院总理周恩来、副总理黄炎培，以及文教委员会副主任马叙伦、交通部部长章伯钧、水利部部长傅作义、北京市副市长吴晗等出席开幕式，并先后在会上讲话。毛泽东接见了全体代表。

吴玉章在开幕词中说："中国革命的伟大胜利，为中国科学开辟了一个新时代。在这个新时代中，科学工作者义不容辞地要努力参加巩固和建设新国家的工作。在我们人民民

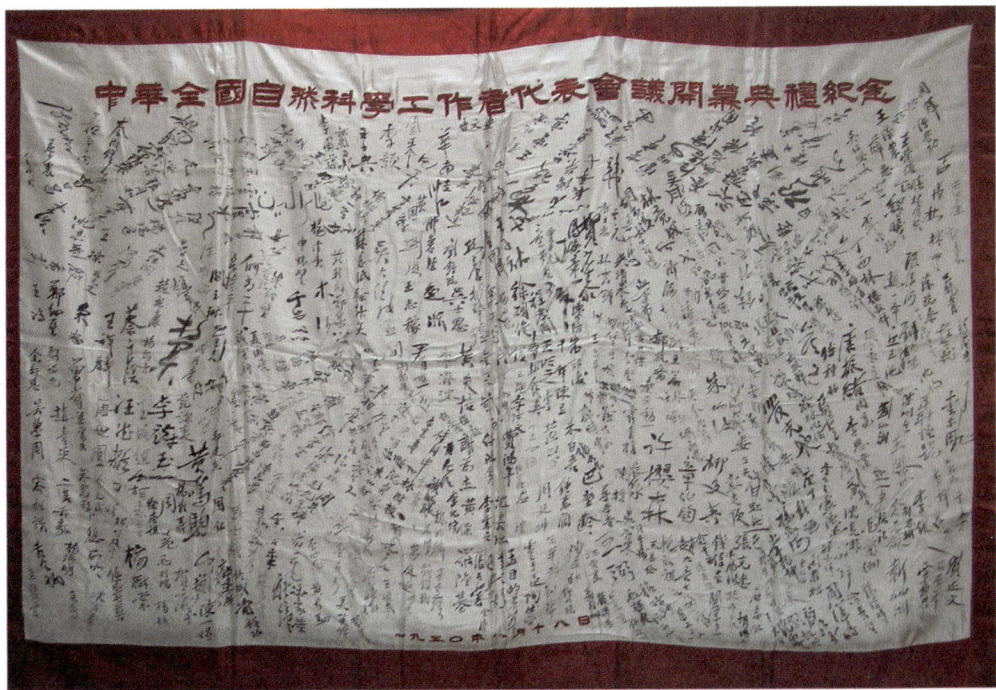

科代会全体代表签名

科代会纪念集

主专政的国家里，科学工作不再依靠私人的提倡或所谓'慈善'性的援助，而是明确地成为国家的事务。"关于科学工作计划的问题，他说："我们新民主主义国家的科学工作计划，自然是必须和国家的经济建设相结合、相适应，但是我们也不能忘记科学的继续发展所开辟的前途，往往是相当的超过了经济计划所提出的期望。科学有它自己发展的逻辑，这是一件很需要加以重视的逻辑。科学必须永远站在前面工作着，为将来搜集准备应用的事物，只有这样它才算是尽了它的天职。"关于科学界的组织问题，他说："今天科学界需要有组织，有组织才能更好地推进工作。但是在不同的历史条件之下有不同的组织原则：在和反动统治斗争的时候，首先是怎样才能动员更广大的群众来和反动统治斗争以争取科学发展的条件；在刚解放的时期，便是怎样完成团结争取教育的任务；而当人民自己掌握政权以后，进入和平建设时候，要紧的便是怎样能做好科学的深入研究和广泛普及的工作。今天的科学界组织既不同于政府机构，也不同于工会组织，它必须具有一定的学术性内容。"

在8月24日举行的科代会闭幕式上，周恩来做了题为《建设与团结》的重要讲话，没有讲稿，侃侃而谈，受到代表们的热烈欢迎。关于建设问题，他说："人民政协通过的《共同纲领》规定了建设独立、民主、和平、统一和富强的新中国，要把中国由一个农业国变为工业国，这也就是规定了中国科学家的奋斗目标。这个方向和目标是很清楚的，这正是近百年来中国科学家所寻求的。方向和目标是确定了，但是道路是要我们一步一步去走的。诸位都明白，我们所接收的旧中国满目疮痍，是一个破烂摊子。要在这个破烂摊子上进行建设，首先必须医治好战争的创伤，恢复被破坏了的工业和农业。我们决不能随便地在破烂摊子上建设高楼大厦，那是不稳固的，必须先打好基础才行。"[1]"现在我们进行

---

① 何志平等主编：《中国科学技术团体》，上海科学普及出版社1990年版，第490页。

建设，首先要进行发掘、调查、统计和搜集材料的工作。这是准备工作，是建设新中国的重要基础工作。"[1] 他还说："我很高兴这次会议成立了自然科学者的全国性组织。有了组织，就有了力量，就给我们以机会，从调查统计全国科学家人数着手开始工作。我正式提议中华全国自然科学专门联合会首先进行这个工作，政府愿给以一切物质上的帮助。中国自然科学工作者到底有多少？他们的水准、专长、职业、资历怎样？要做一个全盘的调查。这样，我们就可能更好地把他们安排在适当的岗位上，为国家为人民服务。"[2] "我还

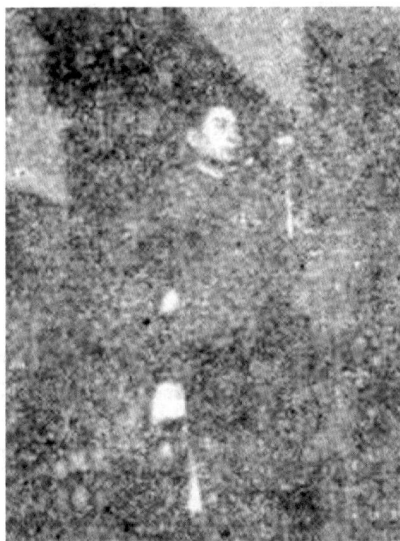

科代会上周恩来（上左）、朱德（上右）、李济深（下左）到会讲话，科代会筹备会主任委员吴玉章致辞

---

[1] 何志平等主编：《中国科学技术团体》，上海科学普及出版社1990年版，第491页。
[2] 同上书，第492页。

科代会全体代表合影

科代会全体代表合影（中间部分）

希望现有的科学家能培养更多的青年科学工作者，让他们跟着你们一道前进，这样，中国的科学事业才有前途。"① 讲到团结问题时，周恩来指出，为了有效地工作，科学家必须团结。凡是承认《共同纲领》的都要团结。凡是为新中国努力服务的科学家都是朋友，

① 何志平等主编：《中国科学技术团体》，上海科学普及出版社1990年版，第492页。

都应该团结。为了实现和巩固这个团结，我们必须破除门户之见，互相学习，互相切磋。

会议期间，中国科学院副院长李四光做了科学院工作的报告，农业部部长李书城、卫生部副部长贺诚、重工业部副部长刘鼎等也做了报告。

会议取得的主要成果：一是广大科技工作者紧密团结在中国共产党的周围；二是广大科技工作者明确了方向、提高了认识；三是科技工作者与政府、企业部门密切联系有了良好的开端；四是决定成立全国科联和全国科普两个组织（前者是各种科学专门学会的以团体为单位的联合组织，偏于"提高"，后者是以个人为会员的科学技术与知识的普及工作的总枢纽）；五是通过了两个组织的组织方案要点，以及由50名委员组成的全国委员会名单，推举吴玉章为两个组织的名誉主席。从此，中国科技社团历史上诞生了中国共产党领导的新型全国性科技团体。

4. 全国科联和全国科普的诞生

1950年8月25日，科代会闭幕的第二天就召开了全国科联委员会会议，推选25人为常务委员，推举李四光为主席，侯德榜、曾昭抡、陈康白为副主席，严济慈为秘书长，涂长望、丁瓒为副秘书长，并设立调查、联络、计划、宣传、组织和出版委员会等工作机构，决定在北京成立全国科联和全国科普联合办事处，在各地区成立科联、科普地区临时

科代会选举出的全国科联和全国科普名誉主席吴玉章（左）、全国科联选举出的主席李四光（中）和全国科普选举出的主席梁希

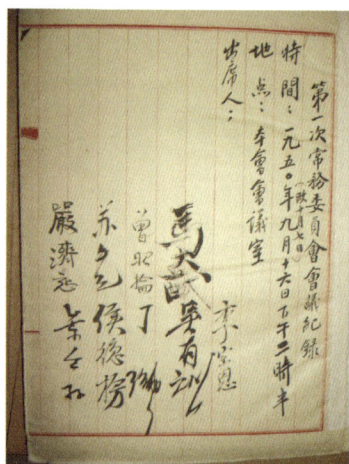

1950 年 9 月 16 日，全国科联常委会第一次会议出席者签名（李四光因病、陆志伟因事请假）

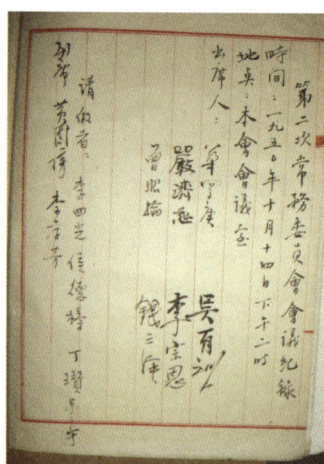

1950 年 10 月 14 日，全国科联常委会第二次会议出席者签名

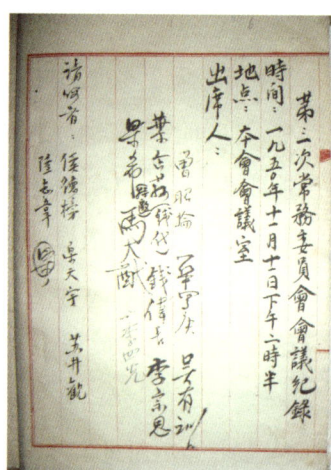

1950 年 11 月 11 日，全国科联常委会第三次会议出席者签名

工作委员会。全国科普也在同日召开委员会会议，推选25人为常务委员，推举梁希为主席，竺可桢、丁西林、茅以升、陈凤桐为副主席，夏康农为秘书长，袁翰青、沈其益为副秘书长，并设立组织部（部长曹日昌，副部长彭庆昭）和宣传部（部长周建人，副部长蒋一苇）。1952年年底，全国科联正式成立了宣传部（部长沈其益，副部长张含英、金荫昌）、

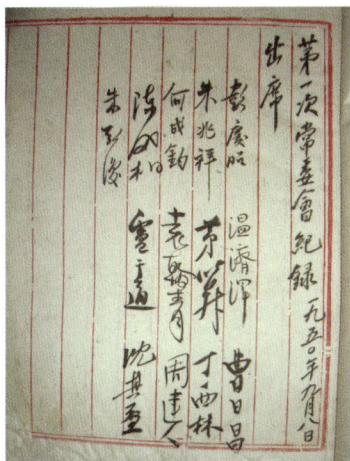

1950年9月8日，全国科普常委
会第一次会议出席者签名

1950年9月22日，全国科普常委
会第二次会议出席者签名

在全国科联常委会第一次会议上，严济慈秘书长汇报全国科联和地方科联抗议美国政府非法扣押钱学森、赵忠尧等的消息。图为1950年9月24日新华社转发的全国科联的抗议书

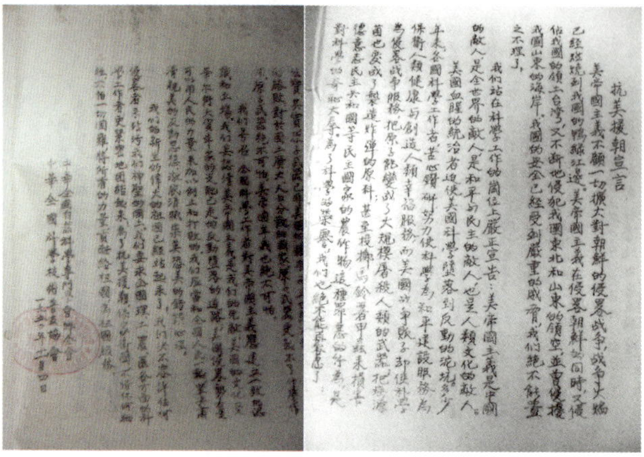

1950 年 11 月 4 日，全国科联和全国科普联合发表《抗美援朝宣言》，声讨美国的侵略罪行，号召全国科学工作者积极参加抗美援朝、保卫祖国的斗争

组织部（部长周培源，副部长石志仁、杨显东、方石珊、钱伟长）、国际部（部长华罗庚，副部长吴英恺、陆士嘉）。

三、动员留学生回国

抗日战争时期，虽然条件艰苦，但选派留学生出国并没有间断，而且抗战胜利后还迎来了一次留学高潮。因抗日战争和国共内战的爆发，中国留学生大量滞留海外。据统计，至 1950 年 12 月，中国留学生及已就业的教授、学者或专门人才大约有 5541 人，其中在美国的占 63%，在欧洲（主要集中于英法两国）的占 12%。新中国即将成立的消息在海外学者中激起强烈反响，许多人认为报国时机已到，踏上回国之路。新中国成立、爱国情怀无疑是中国留学生回国的最根本的原因，但是也与中国共产党依靠国外进步团体的组织、动员密切相关。其中，中国共产党领导的留美科协就曾发挥巨大的作用。

1. 留美科协

1948 年年底，中国科学工作者协会着手成立了留美科协，推动留学生回国。1949 年 1 月，在芝加哥成立了美中科协，2 月创办《美中科协通讯》（1949 年 6 月停刊）。《美中科协成立记》中说：“一月二十九日，正是农历新正，无论是散布在哪个世界角落的中国人，都不会忘了这年节，尤其今年，一个新中国眼看即将诞生了，展望前途，希望和兴奋在每一个中国人胸中燃烧。啊，新年，新中国，人民世纪的新纪元，真是万象更新！”字里行间透露着留学生的爱国之心和对新中国的无比期待。同时，由钱保功等人联络纽约、匹兹堡及费城等地的留美学生在纽约市哥伦比亚大学召开了30多人参加的留美科技人员会议（后成为留美科协纽约区会的基础）。1949年2—6月，美国各地大学相继成立了科协区会。6月18日，在匹兹堡正式召开了留美科协成立大会，并通过了《我们的信念和行动》宣言，郑重向留美学生发出号召："我们认为中国人民的革命战争接近彻底的胜利，新中国的全面建设即将开始。因此，每个科学工作者都有了更迫切的使命和真正为人民服务的机会，这是我们千载难逢的良机，也是我们这一代科学技术工作者无可旁卸的责任。我们应该努力加紧学习，提早回国，参加建设新中国的行列。"大会选举葛庭燧为主席，侯祥麟、孙绍谦、杜庆华、茅于宽为干事，黄保同、颜鸣皋、吕保维为候补干事。第一次干事会推选侯祥麟为常务干事、孙绍谦为副常务干事。

1949年7月，《留美科协通讯》在费城创刊，成为唯一联系美国各地分会及会员的渠道。《留美科协通讯》由李恒德、傅君诏、刘叔仪主办，大体上每月一期，内容主要有各地分会活动报道、学术组织活动、总会信息等，重点报道国内情况，转载解放区或香港进步报刊的文章。这份期刊先是刻蜡版油印，最后几期改手写为影印。每期发行八九百份，除寄发美国各地分会和会员外还寄往欧洲，并交由中国科学工作者协会港九分会的曹日昌转往国内。《留美科协通讯》在联络各地分会、增进对中国共产党的认识、号召会员回国方面起到了很好的宣传作用。

1950年1月1日，侯祥麟主持干事会，由孙绍谦接任常务干事，并增加涂光炽、丁儆、李祉川为干事，涂光炽负责联络工作。1月底，留美全体会员通信选举了华罗庚、侯祥麟、洪朝生、孙绍谦、张文裕、许如琛、丁儆、余国琮为理事，李树青、周世勋、徐贤修为候补理事，赵佩之、涂光炽、颜鸣皋为监事，唐敖庆、钱存训、潘绍周为候补监事。理事间又通信选举丁儆为常务理事。至1950年3月，留美科协发展了32个区会，会员总数达700多人。发起人和推动者除上述人员外，还有未在留美科协任职的计苏华、葛春霖、孙世铮、钱保功、陈立、刘叔仪、薛葆鼎等数十人。

留美科协的最重要工作就是开展回国活动。早在美中科协成立之初，葛庭燧即负责与香港的曹日昌联系，介绍许多专家取道香港回中国内地。1949年5月14日，曹日昌教授奉命通过葛庭燧写信动员钱学森回国，信中写道："近年来国内的情形想您在美也知道得很清楚：全国解放在即，东北、华北早已安定下来了，正在积极地恢复建立各种工业，航空工业也在着手。北方工业主管人（指中共主管工业的负责人）久仰您的大名，只因通讯不便，不能写信问候，特命我代为致意。如果您在美国的工作能够离开，很希望您能很快地回到国内来在东北或华北领导航空工业的建立。尊意如何，盼赐一函。一切旅程交通问题，我都可以尽力襄助解决。"

新中国成立后，中国科学工作者协会总会于1950年1月27日致函留美科协："新中国诞生后各种建设已逐步展开，各方面都迫切地需要人才，诸学会会友学有专长，思想前进，政府方面函盼能火速回国，参加工作。"为此，1950年3月18—19日举行了第二次理监事联席会议，决定："本会会员应该立即响应国内政府、人民、科学工作者号召，在最近日期内回国，投身于新中国的建设工作。"各区会热烈响应，旧金山海湾区会的金荫昌、夏煦、冯世章等与加州大学中国学生会联合组织了中国留学生回国服务社，并编辑旬刊在美国各地发行，报道"美国国务院及英国驻美国领事馆控制过香港回国和控制总统号轮船售票以阻拦中国科技专家返回新中国"等，完成了大量的回国服务工作。1950年6月，丁儆组织留美科协在芝加哥召开年会，到会会员127人，中心内容是进一步推动高级科技专家回国。会议选举已回国的葛庭燧为出席科代会的代表，在干事已有多人回国的情况下选举焦瑞身、梅祖彦、赵佩之、邓稼先等为驻会干事，兰天、黄葆同、杜连耀、夏煦为区域干事，与常务理事丁儆共同组织留美科协的工作机构。会议还决定扩大在美国西海岸为会员过境回国的服务工作。这次年会进一步推动了留学生的回国运动，在1950年下半年形成了留美学生回国的高潮。1950年8月31日，在由美国途经日本横滨而开往香港的"威尔逊总统号"上就有邓稼先、赵忠尧、傅鹰、叶笃正、金荫昌、鲍文奎、余国琮、庄逢甘、涂光楠及其哥哥涂光炽等130多位留学生。同年9月，又有冀朝铸、王曾壮、张元一、张

朋友们，梁园虽好，非久居之地，归去来兮！为了抉择真理……为了国家民族，我们应当回去！

——华罗庚《致中国全体留美学生的公开信》

庆年等90多位留学生乘"克利夫兰总统号"轮船从美国回国。1949年8月—1951年12月，共有1144位海外留学生回国，其中留美学生人数最多，达821人。

朝鲜战争爆发后，留美科协和另一个进步学生团体——北美基督教中国学生会（CSCA）被美国列为非法团体。1950年9月19日，留美科协发出通告，宣布即日起解散。通告最后说："我们愿在此重申本会之期望作为结束，希望各同学早日学成回国，不久的将来，我们在祖国再见！"尽管留美科协解散了，但是会员之间仍保持联系，互通信息，团结奋斗，想方设法回国，投身新中国的建设事业。

1949年2月《美中科协通讯》创刊

1950年2月27日，留美科协成员和CSCA中西部分会会长朱光亚在回国前起草了《给留美同学的一封公开信》，与侯祥麟、陈秀霞等其他51名留美同学联名寄给《留美学生通讯》，发表在1950年3月18日第三卷第八期上，号召大家回国

1950年6月，留美科协在芝加哥召开年会时全体与会者合影

1950年6月，留美科协年会召开时芝加哥各区代表留影，前排自右1至右6：金荫昌、刘静宜、彭兆元、冯平贯、邓稼先、梅祖彦；后排涂光炽（右2）、丁憼（右3），自左1至左3：黄葆同、兰天、肖森山

1950年2月，华罗庚、朱光亚、程民德、严东生等几十位留美学者乘坐"克利夫兰总统号"轮船回国。在香港期间，华罗庚在船上发表了《致中国全体留美学生的公开信》

1950 年 8 月 31 日，傅鹰、叶笃正、涂光炽、余国琮、邓稼先、庄逢甘等在"威尔逊总统号"上合影

1949 年 7 月，段连城、王作民夫妇携女儿乘"戈登将军号"轮船回国

1949 年 9 月，梁思礼（右）、陈利生在旧金山，登上"克利夫兰总统号"轮船准备回国

1950年2月，金荫昌（左3）送梁植权（左1）、严东生（左2）、徐兆骏（右1）等回国

2. 争取回国的不懈斗争

朝鲜战争爆发后，美国麦卡锡主义盛行，对待中国留学生的政策由"拉拢摇摆"变为"禁止回国"，甚至成千上万的华裔人士被怀疑为"间谍"，中国留学生遭到美国政府的非法限制、百般阻扰和威胁，甚至被拘留迫害。

1950年8月23日，钱学森登船回国时被扣留，9月7日遭到逮捕，从此陷入长期的诉讼之中。1950年9月，当"威尔逊总统号"行至横滨时，赵忠尧、沈善炯、罗时钧被美国宪兵扣押在日本东京达两个月之久。1950年10月，已订好回国船票的颜鸣皋被美国联邦调查局带走，以"非法留居"的罪名被押送到纽约附近的埃利斯岛上，后交2 000美元保释，1951年2月被遣返出境。1951年5月，

1950年11月上旬，沈善炯、罗时钧、赵忠尧从巢鸭监狱被释放后在东京麻布区国民党驻日代表团住所院内合影

黄葆同被捕，被关押在埃利斯岛长达4个月之久。审问时，黄葆同曾要求自动离境，但移民局人员回答："我们不打算将你驱逐出境，就是要把你留下！"此时，美国政策由强迫出境转变为扣留。1951年9月20日，吴江伯、朱永、王德宝、谢家麟、刘安华、凌寒、汪良能、吴铱、李葆坤等9名留美学生乘"克利夫兰总统号"回国，但船到夏威夷时被押返美国本土。1951年10月9日，美国司法部移民局正式发布法令，明确禁止学习理、工、医、农的中国留学生离境。1951年10月，朱廷儒被捕，被拘禁一个星期。1952年1月，杜连耀被关押在匹兹堡监狱中3天。美国声称，1951—1954年，共计434名中国留学生申请离开美国，其中120人被禁止离境。其间，以李恒德、师昌绪、周寿宪、范新弼、林正仙、张兴钤、何国柱、陈能宽夫妇等为代表的留学生团结起来争取多方面的同情与支持，与美国政府进行了坚决的斗争。1953年12月21日，在李恒德的主持下，起草了一封写给周恩来总理的签名信，信中报告了留美学生的现状、处境和急于回国的心情。签名者共有15人：张兴钤、李恒德、林正仙、师昌绪、汪闻韶、范新弼、周寿宪、蒋士骍、张慎四、王祖耆、许顺生、周坚、沈学汶、陈荣耀、何国柱。此信由师昌绪、张兴钤、林正仙委托印度驻华盛顿使馆转交中国驻印大使袁仲贤，于1954年2月3日转呈中国外交部和周恩

1951年9月，9名中国留学生乘"克利夫兰总统号"轮船回国，但船至夏威夷时被押返美国本土

黄葆同、颜鸣皋等留美学生曾被关押在美国司法部移民局所在地埃利斯岛

UNITED STATES DEPARTMENT OF JUSTICE
Immigration and Naturalization Service
Post Office Building
Chicago 7, Illinois
October 9, 1951

Mr. Wen Shao Wang   A6 848 045
4340 South Oakenwald
Chicago, Illinois

Dear sir:

Section 223(a) of the Act OF May 22, 1918, as amended (22 U.S.C. 223(a)) Provides that it shall be unlawful "for any alien to depart from or enter or attempt to depart from or enter the United States except under such reasonable rules, regulations, and orders, and subject to such limitations and exceptions as the President shall prescribe."

Section 225 of said Act (22 U.S.C. 225) further provides that any person who shall willfully violate any of the provisions of section 223, or of any order or proclamation of the president Promulgated, or of any permit, rule, or regulation issued thereunder, shall, upon conviction, be fined not more than $5,000 or imprisoned for not more than five years, or both.

Pursuant to the authority contained in said Act of May 22 1918, as amended, and the President's Proclamation No. 2523 of November 14, 1941, and the provisions of Part 175, Title 8, Code of Federal Regulations, you are hereby ordered not to depart or attempt to depart from the United States, whether or not you have a permit to depart, until you have been notified that this order has been revoked.

Very truly yours,
Marcus T. Neely
District Director
Chicago District

By: C. C. Davis, Chief
Entry, Departure and
Expulsion Section

1951年10月9日，美国司法部移民局禁止中国留美学生汪闻韶离开美国的命令

被扣押的中国留学生师昌绪、林正仙、张兴钤（左起）在草拟签名信

来，成为日内瓦会议期间揭露美国政府无理扣押中国留学生的重要证据之一。

1954年8月5日，李恒德、张兴钤、师昌绪、汪闻韶等美国中部学生，以及9月2日鲍承志、程世祜、徐水月、许顺生等西部学生给美国总统艾森豪威尔写了分别由26人和9人签名的公开信，报纸纷纷登载，公开了隐瞒多年的美国扣留中国留学生的真相，赢得了舆论的同情与支持。迫于国际和国内舆论的压力，美国宣布撤销对中国留学生的回国禁令，中国留学生陆续回国，掀起了返回新中国的第二次回国潮。

随着1955年华沙条约组织的成立，冷战格局形成，这时回国留学生的人数大为减少。

1954年12月20日，乘"威尔逊总统号"回国的部分留美学生在香港九龙离船前于甲板上合影。一排：汪闻韶（左1）、向近敏（左2）、蒋士骦（左3）、刘有成（右1）；二排左起：许保玖、罗会元、李恒德

黄葆同与夫人回国后留影

钱学森一家在回国的轮船上

1952年1月—1954年12月，海外归国留学生仅280人，其中从美国回国的有116人，包括曹天钦、谢希德、严志达、黄鸣龙、嵇汝运、马世骏、王乃樑等著名科学家。1955年1月—1956年10月，海外归国留学生有308人，包括钱学森、师昌绪、郭可信、张文裕、王承书、吴仲华、王弘立、李敏华、周绍棠、郭永怀、廖山涛、许国志、蒋锡夔、蒋丽金、刘铸晋、陆婉珍、闵恩泽、肖伦、周同惠、陈家镛、郭慕孙、侯虞钧、林一、何炳林、陈茹玉等。新中国成立初期的留学生怀着拳拳报国之心，冲破重重阻力，毅然回到祖国的怀抱，为新中国各项事业的发展做出了卓越贡献。

第二节　新型科技团体建设及发展

　　全国科联和全国科普作为科技界的人民团体，按照科代会的构想，前者面向科学技术的"提高"，后者面向科学技术的"普及"，成立后立刻开展组织建设和业务工作。与全国妇联等人民团体不同的是，全国科联与全国科普及其地方科联和地方科普的科技工作的主要任务"在于配合国家的经济和文化建设，其组织形式及各方面的关系，应该由这个任务来决定"。

　　1949年11月1日，中国科学院成立后成为全国科联实际上的领导机构，但是并没有公开明确（行政上全国科联受中央文委领导，其学术活动受中国科学院领导，政治上中国科学院、全国科联、全国科普作为科学团体共同推选人民代表、政协委员，在解放台湾和国际科学交流方面通常由全国科联出面。中央文委撤销后，全国科联的领导关系及性质、任务等问题更加凸显）。1953年年初，政务文化教育委员会曾指示，全国科联各学会的中心任务是"学习苏联，开展学术活动，办好学报"。1956年10月，国务院科学规划委员会改为常设机构，聂荣臻副总理任主任。1957年5月，全国科联明确为由国务院科学规划委员会领导。虽然因领导关系的长期悬而未决等体制因素使全国科联和专门学会的主动性和作用发挥受到影响，但是全国科联仍基本构建起以专门学会为团体会员的科技社团网络，初步形成以专门学会的会刊为中心的期刊网络，组织和参与了许多国内外大型学术活动。

　　1949年11月1日，文化部及其设立的科学普及局成立（袁翰青任局长，王书庄任副局长，高士其为顾问，下设组织辅导处、编译处、器材处、电化教育处和办公室，共50多人，负责领导和管理全国的科普工作。1951年10月1日，文化部科学普及局撤销，科学普及局与文物局合并成立文化部社会文化事业管理局）。全国科普成立之初与科学普及局联合开展工作（袁翰青同时为全国科普的常务副秘书长，王书庄为北京市科普协会的主要负责人）。科学普及局撤销后，推动和组织科学普及工作的任务就统一由全国科普承担。

1953年4月，中共中央指示，科普总会（其成立后与中国科学院合署办公，其行政工作由中国科学院管理）主要的党员负责干部参加中国科学院党组，其工作方针和政治领导由中央宣传部科学卫生处负责。各地科普分会在政治上由各地党委宣传部负责领导，在行政上由各级政府文委或文教部门管理（1951年8月曾规定科普协会在行政上由各地文委管理）。各中央局、分局、省委及大城市市委的宣传部应有专人负责科普分会的工作，与科普分会常委或专职干部中的党员建立经常联系。科普分会中若没有党员，应尽量配备一名党员专职领导干部，并按编制协助配足一般干部。东北方面尚无科普分会的组织，望东北局考虑在今年内建立起来。

中共中央对科学普及工作的高度重视，使全国科普的工作开展得有声有色。除西藏、台湾外，全国各省、自治区、直辖市都建立了省一级协会组织，一般县、市都建立了县一级协会组织，大部分地区的厂矿都建立了协会的基层组织，有的甚至在车间、生产队都建立了协会的基层组织。

一、全国科联的工作

全国科联的工作大致可分为3个阶段：一是1950—1953年，主要是组织建设和思想建设，团结广大科技工作者积极参加社会改造和抗美援朝斗争，通过《中华全国自然科学专门学会联合会会员学会通则》；二是1954—1956年，主要是进行学术活动，加强国际联络；三是1957—1958年，推动学术活动与生产实践紧密结合。8年间，全国科联共举办学术活动1.5万多次，参加了世界科协的历届代表大会和执行理事会。1956年4月3—4日，全国科联在北京举办了世界科协成立十周年纪念大会，来自17个国家的1 400多名科学工作者参加。各学会出版学术刊物94种。全国科联及其各级组织8年来有了很大的发展。1950年，全国科联有19个学会、3个分会，学会会员达17 000人。在全国科联和业务挂靠部门的统一领导下，至1957年年底，已有了独具特色的42个学会、35个分会、758个网络体系，会员达92 500人。

地方科联、科普成立时的报道

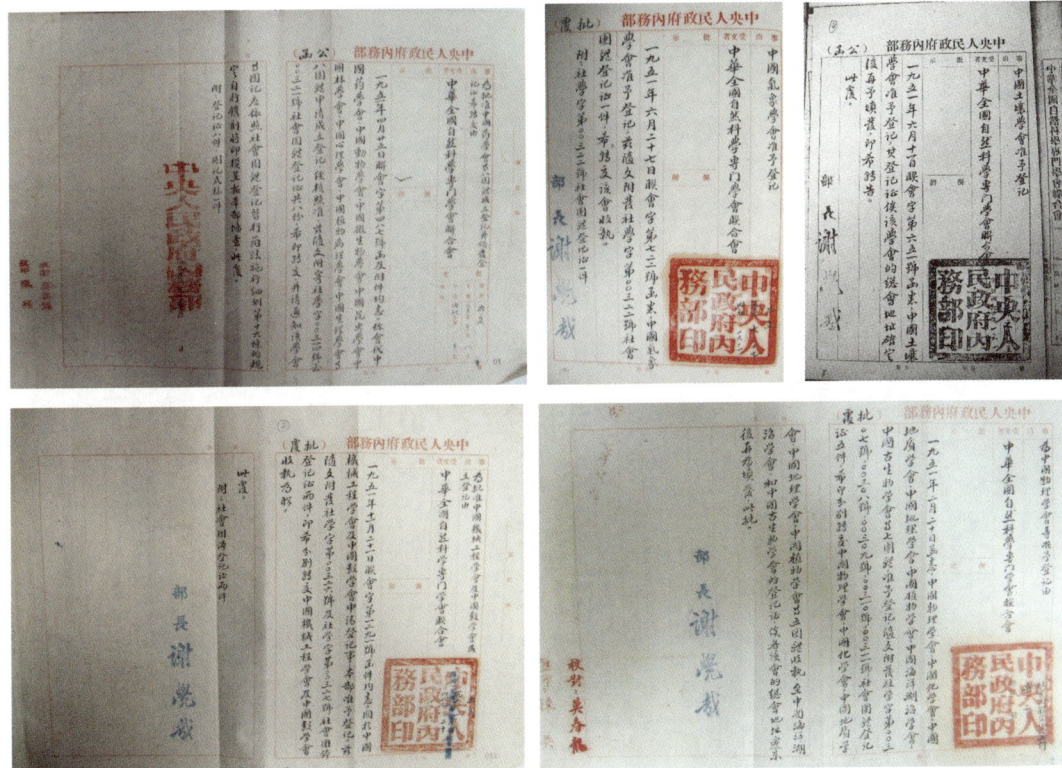

全国学会入会的团体会员证

1951年4月10—13日，原定在巴黎召开的世界科协第二届代表大会，因法国政府拒绝给人民民主国家的代表签证，大会被迫在法国巴黎和捷克斯洛伐克布拉格两地举行。图为4月15日中国和苏联代表在捷克斯洛伐克哥德华尔多夫参观时的合影。前排左起分别为苏联科学院副院长巴尔金院士、梁希教授、苏联科学院院长涅斯米扬诺夫、中国科学院副院长竺可桢、北方交通大学校长茅以升、苏联科学院秘书长托布契也夫、上海医学院教授张昌绍、苏联科学院主席团委员奥巴林院士、中国科学院心理研究所筹备处副主任曹日昌，后排左起分别为浙江大学助教谷超豪、苏联科学院主席团秘书西索克林教授、巴维尔·金开尔教授、尼可拉依·斯曼尔诺夫教授

中国建筑学会在 1955 年国际建协第四届大会上被接纳入会并获得执行委员席位。图为参加海牙第四届大会的代表团访问苏联时的合影，左 5 为杨廷宝

1955 年 11 月 30 日，周恩来总理批准了全国科联请示在北京举办世界科协第十六届执行理事会和世界科协成立十周年纪念大会

1956 年 4 月 4 日，周恩来举行宴会招待来北京参加世界科协成立十周年纪念大会的世界科协第十六届执行理事会理事、各国观察员及工作人员

1956 年 4 月 3 日，世界科协副主席、英国科学家鲍威尔博士主持世界科协成立十周年纪念大会（左）；
4 月 4 日全国科联主席李四光在纪念大会上发言

1957 年 8 月 29 日—9 月 2 日，世界科协第五次代表大会在芬兰
赫尔辛基召开，全国科联派周培源、沈其益、金荫昌出席。左
图为中国代表在会场听报告，上图为外国代表在会场听报告

全国科联所属的42个学会

序号	名称	成立时间	成立地点	发起人
1	中国药学会	1907 年	东京	王焕文等留日学生
2	中国地理学会	1909 年	河北	张相文等
3	中华护理学会	1909 年	江西	Cora Simpson
4	中国土木工程学会	1912 年	广州	詹天佑等
5	中华医学会	1915 年	上海	颜福庆等
6	中国林学会	1917 年	南京	梁希等
7	中国农学会	1917 年	上海	王舜臣等
8	中国解剖学会	1920 年	北京	Cowdry
9	中国心理学会	1921 年	南京	张耀翔等
10	中国化工学会	1922 年	北京	陈世璋等
11	中国地质学会	1922 年	北京	李四光等
12	中国天文学会	1922 年	北京	高鲁等
13	中国气象学会	1924 年	青岛	蒋丙然等
14	中国图书馆学会	1925 年	北京	梁启超等
15	中国生理学会	1926 年	上海	张赞臣等
16	中国麻风防治协会	1926 年	上海	邝富灼等
17	中国园艺学会	1929 年	南京	吴耕民等
18	中国古生物学会	1929 年	北平	孙云铸等
19	中国植物病理学会	1929 年	南京	邹秉文等
20	中国纺织工程学会	1930 年	上海	朱仙舫等
21	中国水利学会	1931 年	南京	李仪祉等
22	中国化学会	1932 年	南京	曾昭抡等
23	中国物理学会	1932 年	北平	李书华等
24	中国防痨协会	1933 年	上海	吴铁城等
25	中国植物学会	1933 年	重庆	胡先骕等
26	中国电机工程学会	1934 年	上海	李熙谋等
27	中国动物学会	1934 年	江西	秉志等
28	中国数学会	1935 年	上海	胡致复等
29	中国机械工程学会	1936 年	杭州	黄伯樵等
30	中国畜牧兽医学会	1937 年	南京	刘行骥等
31	中国造船工程学会	1943 年	重庆	马德骥等
32	中国昆虫学会	1944 年	重庆	吴福桢等

续表

序号	名称	成立时间	成立地点	发起人
33	中国硅酸盐学会	1945年	重庆	赖其芳等
34	中国土壤学会	1945年	重庆	陈华癸等
35	中国地球物理学会	1947年	南京	赵九章等
1951—1958年新增7个全国学会				
36	中国海洋湖沼学会	1951年	北京	孙云铸等
37	中国微生物学会	1952年	北京	汤飞凡等
38	中国建筑学会	1953年	北京	梁思成等
39	中国农业机械学会	1956年	北京	刘仙洲等
40	中国金属学会	1956年	北京	周仁等
41	中国力学学会	1957年	北京	钱学森等
42	中国测绘学会	1958年	北京	夏坚白等

1951年6月，全国科联将中国科学社《科学》和中华自然科学社《科学世界》合并后创办《自然科学》，后与中国科学院机关刊物《科学通报》合并

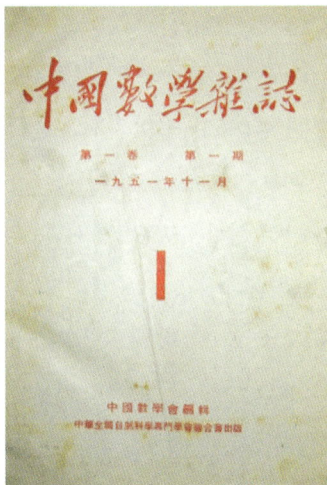

1951年1月11—12日中国数学会与其他11个学会举行联合年会，会上决定将普及性刊物《数学杂志》更名为《中国数学杂志》。同年10月23日，毛泽东为此刊题写了刊名

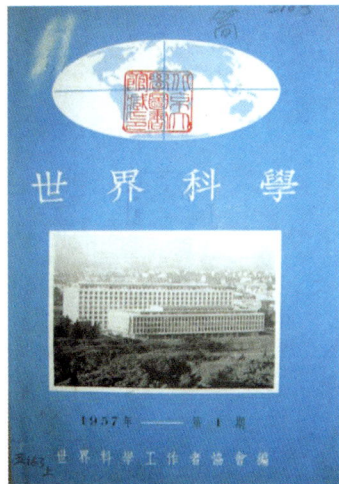

1957年起，全国科联为世界科协出版《世界科学》杂志，直到60年代才结束

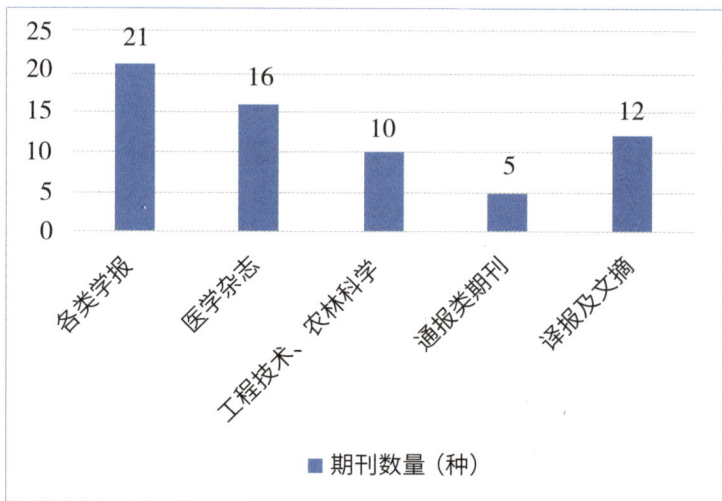

各学会出版的学术报刊统计，其中中华医学会编辑医学杂志16种，每期发行超过20万册

二、全国科普的工作

全国科普的工作可分为两个时期：第一个时期为1950—1952年，是一边筹建组织，一边开展活动的时期；第二个时期为1953—1958年，是科普工作的发展时期。8年间，共举办科普宣传活动7 200次，与全国总工会联合召开了全国第一次职工科学技术普及工作积极分子大会，成立了科学普及出版社（1956年6月），出版了全国性通俗科学报刊《科学大众》《科学画报》《知识就是力量》《学科学》《科学普及资料汇编》《天文爱好者》及地方性通俗科学报刊32种，建成了北京天文馆（1951年10月动工，1957年9月建成，有些地方科普协会还设立了科学技术馆），形成了由省（市）级（27个）、县级（近2 000个）、乡（厂矿）基层组织（46 000余个）构成的科普组织网络体系，发展会员宣传员102.7万余人，形成了一支相当大的科普队伍。

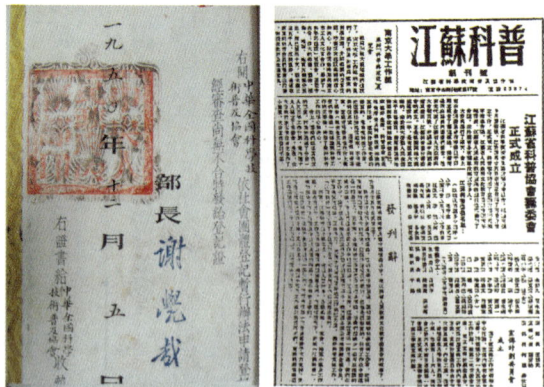

全国科普成立时的登记证和地方科普协会成立时的报道

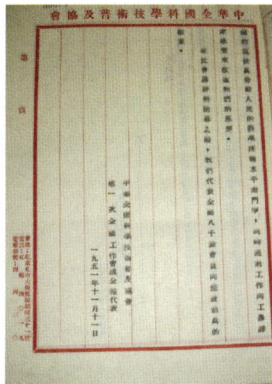

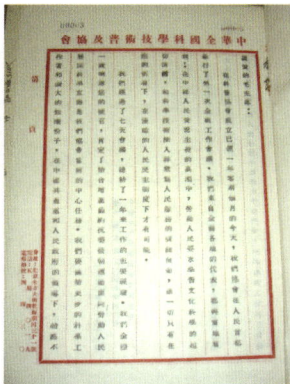

1951 年 11 月 11 日，全国科普第一次全国工作会议全体代表在会议闭幕之际呈送给毛泽东的致敬信

1956 年 10 月 29 日—11 月 16 日，在北京召开全国第一次职工科学技术普及工作积极分子大会。图为开幕式现场

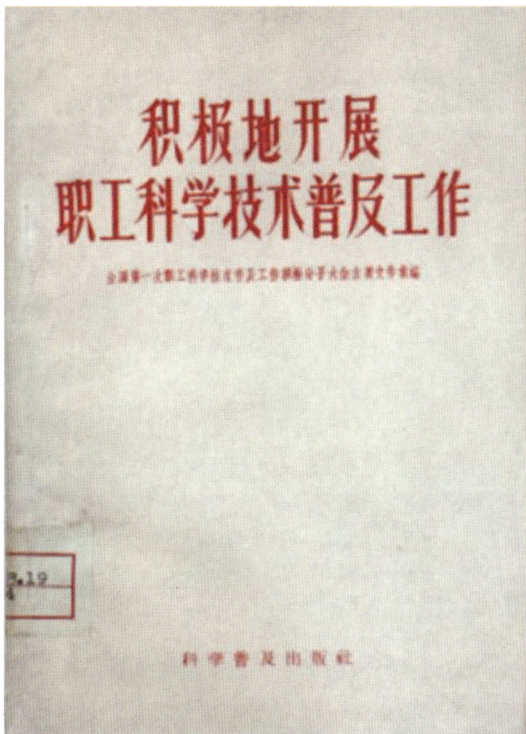

全国第一次职工科学技术普及工作积极分子大会资料汇编和通知

1956年11月，毛泽东等接见全国第一次职工科学技术普及工作积极分子大会全体代表合影（中间部分，上图为完整合影）

1956年11月14日，中华全国科学技术普及协会专职干部会议（积极分子大会结束后即召开此会）的与会者合影

出席全国第一次职工科学技术普及工作积极分子大会的北京市全体代表合影

西北——我国石油的宝库

修筑中的兰新铁路

1953年起中国科学社的《科学画报》转交上海科普协会编辑出版。《科学画报》刊名初为美术字，1954年10月开始用郭沫若书写的繁体字刊名，1956年1月开始用郭沫若第二次题写的简体字刊名，沿用至今。图为《科学画报》刊名及报道的我国重大工程内容

《科学大众》是1956年1月全国科普创办的第一份科普期刊

《知识就是力量》是1956年3月全国科普创办的由周恩来题写刊名的科普期刊

《学科学》是1956年4月由全国科普创办的第三份科普期刊

1957 年，全国科普
编辑出版《科学普及
资料汇编》

1958 年 4 月，北京天文
馆创办《天文爱好者》

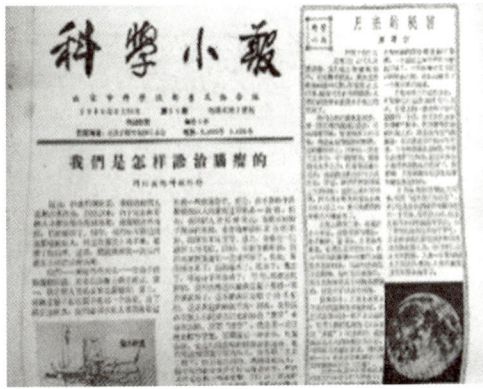

北京科普协会出版的《科学小报》

全国科普出版的科普读物

第三节 向现代科学进军

随着第一个五年计划的提前完成，新中国迅速从废墟上站起来，进入了工农业大规模建设的新时期。面对世界范围内科学技术的迅猛发展和我国社会主义建设的全面展开，科学技术和知识分子的作用日益重要。据统计，科学研究、教育、工程技术、医疗卫生、文学艺术等各领域的高级知识分子从1949年的6万多人增加到1955年的约10万人。许多著名的科学家和文学艺术家也从海外回国，投身于新中国的建设，充实了国内知识分子队伍。但是，知识分子在数量上远不能满足大规模经济建设的需要（1955年我国每万人中只有不到5名在校大学生，而当时苏联是86人，波兰是50人，美国等西方国家更多）。一方面，客观上需要尽快大量培养各种人才和发挥现有知识分子队伍的作用；另一方面，知识分子工作中还存在着不尊重、不重视知识分子的问题。1955年11月22日，周恩来向毛泽东汇报了有关知识分子问题的情况，提出打算在政协全国委员会会议上讨论知识分子问题。毛泽东同意了周恩来的建议，决定召开全面解决知识分子问题的会议。在广泛和深入调查的基础上，周恩来主持起草了《中共中央关于知识分子问题的指示（草案）》，以及指导起草了11个有关知识分子问题的专题报告。周恩来指出，中国的知识分子不是多，而是少了，绝大多数知识分子在政治上是热爱社会主义中国的，在工作上积极为社会主义服务并取得了很大成绩的。对知识分子要坚持用而不疑，给予信任，做到"有职有权"。周恩来特别强调说："信任的中心问题，就是我们要尊重这些知识分子。"[1]

---

[1] 中共中央党史研究室：《中国共产党历史》第二卷（1949—1978）上册，中共党史出版社2011年版，第384页。

1956年1月，中共中央在北京召开关于知识分子问题的会议，刘少奇主持会议。周恩来代表中共中央做《关于知识分子问题的报告》，他说：经过新中国成立后六年来贯彻党对知识分子的团结、教育、改造的政策，我国知识界的面貌已经发生根本变化，"他们中间的绝大部分已经成为国家工作人员，已经为社会主义服务，已经是工人阶级一部分"[1]，"知识分子已经成为我们国家的各方面生活中的重要因素。而正确地解决知识分子问题，更充分地动员和发挥他们的力量，为伟大的社会主义建设服务，也就成为我们努力完成过渡时期总任务的一个重要条件"[2]。周恩来还分

1956年1月14—20日，中共中央在北京召开关于知识分子问题的会议，毛泽东发表讲话

析说，世界科学技术的发展与进步，已经"把我们抛在科学发展的后面很远"[3]。他强调：在社会主义时代，比以前任何时代都更加需要充分地提高技术、发展科学和利用科学知识。科学是关系国防、经济和文化各方面的有决定性的因素。现代科学技术正在一日千里地突飞猛进，原子能的发现和利用，以及电子学的进一步发展和运用，使人类正处在一个新的科学技术和工业革命的前夕。我们必须急起直追，"向现代科学进军"[4]。

毛泽东在会上也提出要进行技术革命、文化革命；要搞科学，要革愚昧和无知的命。搞这样的革命，单靠大老粗，没有知识分子是不行的。他要求在比较短的时间内造就大批的高级知识分子，同时要有更多的普通知识分子，并号召全党努力学习科学知识，同党外知识分子团结一致，为迅速赶上世界科学技术水平而奋斗。

---

① 中共中央党史研究室：《中国共产党历史》第二卷（1949—1978）上册，中共党史出版社2011年版，第384、385页。

②同上。

③同上。

④同上。

周恩来在1956年1月30日召开的第二届全国政协会议上再次强调了知识分子问题，并发出"向现代科学进军"的号召

1956年1月30日，《人民日报》关于知识分子问题会议的相关报道

会后不久，国务院成立了科学规划委员会，着手制定《1956—1967年科学技术发展远景规划纲要》，并提出繁荣和发展社会主义科学文化事业的"百花齐放，百家争鸣"的"双百"方针。1956年9月15—27日中国共产党第八次全国代表大会召开，明确今后的任务就是调动一切积极因素建设社会主义。这些会议和政策极大鼓舞了广大知识分子的创造热情，很快在全国掀起了"向现代科学进军"的热潮，迎来了新中国的第一个"科学的春天"。

在"向现代科学进军"和党的八大二次会议后兴起的"大跃进"运动的形势下，国家建设事业要求科学技术有更高速度的发展，全国科联已向工农群众进行科普工作，全国科普已在大搞群众性的科学研究，二者的工作已经走向融合。由全国科联和全国科普提议，经中共中央批准，1958年9月，全国科联和全国科普联合召开代表大会，合并成立统一的全国性科技群众团体——中国科学技术协会。中国科协诞生后围绕"多快好省地建设社会主义"的总路线和"向现代科学进军"的号召，动员科技工作者和人民群众进行技术革命和文化革命，开展农村科学实验群众运动，举办国际科学讨论会，为党和国家的建设事业发挥了重要作用。虽在"文革"中遭受挫折，但仍有不少科技工作者坚持工作，取得了不少成果。

一、"十二年规划"和集中型科技管理体制

新中国成立后确立了"有组织、有计划地开展人民科学工作"的发展科学技术事业的基本方针。1954年8月，编制科学技术发展远景规划的工作已开始酝酿。1956年1月召开的中共中央关于知识分子问题会议为中国第一个科学技术发展远景规划的制订和实施做了总动员。同年3月，负责1956—1967年科学技术发展远景规划制订工作的科学规划委员会成立，远景规划的制订工作正式开始。在周恩来、陈毅、李富春、聂荣臻等领导人的组织下，汇集600多位科学家，并邀请近百名苏联专家，历经数月反复论证，终于在1956年8月编制出《1956—1967年科学技术发展远景规划纲要（修正草案）》（简称"十二年规划"）。在"重点发展、迎头赶上"方针的指导下，"十二年规划"提出了13个方面57项国家重要的科学技术任务，并确定了12个带有关键意义的重点项目或课题。针对某些特别重要而在我国却比较薄弱的环节还制定了1956年4项紧急措施。"十二年规划"成为当时全国人民"向现代科学进军"的行动纲领。在中央宣传部的指导下，中国科学院哲学社会科学部还组织一批专家编制了"十二年哲学社会科学发展的远景规划"。在中央军委的领导下，国防科技也制订了"十二年科技规划"。1956年12月，"十二年规划"由中共中央、国务院批准后正式执行。

"十二年规划"受到党和国家领导人的高度重视，毛泽东、周恩来、朱德、陈云、林伯渠、邓小平、聂荣臻等领导人接见了制订规划的科学家，周恩来还在中南海怀仁堂设宴招待科学家，对于科学规划委员会的每一次会议，周恩来都要听取汇报，并都给予相应的指示。1957年，"十二年规划"开始实施后，针对有一部分人认为规划具体职责不明确，没有行政约束力，可以不完成，说"规划是纸糊的"，周恩来听到后专门召开扩大会议说："规划是全国发展的总纲，是和经济、国防建设密切相关的，是关系到全国未来命运的，对每个单位、每个科技人员都有约束力。要求各单位认真予以落实。"[①] 因此，当时的科技规划委员会和1957年成立的国家科委落实的手段就是年度计划及其执行情况，保证了规划的顺利实施。

1962年，国家科委就"十二年规划"的实施情况做了一次评估，认为大部分项目基本达到了预期的目标，解决了第二个和第三个五年计划中国家经济和国防建设中迫切需要解

---

① 刘大椿主编：《中国科技体制的转型之路》，山东科学技术出版社1995年版，第138页。

决的一些问题，并做了不少生产中的基础工作，开展了有关新兴工业技术的工作，加强或创建了许多薄弱或空白的学科，取得了显著的成果。"十二年规划"对我国整合资源，集中力量发展科技起到了重要作用，使国家迅速建立起半导体、电子学、计算技术、核物理、火箭技术等新兴学科门类，填补了国内空白，快速缩小了与先进国家的差距。

"十二年规划"的实施也使我国建立起集中型科技管理体制，取得了"两弹一星"的成就，为政府管理科技事业积累了"中国经验"和提供了"中国方案"。1956年之前，我国科技研究体系是由中国科学院、国务院各部门、各地方科研机构、高等院校、国防科研机构5路科研大军构成，同时中国科学院是中国学术和科研的最高行政领导机构。全国科联和地方科联、全国科普和地方科普协会则分别负责群众性学术交流和科学普及活动。1956年6月，国家技术委员会成立（韩光任主任），负责技术上的革新与进步。在完成规划的制订任务后，在陈毅、聂荣臻和李富春的提议下，科学规划委员会保留并成为常设机构，

1956年5月3日，参加全国十二年科学规划的中苏科学家合影

1956年6月14日，中共中央领导人接见参加拟制全国长期科学规划工作的科学家合影

聂荣臻担任主任和党组书记。1958年11月，国家技术委员会和科学规划委员会合并组成了国家科学技术委员会（以下简称国家科委），专门领导科学技术的研究工作（聂荣臻兼任主任，韩光任常务副主任，刘西尧、张有萱、范长江、武衡任副主任）。国家科委成立后，各省、地市、县都根据自己的条件成立了科技委员会。至此，我国集中型科技管理体制形成"1+5+1"体系：国家科委和地方科委为政府科研主管部门，负责科学事业的方针政策和计划等重大措施的研究制定；中国科学院系统、高等院校系统、产业部门系统、国防科技系统和地方科技系统5路大军为研究与开发机构，其中中国科学院系统是中心，其他系统是研究基地，但在某一方面也可以成为中心；中国科协和各级地方科协是党和政府联系科技工作者的桥梁。这种集中型科技管理体制直至党的十一届三中全会以后才有所改变。

苏科学家合影　1956年5月3日

见划工作的科学家合影　1956.6.14.

1956 年 5 月 26 日，周恩来总理在中南海怀仁堂举行"十二年规划"招待酒会

1956 年 6 月 14 日，党和国家领导人毛泽东（左 2）、周恩来（左 1）、朱德（左 4）、陈云（左 5）、林伯渠（左 3）、邓小平（左 7）、聂荣臻（左 6）等接见参加制订"十二年规划"的全体学部委员和科学家

二、统一的全国性科技群众团体的诞生

1958年2月4日，为动员科学技术力量完成第二个五年计划的任务，全国科联向中国科学院党组并国务院科学规划委员会提交了《关于召开科联第二次全国代表大会的请示报告》。1958年3月4日，为动员广大会员迎接即将到来的技术革命的新任务和推动协会工作的大发展，全国科普向中央宣传部提交了《科普党组关于召开会员代表大会给中宣部的请示报告》。1958年5月5—23日，中共中央八届二次会议在北京中南海怀仁堂召开，提出了"鼓足干劲、力争上游、多快好省地建设社会主义"的总路线，全国各条战线迅速掀起了"大跃进"的高潮。为贯彻总路线的精神，重新研究和制定协会的方针任务和章程，1958年5月27日，全国科普又向国务院科学规划委员会提交了请示报告。国务院科学规划委员会同意了全国科联和全国科普召开代表大会，聂荣臻向中共中央做了《关于科联、科普召开全国代表大会的请示报告》。该报告认为：科联和科普两个组织8年来都做了不少工作，今后在技术革命和文化革命中还将起重要作用，它们成立以后还没有开过代表大会，领导成员和章程也都不能适应当前的要求。在这一时期，科学技术界举行这样一次群众性的动员会议是有促进作用的。中共中央同意了全国科联、全国科普同时召开全国代表大会的要求，批准在1958年8月下旬召开。

全国科联和全国科普在准备会议的过程中认为："作为科学技术的群众团体的科联和科普，一个专门搞科学技术的提高工作，一个专门搞科学的普及工作的形式，已远远落在大跃进形势发展的需要之后。"事实上，在当时的形势下，全国科联和全国科普在实际工作中已经开始走向融合。同时，一些地方党委、科联和科普的专职干部，以及科学家竺可桢、茅以升等也提出将全国科联、全国科普合并，组成一个统一的科学技术团体，以适应当时的技术革命和文化革命的需要。全国科联主席李四光和全国科普主席梁希也表示同意。因此，会议召开时两个组织合并的问题被提到议事日程上来了。全国科联、全国科普党组召开联席会议，经过反复讨论，一致认为把这两个组织合并起来是必要的，能更有力地促进科学研究工作和普及工作以更大的规模和更快的速度开展起来。1958年8月5日，全国科联和全国科普党组向聂荣臻副总理提交了《关于建议科联、科普合并问题的报告》。

该报告提出合并的方法：（一）全国科联和全国科普合并为一个组织，定名为"中华人民共和国科学技术协会"，简称"中国科协"，它是为社会主义建设服务的群众性的科学技术团体，是党发动群众组织科学技术工作者进行技术革命和文化革命的工具，各地

科联、科普组织合并后，改称为××省（市、县、区、乡）科学技术协会，工厂、农业社、机关、学校等单位，可建立科协的基层组织。（二）科协由团体会员和个人会员组成。除原有各学会保留和加强外，还应吸收其他类型的科学团体（护士学会、卫生工作者协会等）。（三）科协总会由国务院科学规划委员会领导，地方科协由当地党委统一领导并受上一级科协的业务指导。（四）为了保证党的领导，贯彻党的方针政策，科协总会建立党组。各学会、协会建立党组或核心小组，现在条件不具备的，应该积极创造条件，争取尽快建立学会与协会的党组或核心小组，由各有关政府部门党组领导，并与科协总会党组取得密切联系。（五）科协总会正、副主席人选（略）。此外，科协全国委员和学会、协会理事会中，党员、左派和中左人士应占60%～70%，并注意吸收有关部门负责干部、青年科学工作者和工农群众的代表参加。

中共中央同意了这一建议。

1958年，茅以升向全国科联和全国科普提出科联和科普合并组织的方案

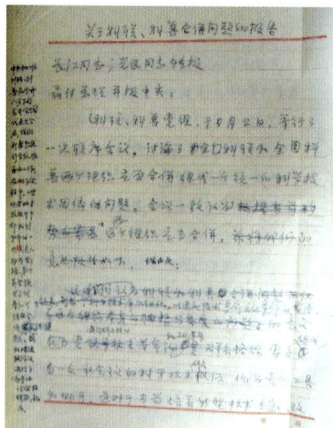

1958年8月，全国科联和全国科普党组向聂荣臻提交的《关于建议科联、科普合并问题的报告》

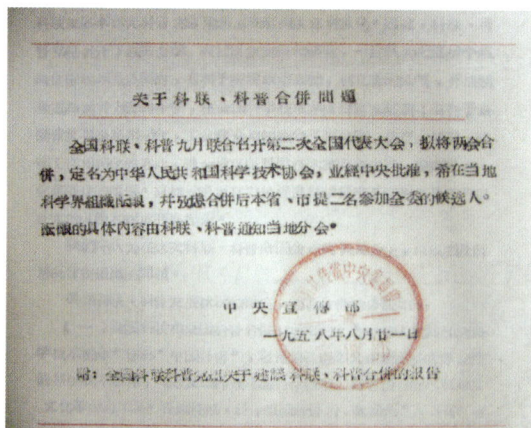

1958年8月21日，中宣部就全国科联、全国科普党组提出的《关于建议科联、科普合并问题的报告》做出批示

1958 年 8 月，中央科学小组准备向中共中央汇报"十二年规划"执行情况及请示关于全国科联、全国科普合并成立中国科协的问题。图为张劲夫、范长江、裴丽生、于光远、龚育之等在北戴河的合影

1. 中国科协第一次全国代表大会

1958 年 9 月 18—25 日，全国科联和全国科普在全国政协礼堂联合召开全国代表大会，成立了中国科协。参加大会的有 42 个全国性自然科学专门学会和 27 个省、自治区、直辖市的代表，共计 1 084 人。大会由李四光致开幕词，聂荣臻代表中共中央和国务院向大会表示热烈祝贺，并做了《我国科学技术工作发展的报告》，针对中国科协的性质、任务提出了原则性的意见："中国科协应当是党领导下的、社会主义的、全国性的科学技术群众团体，是党动员广大科学技术工作者和广大人民群众进行技术革命、文化革命的工具和助手。科协的各级组织必须在各级党委的领导下，密切结合各地区、各基层单位的中心任务，开展群众性的科学技术活动，普及科学技术知识，并且应当经常注意开展学术讨论和学术批判，继续进行知识分子的思想改造工作。"全国科联副主席侯德榜代表全国科联一届全委会在会上做了《关于科联会务的报告》，全国科普副主席丁西林代表全国科普一

届全委会在会上做了《关于科普会务的报告》。

会议期间，国务院副总理陈毅、薄一波到会分别做了国际、国内形势的报告。此外，国家技术委员会主任韩光、农业部副部长刘瑞龙、中华全国总工会副主席许之桢、共青团中央宣传部部长杨海波等也向大会做了报告。

我国技术革命形成空前规模的群众队伍

科联科普全国代表大会开幕

聶荣臻副总理在会上論述發展科学事业的道路

据新华社18日讯 中华全国自然科学专门学会联合会、中华全国科学技术普及协会全国代表大会今天在北京开幕。从二十八个省、市、自治区的工厂、农村、研究机关、学校和科学团体中涌现出来的一千多个技术革新能手和技术革命的組織工作干部以及領导人員，今日在首都会师一堂，显示出技术革命的群众队伍已經形成；显示了我国科学技术界空前团結一致、决心攻克所有科学堡垒的雄壮气概。

全国科联主席李四光在会上致开幕詞。他說，科联、科普两个团体自从1950年成立以来的八年中，在动員和組織全国科学技术工作者积極参加各項社会、政治、学术活动等等方面，都發揮了它們应有的組織作用。李四光还勉励科学工作者們，不要滿足于这个既得的成就，必須繼續坚持較长期、艰巨的自我思想改造；必須政治挂帅，坚决地在思想上、学習上以及生产、教学、科学研究等各項工作中拔掉資产阶級个人主义的白旗，高举紅旗，向"勤学苦練、紅透专深"的方向大步迈进；在党的社会主义总路綫的照耀下，更加鼓足干劲，奋勇投入技术革命、文化革命的光荣战斗行列。李四光最后强調說，当前技术革命、文化革命的新形势，要求科学技术有更高速度的發展；要求科学技术的普及与提高应該更加紧密地結合起来，为了适应这种新的要求，在这次大会中，我們还要着重商討进一步調整我們的組織，决定我們新的工作方針任务，以便更好地实現科学技术与生产相結合、知識分子与工农劳动群众相結合的方針，更好地發揮科学技术群众团体的作用，开展技术革命的群众运动。

中共中央委員、国务院副总理兼科学規划委員会主任聶荣臻代表党中央和国务院向大会祝賀，并在会上作了两个多小时的报告（詳細摘要見第二版），他对我国發展科学事业进行技术革命的道路和方針作了詳細的精辟的論述。

接着，大会听取了全国科联副主席侯德榜关于科联会务工作的报告以及全国科普协会副主席丁西林关于科普协会的会务工作报告。

上午的大会結束后，聶荣臻副总理接見了出席大会的一部分"土"专家。接見时在座的有中国人民大学校长吳玉章、国务院科学規划委員会秘書长范长江、中国科学院原子能研究所所长錢三强。被接見的"土"专家中有：内蒙古自治区汽車修配厂鉗工金山（蒙族），他制造成功了"矽鋼片冲模"，可提高工作效率九百五十九倍；武汉第四建筑工程公司技师龙文忠，他創造了电动挤浆砌墙机、电动合灰机等四十三种建筑机械；六十多岁的老大娘曹依秀（彝族），她掌握了老鼠的生活習性，捕捉了一万多只老鼠；丁华堂，著名的老车工，現已应聘为山西农学院教授；农民馬國义，探測土地的"首創者"，以及少先队員侯万祥等多人。侯万祥是甘肃临夏市的小学生，还只有十三岁，他在技术革新运动中創造設計建造了一座"紅領巾"水电站。聶副总理俯下身子亲切地对侯万祥說：你现在是小专家，将来长大了要成为大专家；說你小专家是指你年紀小，并不是不重視你的成績。錢三强勉励侯万祥說：希望你将来建造一个原子能發电站。

今天下午，出席大会的代表分組討論了聶副总理的报告。大会預定举行八天。

中美会談昨日繼續举行

新华社华沙18日电 中华人民共和国和美利坚合众国大使級会談第七十五次会議，今天上午十时在华沙梅希里維茨基宫举行。

本次会議历时一小时五十五分。会后，双方宣布，下次会議将在21日上午十时繼續举行。

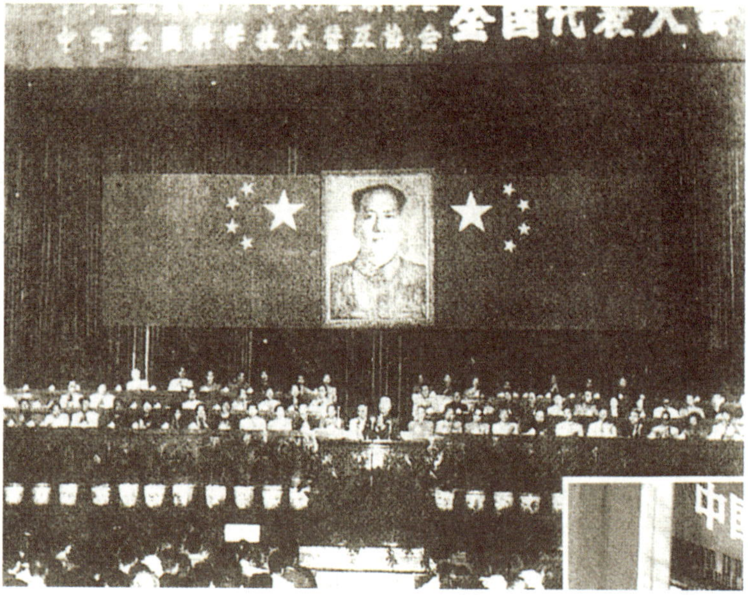

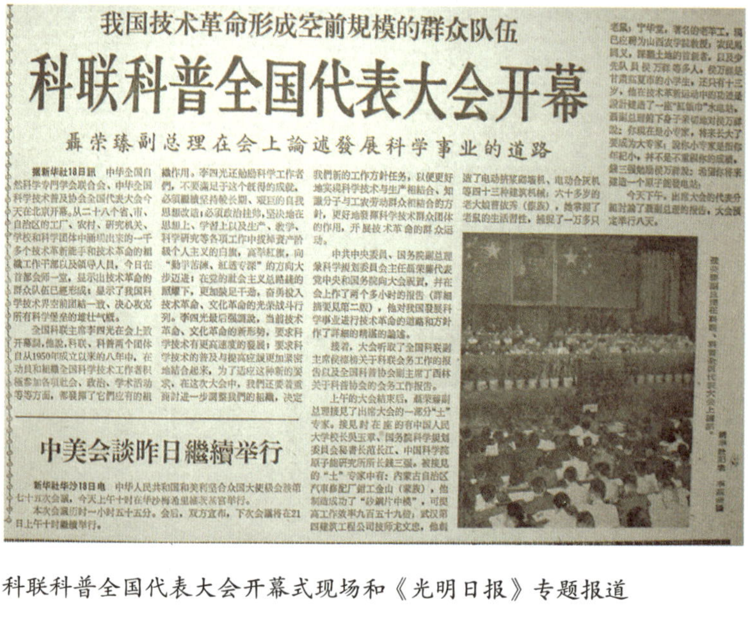

科联科普全国代表大会开幕式现场和《光明日报》专题报道

各单位代表到全国政协礼堂向中国科协一大的召开表示祝贺

时任国务院副总理兼科学规划委员会主任的聂荣臻代表中共中央在会上做报告

2. 大会的主要成果

大会通过了4项决议：一是《关于建立"中华人民共和国科学技术协会"的决议》；二是《关于将本次代表大会作为"中华人民共和国科学技术协会第一次全国代表大会"的决议》；三是《关于响应党中央号召为提前五年实现十二年科学技术规划而斗争的决议》；四是《关于开展建国十周年科学技术献礼运动和准备召开全国科学技术发明创造积极分子代表大会的决议》。

选举产生了中国科协第一届全国委员会委员150名（西藏保留1名），全国委员会选举产生了主席、副主席、书记处书记。李四光为主席；梁希、侯德榜、竺可桢、吴有训、丁西林、茅以升、万毅、范长江、丁颖、黄家驷等10人为副主席；严济慈、陈继祖、周培源、涂长望、夏康农、聂春荣为书记处书记。后来担任一届书记处书记的还有张震球、王

中国科协第一届全国委员会副主席

梁　希　　侯德榜　　竺可桢　　吴有训　　丁西林

茅以升　　万　毅　　范长江　　丁　颖　　黄家驷

中国科协第一届全国委员会主席李四光和10位副主席

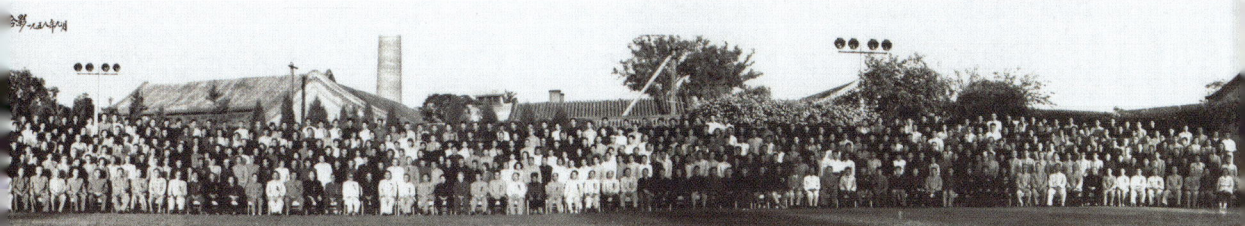

1958 年 9 月，周恩来等中央领导同志接见中国科协一大全体代表合影（上图为完整合影）

1958 年 10 月 25 日，中国科协第一届全国委员会委员合影

顺桐、张维、王文达、王东年、孙照寰。

中国科协第一次全国代表大会就上述内容形成了《关于中国科协第一次全国代表大会的报告》，上报中央科学小组并中央，得到中央的批准。

从此，中国科协与工会、共青团、妇联等人民团体一样正式成为党领导下的科技界人民团体之一。

3. 学会性质和管理体制的变化

中国科协成立后，虽然中央原则上就科协的性质、任务有了明确的意见，但是科协、学会和基层组织干部的认识仍不明确。因此，中国科协的初建阶段经历了一个统一思想、统一认识的过程。1959年1月19—21日，中国科协和各省、自治区、直辖市科协的中共党员干部，十几个全国性自然科学专门学会的中共党员负责干部，以及少数厂矿和人民公社的中共基层组织负责人在杭州召开会议，专门讨论了科协的性质、任务问题。会后，中国科协党组织向中共中央做了报告。1959年5月21日，中共中央批复："中国科学技术协会的各级组织应当在党委领导下，服务于当前的生产建设任务，积极开展技术革命的群众运动，在这一方面做好党的工具和助手。"

1959年6月，中国科协就学会登记问题请示内务部，内务部7月复函指出：一、中国科协原系由参加政协的两人民团体，全国科联、全国科普合并成立。根据"社会团体登记暂行办法"的精神，可以不再办理登记手续。今后学会作为全国科协的组成部分，也可不再向政府履行登记立案手续，而由中国科协与有关业务部门

1959年9月21日，《新华日报》报道江苏省科协成立，并发表社论要求为完成第二个五年计划而奋斗

1959年，《人民日报》发表社论《发挥专门学会在科学进军中的作用》

《天津日报》头版报道了天津市科协第一次代表大会的盛况

商榷处理，并颁发印章。二、已登记立案并领有登记证的各学会，不必再办理注销手续。但由于学会的领导关系和名称既已变更，原领去的登记证自不适用，可自行注销以昭划一。三、各省、自治区、直辖市科协领导下的各学会可以按照上述精神处理。

三、投身社会主义建设事业

中国科协成立后，迅速在各省、自治区、直辖市（台湾、西藏除外），各专区、市、县以及工矿、企业、公社、学校、机关建立了科协地方组织，形成了统一的全国性科技群体团体组织体系。中国科协诞生在"大跃进"的背景下，中国科协一大曾规定："各省、市、自治区以及各专区、市、县得成立科协的地方组织。科协各级地方组织受当地常委的领导和上级科协的业务指导。""在群众需要的情况下，科协应在工矿、企业、人民公社、学校、机关等单位建立科协基层组织。"明确"学会是科协进行专业活动的一种组织"，县市级以上可以根据实际需要建立学会。1958年9月以后，科协组织有了快速发展。截至1958年年底，科协全国会员已由原科联、科普的140万人发展为600万人。在各级党组织的领导下，各级科协贯彻"群众性的科学技术专业活动与专业科学技术机构相结合的两条腿走路的方针"，放手发动群众，开展技术咨询、建言献策活动，努力为国家的经济社会发展做贡献，

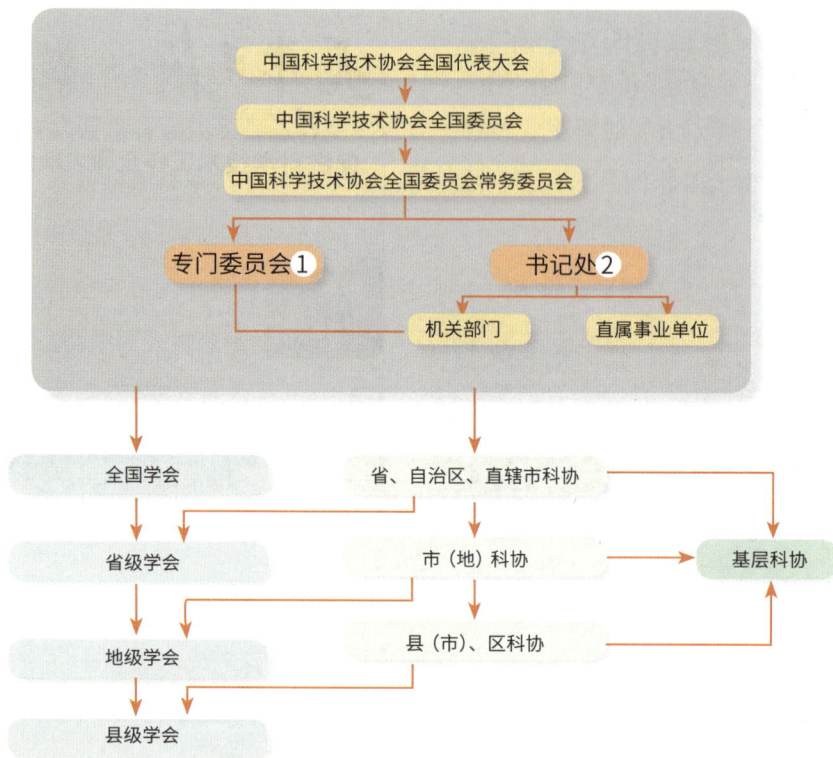

中国科协组织体系示意图

1964年12月20日—1965年1月5日，中国人民政治协商会议第四届全国委员会第一次会议在北京召开，毛泽东与全国政协副主席、中国科协第一届主席李四光握手

举办国内外学术交流活动，打破了西方国家的封锁。

"文革"时期，中国科协及所属的各级组织被迫中断了各项工作，中国科协作为全国政协的组成单位，在1959年、1964年推举60人参加政协第三、四届全国委员会后也中断了与组织上的关系。但是在此期间，中国科协仍有个别外事活动，部分学会、地方科协、科技工作者采取各种形式继续开展科技活动，大家称其为"没有学会的学会活动"。

1. 对学会工作的重视与调整

在"大跃进"期间，学会工作大搞学术批判，一些学术活动陷入停顿。1961年1月，中共八届九中全会正式决定对国民经济实行"调整、巩固、充实、提高"，开始对"大跃进"以来的有关政策和做法进行调整。与国民经济的调整相配合，在科技领域，1961年6月在中央主管科学工作的聂荣臻主持下，国家科委和中国科学院经过反复调查研究，提出了《关于自然科学研究机构当前工作的十四条意见（草案）》（简称"科学十四条"），聂荣臻还专门就知识分子的红与专、"双百"方针、理论联系实际等7个政策问题做出全面阐述，与"科学十四条"一并上报中央。7月，中共中央政治局批准并发布试行。

在全国普遍深入贯彻"调整、巩固、充实、提高"八字方针的前提下，1961年4月10—23日中国科协在北京召开全国工作会议，"集中一个目的，就是进一步贯彻百花齐放，百家争鸣的方针，更充分地调动科技界的积极性，更有效地为社会主义建设服务"。

关于学会问题，中央宣传部副部长周扬指出，全国性学会的任务，我以为主要有三条：（一）学会的基本任务是应明确是搞学术活动，交流学术经验，推广研究成果，讨论学术问题。目的是促进科学发展。（二）科学家自我学习、自我改造。（三）国际学术交流。把学术会议开好，把学术期刊办好，有了学术空气，学会工作就很好了。其他事情让研究机关、生产部门去搞，科协和全国性学会可以少搞一些。关于会员标准问题，周扬指出，全国学会会员要有条件，有一定的水平、一定的工作、一定的表现，才能做全国性学会会员。加入全国性学会应当成为一种荣誉，要"抬高身价"，这样才能衡量一个国家的科学水平。

关于科协，周扬说："科协可否这样考虑：一方面抓学会，搞学术活动，一方面抓普及。普及工作事实上也是下面搞得多，上面也需要做一些，提方针性意见，介绍下面好的经验，至于具体工作，要推动各部、各地方自己去搞。"会后，各地科协传达了周扬的讲话和中共中央批转的《关于

1961 年 4 月，周扬在中国科协全国工作会议上发表讲话

毛泽东与参加全国科协学会工作会议的 6 个学会学术会议全体代表合影

《人民日报》发表社论《把自然科学专门学会的学术活动提高一步》

自然科学研究机构当前工作的十四条意见》，在科技界产生了良好的影响，调动了广大科技人员的积极性，学会工作有了新的发展。1961年12月—1962年1月，中国科协召开了上海座谈会，就如何抓好学术活动和组织建设进行了讨论。

1962年春，周恩来、陈毅在广州召开全国科学技术工作会议，重申中国绝大多数知识分子是属于劳动人民的知识分子，并强调在社会主义建设中要充分发挥科学和科学家的作用。在此影响下，各自然科学专门学会积极开展学术活动，至1963年召开了140多次学术年会和专题学术讨论会。全国学会也由42个增加到46个，并建立了150多个专业委员会，省一级学会已有708个。1963年11月18—29日，中国科协召开了全国科协学会工作会议，对学会工作进行调整，修订《自然科学专门学会试行通则》，推动了学会的发展，一些新的学会开始成立。会议期间，毛泽东接见了电子、计量、动物、微生物、地质、建筑等6个学会学术会议全体代表。通过对上述会议精神的贯彻执行，学会组织建设逐步健全，规章也逐步发展，至1965年，中国科协所属学会（含筹备）达到53个。中国科协所属学会主办的学术期刊由全国科联和全国科普合并时的77种增加到1965年的94种。

2. 打破西方国家封锁

在复杂的国际冷战格局下，中国科协利用科学技术人民团体这块阵地，摸索开展科技界的人民外交工作，筹划成立世界科协北京中心和国际会议，在华举办国际学术研讨会，加强与国际科学技术界的联系，向全世界展示新中国的形象，打破美国等国的科技、外交封锁。即使在"文革"期间，中国科协仍然承担着联系国外科技界的重要职责。

（1）建立世界科协北京中心

世界科协不仅是新中国科技社团加入的第一个多边国际科技组织，而且是长期以来中国打破封锁与国际科技界沟通的重要平台。根据世界科协会章第36条规定："世界科协的中央办事处和区域办事处将按照执行理事会的需要而设置。"中央办事处设在伦敦，并先后设立3个区域中心，即布拉格中心（中欧、东欧）、印度中心（西亚）和北京中心（东亚）。

1952年5月，在世界科协第十一届执行理事会上，时任世界科协主席的法国著名科学家约里奥·居里就提议设立世界科协北京中心，以加强与东亚科技工作者之间的联系。此后，每次会议都有人提议。按照世界科协会章的规定，世界科协的中央办事处和区域办事处将按照执行理事会的需要而设置。但是，因美苏等国的反对，世界科协北京中心成立之事一拖再拖。1962年9月，世界科协第七届全体大会在莫斯科召开，中国科协副主席周培源当选世界科协副主席，李四光因健康原因而辞去世界科协副主席职务。在新一届执行理事会，即第24次执行理事会会议上通过了成立世界科协北京中心。1963年2月，中国科协委任书记处书记张维为北京中心主任。1963年5月，中国、朝鲜、越南、日本、印度尼西亚5国代表在北京开会，商谈建立世界科协北京中心的有关问题。1963年9月25—30日，在北京举行了世界科协北京中心成立大会和1964年北京科学讨论会筹备会议。亚洲、非洲、大

1963年5月，中国、朝鲜、越南、日本、印度尼西亚5国代表在北京开会，中国科协书记处书记周培源（前排右2）、张维（前排左1）、王顺桐（前排右1）出席大会

洋洲、拉丁美洲21个国家的代表，世界科协秘书长皮埃尔·毕加博士，以及正在北京参加中华医学会第八届外科学术会议的各国著名医学家，加上中国的科学家在内共1 000余人应邀出席了世界科协北京中心成立大会。中国科协副主席周培源主持会议并致开幕词。

世界科协北京中心主任、中国科协书记处书记张维在报告中指出，美国政府造成这些地区的大多数国家科学技术落后，对外的"科学技术援助"和"科学为外交服务"活动是为美国的侵略政策服务的。他认为，就新兴国家来说，一方面要贯彻自力更生为主、争取外援为辅的方针，另一方面要在自力更生的基础上加强各国科学家之间的联系，加强彼此之间的相互支持和经验交流。

中国科协主席李四光在发表讲话中强调，我国科学家同亚洲、非洲、拉丁美洲各国之间，除了促进学术交流之外，在反对以美国为首的帝国主义、新老殖民主义，以及争取和维护民族独立的斗争中，更有着紧密团结、相互支援的共同任务。会后的公报指出，

1964 年 6 月 25—27 日，世界科协召开第 25 次执行理事会会议，并决定由主席鲍威尔和秘书长毕加致信张维，要求张维不能再以世界科协东亚区域中心主任身份参与北京科学讨论会的筹备工作

1963 年 9 月，在北京举行的庆祝世界科协北京中心成立大会现场

1963 年 9 月，周恩来总理接见出席世界科协北京中心成立大会和 1964 年北京科学讨论会筹备会议的各国代表

1964 年北京科学讨论会的主题应为有关争取和维护民族独立、发展民族经济和文化、改善和提高人民生活的科学问题。

大会上共有 21 个国家的代表发言，会议期间周恩来接见了与会代表。大会自 9 月 27 日起开始举行 1964 年北京科学讨论会筹备会议，讨论有关筹备工作（在筹备过程中，由于美国等国的反对，世界科协不准北京中心的有关人员以世界科协成员的身份参与筹备工作）。

1964 年 8 月 23 日，毛泽东等党和国家领导人与参加北京科学讨论会的全体科学家合影

（2）举办 1964 年北京科学讨论会

经过一年的紧张筹备，1964 年 8 月 21—31 日，北京科学讨论会在北京举行，亚洲、非洲、拉丁美洲和大洋洲的 44 个国家和地区的 367 位科学家参加。中国代表团由 61 人组成，另有特邀代表 32 人。周培源为团长，张劲夫、张友渔、张维、钱信忠、于光远任副团长。会上宣读论文 299 篇，分为理、工、农、医、政治法律、经济、哲学历史和教育语言文学 8 个学科和 27 个小组，其中社会科学占 1/3，自然科学占 2/3。各国代表中既有研究机构、高等院校等科研人员，也有政府官员。

会议期间，中国领导人毛泽东、刘少奇、朱德、周恩来、邓小平、彭真、陈毅、聂荣臻、谭震林、陆定一、罗瑞卿、林枫、杨尚昆、叶剑英、郭沫若、包尔汉、张治中接见了全体代表，陈毅、聂荣臻、郭沫若、李四光等在全体代表集会上讲话。

会议贯彻了"一九六四年北京科学讨论会筹备会议公报"精神，探讨了争取和维护民族独立，发展民族经济、文化和科学事业，改善和提高人民生活，促进各国间科技合作等大家共同关心的问题。科学委员会成员由各国相关专业的科学家推选一人组成，论文报告会和学术讨论由各国代表轮流主持，会议充满了民主协商精神和友好气氛，扩大了中国的国际影响，提升了中国的国际地位。

会议公报确定，1968 年在北京再举行一次科学讨论会，并希望 1965—1968 年在一些国家能够举行单科性或专题性的科学讨论会，并且互相联系，以便有关国家参加。

京科學討論會的全體科學家合影　一九六四年八月二十三日　北京

北京科学讨论会在北京开幕，陈毅副总理发表讲话

毛泽东等领导人看望北京科学讨论会的与会代表

1964年8月24日，在北京科学讨论会期间毛泽东与摩洛哥代表团团长摩苏加·哈朱卜（右1）、叙利亚代表团团长哈立德·马古特（右2）、中国代表团团长周培源（左2）亲切交谈

1964年8月24日，在北京科学讨论会期间毛泽东接见几内亚代表团团长比尔·福德·马马杜（右1）

1964年9月1日，刘少奇接见北京科学讨论会安哥拉代表罗沙

1964年9月1日，刘少奇和玻利维亚代表团团长马里奥·米兰达·巴切科握手

1964年8月23日，在北京科学讨论会期间朱德与尼日利亚代表团团长契克·奥比（左2）交谈

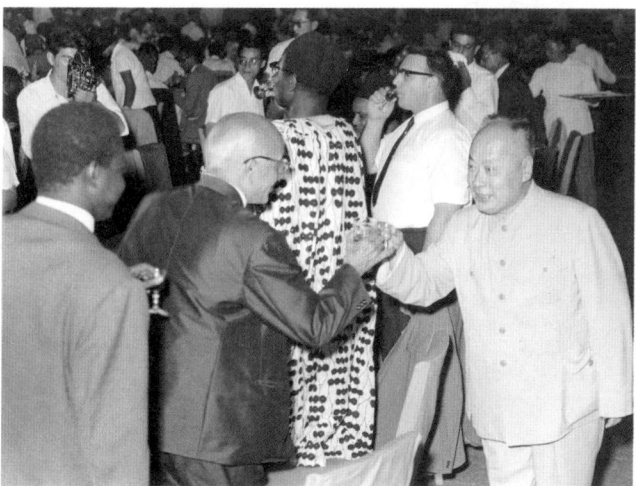

1964 年 8 月 23 日，朱德和摩洛哥代
表拉赫卢·阿贝斯握手

1964 年 8 月 20 日，中国科协主席李
四光举行盛大招待会，陈毅、陆定一、
罗瑞卿、郭沫若等出席。图为陈毅副
总理向各国科学家祝酒

1964 年 8 月 27 日，中国科学院院长、
中日友好协会名誉会长郭沫若设宴招
待坂田昌一。图为郭沫若向坂田昌一
等解说他题字的内容

1964 年 8 月 27 日，在北京科学讨论会期间聂荣臻（右 1）接见阿联酋代表团成员

1964 年 8 月 27 日，聂荣臻（右 4）与阿联酋代表团团长艾·里·尔基博士（左 4）等合影

会场外的场景

会场内的热烈讨论场景

代表们走出会场

代表们在会场门口合影

北京科学讨论会期间为各国代表举办了文艺晚会

在机场欢送外国代表团

（3）召开 1966 年暑期物理讨论会

1964年北京科学讨论会公报确定，在1965—1968年举办一些单科性或专题性的科学讨论会，以促进各国科学家的友谊和团结。为贯彻这一精神，1966年7月23—31日，在北京召开了北京科学讨论会1966年暑期物理讨论会。来自亚洲、非洲、拉丁美洲、大洋洲33个国家和1个地区性学术组织的144名代表参加了会议。中国代表团由36人组成。周培源任团长，赵继昌、力一、蔡祖泉任副团长。

会议期间，毛泽东、刘少奇、董必武、朱德、周恩来、陈毅、李富春、贺龙、薄一波、陶铸、聂荣臻、叶剑英、林枫、刘

周培源到北京火车站迎接朝鲜金日成大学副校长金在午率领的朝鲜代表团

伊拉克代表团抵达首都国际机场

日本代表团抵达首都国际机场，受到周培源等热烈欢迎

宁一、郭沫若、杨明轩、程潜接见了出席会议的全体代表。

会议主席团成员包括与会各国的科学家，讨论会的开幕式、闭幕式和全体会议由主席团成员轮流担任执行主席。与会各国代表认为，这次讨论会确定的方法、会议的议事规则和主席团的组成充分体现了平等协商和人人都是会议主人的民主精神。会后，发布了北京科学讨论会1966年暑期物理讨论会公报。

周培源到机场迎接越南科学技术普及协会中央委员、河内综合大学校长魏如昆嵩率领的代表团

周培源抵达首都国际机场迎接柬埔寨磅湛王家大学
校长吉春率领的柬埔寨代表团

周培源迎接巴基斯坦总统科学顾问阿卜
杜斯·萨拉姆

北京科学讨论会 1966 年暑期物理讨论会开幕式现场

阿尔及利亚科学家曼塔莱歇塔·优素福在开幕式上致辞

阿富汗科学家阿卜杜勒·杜赫曼·埃巴迪在开幕式上致辞

澳大利亚科学家阿兰·罗伯茨在开幕式上致辞

柬埔寨科学家代表团团长吉春宣读西哈努克亲王的贺电

智利科学家加夫列尔·阿尔维亚尔在开幕式上致辞

日本科学家野上茂吉郎在开幕式上致辞

毛泽东与柬埔寨科学家吉春亲切握手

毛泽东与刚果科学家穆吉布·埃曼纽埃尔亲切握手

毛泽东与缅甸科学家吴叫敏亲切握手

毛泽东与东非科学院代表彼得·盖希亲切握手

毛泽东与墨西哥科学家亲切握手

毛泽东与亚非新闻工作者协会总书记查禾多亲切握手

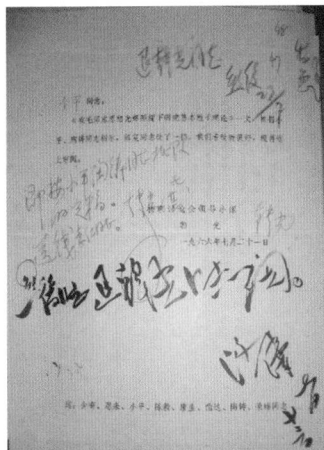

《在毛泽东思想光辉照耀下研
究基本粒子理论》得到邓小平
等领导同志的批示

中国科学家汪容做了题为《在毛泽东思想光辉照耀下研究基本粒子
理论》的学术报告，受到与会各国科学家的普遍重视

周培源与澳大利亚科学家阿兰·罗伯茨在研究
学术问题

中国科学家冯瑞代表南京大学金属物理教研室介绍
了对难熔金属中的错位和其他缺陷的研究成果

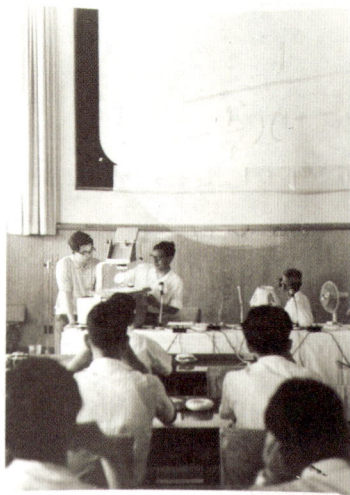

中国科学家朱洪元（台上左2）同日本科学家井上美喜雄（台上左1）就基本粒子物理方面的问题交换意见

日本科学家代表团团长野上茂吉郎与塞拉利昂科学家讨论学术问题

墨西哥科学家贝尔·特兰（左）、塞托（中）、佩纳在学术会议上

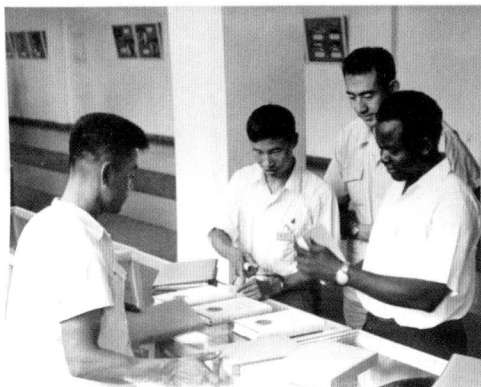

尼日利亚科学家奥尼安瓦博士（右）在中
国科学家的陪同下购买毛泽东著作

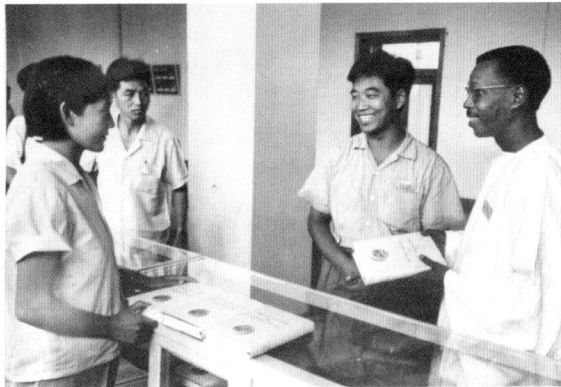

几内亚科学家迪亚·诺塞杜（右）在宾馆售书处购买
《毛泽东选集》

廖承志宴请日本科学家代表团

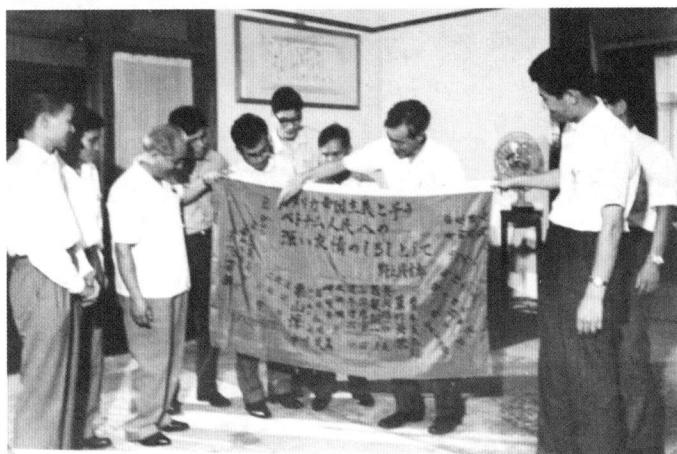

日本科学家代表团向越南科学家
代表团赠旗，表示坚决支持越南
人民的抗美救国斗争

刘少奇（左6）、董必武（右4）、周恩来（左4）、邓小平（右2）、朱德（左2）等中央领导同志与出席物论会的中外代表合影（下图为完整合影）

发表在《人民日报》上的公报

1966 年 7 月 31 日，北京物理讨论会
闭幕式现场

（4）承担科技外交"破冰"重要职责

"文革"开始后，整个中国科协工作陷入瘫痪。但在10年动乱中，中国科协成为连接中国科技界和外国科技界的重要通道。特别是1972年2月，美国总统尼克松访华之后，周恩来曾对周培源说，科协不是撤销单位，科协工作要加强。中国科协再次承担起联系外国

1973年7月17日，周培源（左2）陪同毛泽东、周恩来会见著名物理学家杨振宁（右1）

1973年8月，周培源（前排左1）陪同周恩来（前排右4）等领导同志接见美籍华裔学者顾毓琇夫妇

科技界的职责，中国科协主席周培源（代主席）成为中国科协的唯一代表和与外国科技界联系的唯一通道。1973年，中国科协作为中国的民间学术团体与美国美中学术交流委员会正式建立了双边学术交流关系。中美双方交流的主要形式是考察组互访，每年各派5～6组，每组10～12人。至1979年年底，中方共派出42个考察组444人次，美方共派出35个考察组418人次。

1973年4月，周培源（右）陪同美籍华裔学者赵元任（左）、杨步伟夫妇游览北海公园

1975年9月，应美中学术交流委员会的邀请，以中国科协主席周培源（右2）为团长、中国海洋学会理事长曾呈奎（右4）为副团长的科学技术代表团访问美国，美国总统福特（右1）在白宫椭圆形办公室接见了代表团

第五章

改革开放与中国科技社团的大发展

1978年3月，全国科学大会召开，科学的春天到来了。1978年12月18—22日，党的十一届三中全会召开，开启了改革开放和社会主义现代化建设新时期。43年来，中国科技体制改革经历了确立方向、启动推进和全面深化3个不同历史阶段，逐步形成了中国特色社会主义制度框架下的新型科技体制。

1978—1984年为确立方向阶段。这一阶段的突出特点是科技界的拨乱反正、解放思想，是一种改革方向和思路上的探索。邓小平在全国科学大会上的讲话体现了中国科技战略思想的重大转折。学会无论作为科学文化最活跃的载体，还是作为科学体制中最易变革的内容，都成为中国这场史无前例的改革的先行者之一。中国科协的恢复与重建始于全国科学大会召开前后，至1980年中国科协二大召开时中国科协重建已取得明显效果。此后，中国科技社团如雨后春笋般纷纷诞生，形成了中国历史上继清末戊戌变法时期、民国时期之后第三次学会成立的高潮。

1985—2011年为启动推进阶段。这一阶段改革的突出特点是以改革拨款制度、开拓技术市场为突破口，引导科技工作转向经济主战场，积极推进科技体制改革。在这段时期，中国科协先后在1986、1991、1996、2001、2006、2011年召开了三大、四大、五大、六大、七大、八大，学会数量逐步增加，管理体制上不再仅仅依赖"挂靠单位"，长效工作机制得以建立，工作方式日益变得灵活，业务活动从封闭走向了开放，逐步形成了中国特色社会主义的多元化科技群团体系，为科教兴国战略和可持续发展战略的实施做出了贡献。

2012年至今为全面深化阶段。中国特色社会主义进入新时代。党的十八大以来，实施创新驱动发展战略，把科技创新摆在国家发展全局的核心位置。2016年5月30日，全国科技创新大会、两院院士大会、中国科协九大召开。习近平总书记出席这次"科技三会"并发表重要讲话，提出建设世界科技强国的宏伟目标。2017年10月，党的十九大召开。以习近平同志为核心的党中央提出，创新是引领发展的第一动力，全面谋划科技创新工作，实施了一系列的结构改革和制度创新，更加突出企业的创新主体地位，把创新方向瞄准世界科技前沿和基础研究，力争实现前瞻性基础研究、引领性原创成果的重大突破，提出新时代"三步走"发展战略。2020年10月，党的十九届五中全会提出，坚持创新在我国现代化建设全局中的核心地位，把科技自立自强作为国家发展的战略支撑，全会审议通过了《中共中央关于制定国民经济和社会发展第十四个五年规划和二〇三五年远景目标的建议》，开启向第二个百年奋斗目标"建成富强民主文明和谐美丽的社会主义现代化强国"进军的新征程。在中国特色社会主义新时代，中国科协所属全国学会进入了"世界一流学会""世界一流期刊"建设和"共促科学素质建设"的新时期。

2021年5月28日，习近平总书记出席中国科学院第二十次院士大会、中国工程院第十五次院士大会、中国科协十大并发表重要讲话，要求中国科协要肩负起党和政府联系科技工作者的桥梁和纽带的职责，坚持为科技工作者服务、为创新驱动发展服务、为提高全民科学素质服务、为党和政府科学决策服务，更广泛地把广大科技工作者团结在党的周围，弘扬科学家精神，涵养优良学风。要坚持面向世界、面向未来，增进对国际科技界的开放、信任、合作，为全面建设社会主义现代化国家、推动构建人类命运共同体作出更大贡献。这为中国科协推动构建新发展格局，实现高水平科技自立自强指明了方向，提出了新要求。

第一节 迎来科学的春天

　　"文革"结束后,在百废待兴的局面下,中国科技领域拉开了恢复与重建科技体制的帷幕。1977年5月,中国社会科学院成立。同年8月,科学和教育工作座谈会召开,科技领域的拨乱反正正式开启。同年9月,国家科委重新组建,并发布《中共中央关于召开全国科学大会的通知》。1978年3月,全国科学大会召开,邓小平提出科学技术是生产力、知识分子是工人阶级的一部分、四个现代化的关键是科学技术现代化等重要论断。尊重科学、尊重知识、尊重人才成为风尚,中国迎来科学的春天,中国科协及其学会的活动得到恢复。

　　1978年12月,党的十一届三中全会召开,以邓小平同志为主要代表的中国共产党人实现了全党工作中心向经济建设的转移,实行改革开放,开辟了社会主义事业发展的新时期。在全会精神的指引下,1980年3月,中国科协二大召开,完成了拨乱反正。80年代中期,在"一个中心,两个基本点"指引下,各项改革举措出台,中国的改革开放全面展开。1986年6月,中国科协三大召开。在建设中国特色社会主义的事业中,中国科技群众团体跨入快速成长的历史阶段。新的学会大量成立,新的期刊大量问世,学术活动不断创新,科普的长效机制得以建立。

一、科技教育工作的恢复

教育体制与科技体制密不可分。科技教育离不开人才培养，人才在科技事业发展中发挥着基础性的作用。1977年5月24日，邓小平在与中央的两位同志谈话时特别强调："靠空讲不能实现现代化，必须有知识，有人才。没有知识，没有人才，怎么能上得去？要从科技系统中挑选出几千名尖子人才。这些人挑选出来之后，就为他们创造条件，让他们专心致志做研究工作。生活有困难，可以给津贴补助。一定要在党内造成一种空气：尊重知识、尊重人才。要反对不尊重知识分子的错误思想。"[①]1977年7月，党的十届三中全会决定恢复邓小平的工作。

1977年8月，邓小平主持召开科学和教育工作座谈会，听取了30多位科学家、教育家的意见和建议，发表了《关于科学和教育工作的几点意见》，正式开启了科技教育战线的拨乱反正。他在座谈会上充分肯定了绝大多数知识分子自觉为社会主义建设服务的事实，强调要为科研和教学人员创造必要的条件。他还说："我们国家要赶上世界先进水平，从何着手呢？我想，要从科学和教育着手。"[②]1978年4月，全国教育工作会议召开。邓

1977年8月8日，邓小平在人民大会堂主持召开科学和教育工作座谈会，决定恢复中断10年的高考制度

---

① 《邓小平文选》第二卷，人民出版社1994年版，第40—41页。

② 同上书，第48页。

邓小平与科学和教育工作座谈会的与会者合影

小平要求提高教育质量，提高科学文化的教学水平，造就具有社会主义觉悟的一代新人。他认为："高等学校，特别是重点高等院校，应当是科研的一个重要方面军，这一点要定下来。它们有这个能力，有这方面的人才。事实上，高等院校过去也承担了不少科研任务。随着高等院校的整顿，学生质量的提高，学校的科研能力会逐步加强，科研任务还

1977年10月24日，华国锋、叶剑英、邓小平、李先念、汪东兴以及党和国家其他领导同志接见全国自然科学学科规划会议及全国科学普及工作规划座谈会代表合影

要加重。朝这个方向走，我们的科学事业的发展就可以快一些。"①

1977年恢复了高考制度、研究生制度，建立了学士、硕士和博士3级学位制度，恢复了高等学校的科研机构和领导管理体制，对高等院校专业进行了调整。

二、科协和学会工作的恢复

科学和教育工作座谈会结束后，科技战线的拨乱反正的进程正式开启。1977年3月9日，中央批准了中国科学院、中国科协、国防工办联合向国务院和中央军委提出的《关于恢复和加强国防工业系统学会活动的报告》，科协的活动正式开启。同年4月23日—6月18日，中国科协连续举办了6场大型报告会，周培源、杨乐、邹承鲁、何祚庥、王大珩等人做了报告，中断10年的科协和学会的活动又恢复起来了。

1977年6月29日，钱学森到北京大学燕南园拜访周培源，就恢复与加强科协和学会工作谈了自己的想法和建议。钱学森说："我们国家的科技工作怎么组织起来，更快地搞上去，现在一个突出的问题是横向联系怎么办，部门之间同一专业的科技人员如何互相学习、互相启发、交流经验。另外，现在学科规划也没有人管，我想到科协和学会，这是能起横向作用的组织。它能够打破各个部门之间的界限，把同一专业的科技人员组织起来，互相学习，互相促进。这样，科协和学会的任务就很重要了，它和我们能不能更快地赶超

———

① 《邓小平文选》第二卷，人民出版社1994年版，第53页。

全国科协举办盛大的学术讨论会

树立宏心壮志 攀登科学技术高峰

开展学术交流 繁荣科学事业

本报评论员

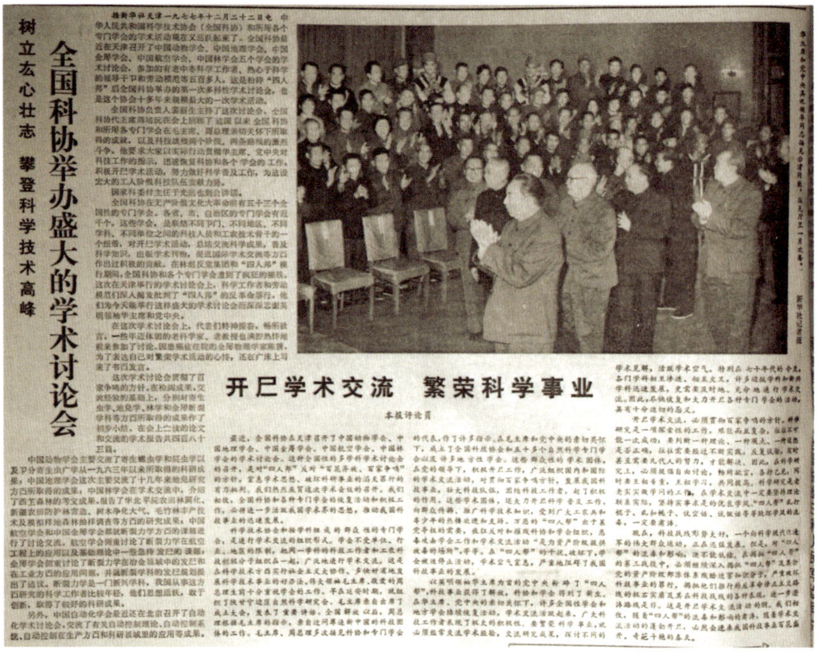

1977年12月10—18日，中国科协在天津召开由中国金属学会、中国航空学会、中国动物学会、中国林学会、中国地理学会等5个学会参加的讨论会，这是“文革”后举办的第一次大型的多学科学术会议。图为相关报道

世界水平有很大的关系。”此外，钱学森与周培源还就科协和学会的国际科技交往、科学普及、推动科技人员学习马克思主义哲学等方面的重要作用交换了看法。会谈的简报由正在出席科学和教育工作座谈会的沈其益附函呈送给正在主持会议的邓小平，使中共中央及时了解著名科学家的意见。

1977年7月12日，高士其致函叶剑英，提出恢复科普工作的4点建议：一是在即将召开的全国科学大会报告中论述科普工作的重要意义，并号召开展科普工作；二是表扬和奖励一批科普工作积极分子；三是恢复和重建科普事业机构；四是加强科普工作的组织协调，总结经验。

3个多月后该函才辗转到了叶剑英、邓小平和方毅等领导人手里。1977年9月，中央正式批准重新设立国家科委，成为国务院所属的一个主管科学技术工作的职能部门，方毅为国家科委主任。刚刚成立的国家科委立即投入编制全国科学技术发展规划和全国科学普及规划之中。

周培源、钱学森、沈其益、高士其等著名科学家对科协和学会工作的恢复发挥了重要作用。

三、召开全国科学大会

1978年3月18日，全国科学大会召开，邓小平重申了他在1975年就提出的"科学技术是生产力"的论断。1975年9月26日，邓小平在听取中国科学院负责同志汇报《关于科技工作的几个问题》时说："科学技术叫生产力，科技人员就是劳动者。"[①] 在这次全国科学大会上，他进一步重申："现代科学技术的发展，使科学和生产的关系越来越密切了。科学技术作为生产力，越来越显示出巨大的力量。社会生产力有这样巨大的发展，劳动生产率有这样大幅度的提高，靠的是什么？最主要的是靠科学的力量、技术的力量。"[②] 邓小平就学习外国科学技术知识指出，独立自主不是闭关自守，自力更生不是盲目排外，"任何一个民族、一个国家，都要学习别的民族、别的国家的长处，学习人家的先进科学技术"[③]（1988年9月5日，邓小平在会见捷克斯洛伐克总统胡萨克时提出了"科学技术是第一生产力"的重要论断）。

邓小平就做好知识分子工作，专门分析了"红"与"专"的关系，他说："我们的科学事业，是社会主义事业的一个重要组织部分，致力于社会主义的科学事业，做出贡献，这固然是专门的表现，同时在一定意义上也可以说是红的表现，这就是红与专的统一。"[④] "一个人如果爱我们的社会主义祖国，自觉自愿为社会主义服务，为工农大众服务，应该说这就初步确立了无产阶级的世界观，按政治标准来说，就不能说他们是白，而应该说是红了。"[⑤]

邓小平针对在科学技术研究部门的各个研究所中怎样实现党委领导下的负责制明确指出，能不能把我国科学技术尽快搞上去，关键在于我们党是不是善于做科学技术工作。中央规定，科学研究机构要建立技术责任制。党的领导，主要是政治上的领导，保证正确的政治方向，保证党的路线、方针、政策的贯彻，调动各方面的积极性。科学技术的业务领导工作，应当放手让所长、副所长分工去做。不论是党内还是党外的专家，担任了行政职务，党委就应当支持他们的工作，充分发挥他们的作用，使他们真正做到有职、有权、

---

① 《邓小平文选》（1975—1982），人民出版社1983年版，第82—97页。

② 同上。

③ 同上。

④ 同上。

⑤ 同上。

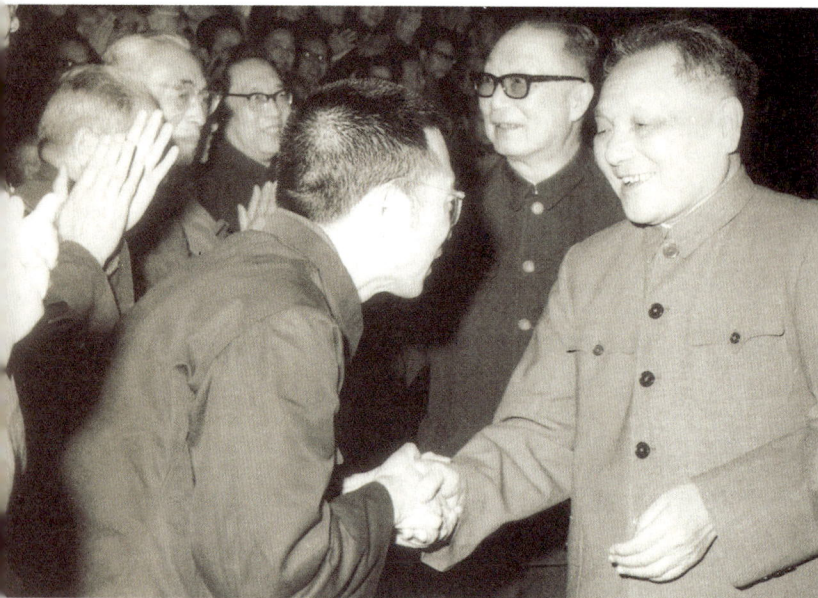

邓小平与陈景润亲切握手

1978年3月，邓小平在全国科学大会上发表重要讲话

有责。这样，既有利于加强党委的领导，又有利于充分发挥专家的作用。邓小平在讲话中还强调了后勤工作的重要性，他说："为了把科学研究工作搞上去，还必须做好后勤工作……我愿意当大家的后勤部长。"①

邓小平的讲话在代表中引起了强烈的共鸣和反响。在大会上，国务院副总理、国家科委主任方毅做了报告，对《1978—1985年全国科学技术发展规划纲要（草案）》做了说明。在大会闭幕式上，86岁高龄的郭沫若发表了题为《科学的春天》的讲话，他用诗人的语言，满怀激情地说：春分刚刚过去，清明即将到来。日出江花红胜火，春来江水绿如蓝。这是革命的春天，这是人民的春天，这是科学的春天！让我们张开双臂，热烈地拥抱这个春天吧！

中国科协组团参加了这次大会。3月30日，周培源

①《邓小平文选》（1975—1982），人民出版社1983年版，第82—97页。

周培源（右2）在全国科学大会分组讨论会上发言

高士其（前排中）从医院来到全国科学大会会场，并向邓颖超亲切致意

1978 年 3 月，出席全国科学大会的中国科协和中国科学院部分代表合影

1978 年 3 月 26 日，聂荣臻题词祝贺全国科学大会召开

代表中国科协和所属学会发言，针对科协和学会工作提出4点意见，首次全面阐述了科协和学会在实现四个现代化中的任务和作用，对科协组织和活动的恢复起到了拨乱反正的作用。1978年4月，国务院批准了《关于全国科协当前工作和机构编制的请示报告》，中国科协书记处和机关正式恢复。从此，中国科协及其所属学会的工作翻开了新的一页。

四、历史转折中的中国科协二大

1978年12月，召开了具有历史意义的党的十一届三中全会，改革开放和开创中国特色社会主义的大幕拉开。在全会精神的指引下，中国科协开始了同样具有里程碑意义的第二次全国代表大会的筹备。

中国科协一大自第一届全国委员会在1958年召开后，由于历史原因而始终未能举行全体会议。1978年11月9—16日，召开中国科协第一届第二次全委（扩大）会议，共有230人参加。会议确定召开中国科协二大，讨论了中国科协章程草案（之前中国科协没有正式的章程）。1979年9月1—13日，召开中国科协恢复以来的首次工作会议，讨论了科协的性质、任务、作用，以及科协章程草案和学会组织通则修改草案，首次明确中国科协是"科技工作者之家"，应当把科技群众团体与中国科协面向社会开展工作的对象加以区别。

1979年12月31日，中共中央对中国科协的《关于召开中国科协二大的请示报告》做了重要指示："科协是科学技术工作者的群众团体，是党领导下的人民团体之一。它是党团结和联系科学技术工作者的纽带，是党领导科学技术工作的助手。它担负着动员和组织广大科学技术工作者积极参加社会主义现代化建设，广泛开展

胡耀邦在中国科协二大上讲话

学术交流、普及科学技术知识，以及同世界各国科学技术群众团体进行科学技术交流的任务。党的各级组织要加强对科协工作的领导，支持科学技术群众团体积极主动地、独立负责地开展活动。"

　　这一指示取消了中国科协是"党的驯服工具""进行技术革命和文化革命的群众运动的团体"等提法，明确了中国科协的性质、任务。1980年3月15—23日，中国科协二大在北

邓小平在中国科协二大召开期间与周培源会谈

京召开。这次大会是中国科技团体发展史上的一次拨乱反正、继往开来的大会。

　　中共中央总书记胡耀邦代表中共中央在中国科协二大上发表了重要讲话，他说："科协是科学家和科技工作者自己的组织，是同工会、共青团、妇联、文联一样重要的群众团体。在向四个现代化进军的征途上，科协尤其具有重要的地位。"[①] 周培源代表中国科协第一届全国委员会做了题为《同心同德，鼓足干劲，为实现我国科学技术现代化而奋斗》的工作报告。中国科协二大是中国科技团体史上一次具有历史意义的盛会，继全国科学大会之后再次鼓舞了广大科技工作者的积极性，直接推动了学会的兴起与发展，掀起了中国

---

　　① 何志平等主编：《中国科学技术团体》，上海科学普及出版社1990年版，第1003页。

历史上第三次学会成立的高潮。

大会的主要成果：一是审议通过周培源代表中国科协第一届全国委员会做的工作报告。二是通过了中国科协历史上第一个《中国科学技术协会章程》，明确规定："中国科协是党领导下的人民团体之一，是党团结和联系科学技术工作者的纽带，是党领导科学技术工作的助手。"三是大会选举产生第二届全国委员会委员230人，选出主席、副主席和常务委员35人。周培源为主席，裴丽生、钱学森、黄家驷、刘述周、严济慈、茅以升、华罗庚、张维、林兰英、杨显东、杨石先、钱三强、金善宝、王淦昌、王顺桐等15人为副主席，孙照寰、沈其益、林渤民、陶亨咸、金善宝、王文达、王寿仁、聂春荣为书记处书记。先后担任书记的还有王顺桐、刘东生、田夫、曹令中、黄芦、陈泓、鲍奕珊、李宝恒、张广厚、高镇宁、高潮、陈绳武。

五、科技体制改革中的中国科协三大

20世纪80年代中期，中国改革开放和社会主义现代化建设蓬勃发展，各项改革逐步展开。1984年10月，中共十二届三中全会通过了《关于经济体制改革的决定》。1985年3月，中共中央发布《关于科学技术体制改革的决定》。1986年4月，《中华人民共和国国民经济和社会发展第七个五年计划》实施。在这样的背景下，1986年6月23—27日，中国科协三大在北京召开。胡启立代表中共中央和国务院在大会上讲话，周培源代表中国科协第二届全国委员会做了题为《团结奋斗，为实现"七五"计划贡献才智》的工作报告。

大会的主要成果：一是听取审议了中国科协第二届全国委员会的工作报告。二是修改了《中国科学技术协会章程》，新的章程更加明确了中国科协的纽带性质和"促进科学技术的繁荣和发展，促进科学技术的普及和推广，促进科技人才的成长和提高"的"三促进"宗旨。三是选举产生了第三届全国委员会委员277人，选举主席、副主席和常务委员45人。钱学森为主席，王大珩、卢嘉锡、朱亚光、庄逢甘、吴阶平、何康、张维、林兰英、钱三强、高镇宁、唐敖庆、曹天钦、裘维蕃、路甬祥等14人为副主席，高镇宁、高潮、陈绳武、李宝恒、曹令中、陈泓为书记处书记。大会期间担任书记的还有刘恕。

邓小平等党和国家领导人与中国科协三大代表亲切握手

中国科协三大召开期间周培源与新当选的中国科协第三届全国委员会主席钱学森（右）亲切交谈

六、中国科协四大至十大

　　20世纪90年代至今，中国科协先后在1991年5月23—27日、1996年5月27—31日、2001年6月22—26日、2006年5月23—26日、2011年5月27—30日、2016年5月30日—6月2日、2021年5月28—30日召开了四大、五大、六大、七大、八大、九大、十大，选举出中国科协第四届全国委员会主席朱光亚、第五届和第六届全国委员会主席周光召、第七届和第八届全国委员会主席韩启德、第九届和第十届全国委员会主席万钢。

钱学森在中国科协四大上做报告

钱学森（左）与新当选的中国科协第四届全国委员会主席朱光亚亲切交谈

朱光亚与新当选的中国科协第五届全国委员会主席周光召（左）亲切握手

周光召在中国科协六大上做工作报告

周光召与新当选的中国科协第七届全
国委员会主席韩启德（右）亲切握手

韩启德在中国科协八大上做工作报告

万钢当选中国科协第九届全国委员
会主席

万钢当选中国科协第十届全国委员会主席

第二节　发展中国特色社会主义科技团体

在"伟大历史转折和中国特色社会主义的开创"背景下，20世纪80年代中国迎来了继清末戊戌变法时期、民国时期之后历史上第三次学会成立的高潮。在"把中国特色社会主义全面推向21世纪"和"在新的形势下坚持和发展中国特色社会主义"进程中，中国科协及其学会的各项工作也在逐步深化和全面发展。

开展学术交流是科技团体的一项基本任务，组织各种学术会议和编辑出版学术期刊是学术交流的两种基本形式。从全国科联成立至中国科协成立，学术交流的形式主要是召开全国学会和地方分会的年会。1973年后，对外学术交流主要是由中国科学院以有关全国学会的名义组织一些国际学术交往活动。在改革开放之后，交流活动才日益丰富且不断深化。

学术会议是科技工作者直接交换信息、展开学术争鸣、启迪学术思想的重要平台。在改革开放之后，学术交流的主要形式是学术报告、学术年会、专业或专题学术讨论、综合性多学科学术会议、国际性学术会议等。这个时期的一个突出特点是科协和学会通常围绕经济建设组织学术会议，并把学术活动与科学论证、决策咨询、政策建议结合起来；另一个学科上的特点是跟踪世界高科技的发展和新兴交叉学科的融合。

学术期刊作为科协和学会在国内外学术交流的重要平台和渠道，也以每年创办40多种的速度增加。中国科协所属学会的学术期刊同样得到快速发展，由1965年的94种发展到现在的376种。为适应对外开放的需要，全国性学会陆续创办了一些英文版学术期刊。

中国科协与国外的双边交流主要是从"文革"后期开始的，更大的发展则是在实行对外开放政策之后。交流主要包括举行学术讨论会、互邀学者讲学和互派学者进行研究工作等3种形式。

科学技术的传播和普及在中国科技社团中始终有着重要地位。党的十一届三中全会后，中国科协及其所属学会的科普工作不断开拓创新，长效机制不断建立，形成了面向不同群体的工作体系。

一、第三次学会成立高潮

学会作为国家科技体制的一部分和社会文化的先锋，再次成为中国改革开放时期思想文化潮流的引领者。1977—1989年，中国科协所属全国学会体系中新成立的学会共有104个，仅1978—1979年就成立了35个，二级学会有2 000多个。以纺织工程学会为例，新中国成立前有7个分会，1978年后仅江苏南通地区就有6个各级纺织工程学会，全国仅地方级的纺织工程学会就有155个。1990—2008年，中国科协所属全国学会仅增加了17个。截至2011年，中国科协所属全国学会体系中学会数量达到了198个。中国科协所属全国学会的增长进入了以提高办会质量为特征的新的历史时期。

从全国科联成立到1952年，先后将国统区和解放区的35个影响较大的专门学会归入全国科联中，先后协助16个学会进行了改组，并重新进行了登记。这些学会主要涉及基础科学和医药学科，如中国数学会、中国物理学会、中国化学会等。到1958年全国科联和全国科普合并，新增全国学会7个，全国学会总数增加到42个。1958—1960年的"大跃进"时期，没有增加新的全国学会。1961—1966年又新增加了18个全国学会，总数达到了60个（官方数据为53个，因为有7个学会因为"文革"而没有履行完法定程序）。"文革"爆发后，中国科协工作被迫中断，10年内没有成立新学会。

"文革"结束后，从1977年中国科协恢复活动到1980年中国科协二大召开之前，共新建全国学会37个，全国学会的总数达到了97个。从1980年3月中国科协二大召开到1982年又增加了30个全国学会，中国科协所属全国学会达到了127个，再次掀起了学会成立的一个高潮。1982年4月，胡耀邦对新建学会批示："注意防止'逐名者多、务实者少'的倾向。"① 学会政策虽然收紧，但是也不得不"消化"之前积累的大量要求成立的学会。因

---

① 田夫：《中国科协学会组织工作讨论会文件之二》（讨论稿），中国科协档案资料，1982年12月6日。

此，1984年11月，中国科协二届常委会讨论决定再接纳其中32个学会，中国科协所属全国学会增加到139个。中国科协三大后，逐步健全了有关组织和工作条例，相继出台了一系列规章制度，全国学会进入了规范化发展阶段。根据中国科协新的章程和工作条例，中国科协又陆续接纳了37个新的学会，这时中国科协所属全国学会达到了164个（在这个阶段，有一些学会退出中国科协）。

中国科协所属全国学会从民国时期的学会发展而来，在经历了社会主义革命和建设时期、改革开放和社会主义现代化建设新时期之后，形成了独特的、多元化的中国特色社会主义科技团体体系。

1. 学会成立的情况

学会成立情况一览表

序号	名称	成立时间	发起人/单位	序号	名称	成立时间	发起人/单位
1	中国药学会	1907 年	王焕文等留日学生	13	中国气象学会	1924 年 10 月	蒋丙然等
2	中华护理学会	1909 年 8 月	Cora Simpson	14	中国图书馆学会	1925 年	梁启超等
3	中国地理学会	1909 年 9 月	张相文等	15	中华麻风救济会	1926 年 1 月	邝富灼等
4	中国土木工程学会	1912 年	詹天佑等	16	中国生理学会	1926 年 2 月	张赞臣等
5	中华医学会	1915 年 2 月	颜福庆等	17	中国园艺学会	1929 年 11 月	吴耕民等
6	中华农学会	1917 年 1 月	王舜臣等	18	中国植物病理学会	1929 年	邹秉文等
7	中华森林会	1917 年 2 月	梁希等	19	中国古生物学会	1929 年 8 月	孙云铸等
8	中国解剖学会	1920 年（1947 年）	Cowdry	20	中国纺织工程学会	1930 年 4 月	朱仙舫等
9	中国心理学会	1921 年 8 月	张耀翔等	21	中国水利工程学会	1931 年 4 月	李仪祉等
10	中国地质学会	1922 年 2 月	章鸿钊等	22	中国物理学会	1932 年 8 月	李书华等
11	中华化学工业会	1922 年 4 月	陈世璋等	23	中国化学会	1932 年 8 月	曾昭抡等
12	中国天文学会	1922 年 10 月	高鲁等	24	中国植物学会	1933 年 8 月	胡先骕等

序号	名称	成立时间	发起人/单位	序号	名称	成立时间	发起人/单位
25	中国预防痨病协会	1933 年 10 月	吴铁城等	44	中国自动化学会	1961 年 11 月	钱学森等
26	中国动物学会	1934 年 9 月	秉志等	45	中国作物学会	1961 年 12 月	金善宝等
27	中国电机工程学会	1934 年 10 月	李熙谋等	46	中国电子学会	1962 年 4 月	王诤等
28	中国数学会	1935 年 7 月	胡敦复等	47	中国煤炭学会	1962 年 11 月	濮洪九等
29	中国机械工程学会	1936 年 5 月	黄伯樵等	48	中国计算机学会	1962 年 2 月	张效祥等
30	中国畜牧兽医学会	1936 年 7 月	刘行骥等	49	中国植物保护学会	1962 年 7 月	沈其益等
31	中国造船工程学会	1943 年 2 月	马德骥等	50	中国汽车工程学会	1963 年	江泽民等
32	中国昆虫学会	1944 年 10 月	吴福桢等	51	中国水产学会	1963 年 1 月	朱元鼎等
33	中国硅酸盐学会	1945 年 2 月	赖其芳等	52	中国热带作物学会	1963 年（1978 年）	何康等
34	中国土壤学会	1945 年 12 月	陈华癸等	53	中国蚕学会	1963 年 3 月	孙本忠等
35	中国地球物理学会	1947 年 8 月	赵九章等	54	中国植物生理与植物分子生物学学会	1963 年 10 月	武光等
36	中国海洋湖沼学会	1950 年 1 月	童第周等	55	中国科学技术情报学会	1964 年	武衡等
37	中国微生物学会	1952 年 12 月	汤飞凡等	56	中国航空学会	1964 年 2 月	沈元等
38	中国建筑学会	1953 年 10 月	梁思成等	57	中国兵工学会	1964 年	王立等
39	中国农业机械学会	1956 年 2 月	刘仙洲等	58	中国造纸学会	1964 年 6 月	王新元等
40	中国金属学会	1956 年 10 月	周仁等	59	中国茶叶学会	1964 年	蒋芸生等
41	中国力学学会	1957 年 2 月	钱学森等	60	中国航海学会	1965 年 3 月	于眉等
42	中国测绘学会	1959 年 2 月	夏坚白等	61	中国制冷学会	1977 年 4 月	饶辅民等
43	中国计量测试学会	1961 年 2 月	鞠抗捷等	62	中国铁道学会	1978 年 4 月	刘建章等

续表

序号	名称	成立时间	发起人/单位	序号	名称	成立时间	发起人/单位
63	中国环境科学学会	1978 年 5 月	马大猷等	80	中国科普作家协会	1979 年 8 月	高士其等
64	中国通信学会	1978 年 5 月	王子纲等	81	中国图学学会	1979 年 8 月	赵学田等
65	中国公路学会	1978 年 8 月	潘琪等	82	中国现场统计研究会	1979 年 8 月	张里千等
66	中国标准化协会	1978 年 8 月	岳志坚等	83	中国工业设计协会	1979 年 8 月	倪庭文等
67	中国矿物岩石地球化学学会	1978 年 10 月	侯德封等	84	中国档案学会	1979 年 9 月	曾三等
68	中国管理现代化研究会	1978 年 11 月	于光远等	85	中国可再生能源学会	1979 年 9 月	龚堡等
69	中国技术经济研究会	1978 年 11 月	于光远等	86	中国真空学会	1979 年 10 月	王芳霖等
70	中国遗传学会	1978 年	童第周等	87	中国宇航学会	1979 年 10 月	张文奇等
71	中国工程热物理学会	1978 年 11 月	吴仲华等	88	中国农业工程学会	1979 年 11 月	方粹农等
72	中国未来研究会	1979 年 1 月	于光远等	89	中国腐蚀与防护学会	1979 年 11 月	李苏等
73	中国仪器仪表学会	1979 年 3 月	汪德昭等	90	中国空间科学学会	1979 年 11 月	何泽慧等
74	中国石油学会	1979 年 4 月	侯祥麟等	91	中国地震学会	1979 年 11 月	地震局等
75	中华中医药学会	1979 年 5 月	崔月犁等	92	中国稀土学会	1979 年 11 月	方毅等
76	中国针灸学会	1979 年 5 月	鲁之俊等	93	中国草学会	1979 年 12 月	贾慎修等
77	中国生物化学和分子生物学会	1979 年 5 月	王应睐等	94	中国光学学会	1979 年 12 月	王大珩等
78	中国海洋学会	1979 年 7 月	汪德昭等	95	中国生态学学会	1979 年 12 月	马世骏等
79	中国工艺美术学会	1979 年 8 月	胡明等	96	中国核学会	1980 年 2 月	王淦昌等

序号	名称	成立时间	发起人/单位	序号	名称	成立时间	发起人/单位
97	中国运筹学会	1980年4月	关肇直等	113	中国优选法统筹法与经济数学研究会	1981年3月	华罗庚等
98	中国水力发电工程学会	1980年6月	施嘉炀等	114	中国营养学会	1981年5月	沈治平等
99	中国细胞生物学学会	1980年7月	贝时璋等	115	中国中文信息学会	1981年6月	钱伟长等
100	中国科学技术史学会	1980年10月	钱临照等	116	中国国土经济学研究会	1981年6月	于光远等
101	中国生物医学工程学会	1980年11月	黄家驷等	117	中国青少年科技辅导员协会	1981年6月	周培源等
102	中国印刷技术协会	1980年3月	王仿子等	118	中国电工技术学会	1981年7月	江泽民等
103	中国生物物理学会	1980年5月	贝时璋等	119	中国感光学会	1981年8月	任新民等
104	中国空气动力学会	1980年6月	钱学森等	120	中国自然辩证法研究会	1981年10月	于光远等
105	中国食品科学技术学会	1980年11月	尹宗伦等	121	中国人工智能学会	1981年10月	秦元勋等
106	中国土地学会	1980年11月	何康等	122	中国中西医结合学会	1981年11月	季钟朴等
107	中国系统工程学会	1980年11月	钱学森等	123	中国流行色协会	1982年2月	中国丝绸公司等
108	中国自然科学博物馆协会	1980年12月	北京自然博物馆等	124	中国电影电视技术学会	1982年3月	司徒慧敏等
109	中国体育科学学会	1980年12月	荣高棠等	125	中国植物营养与肥料学会	1982年2月	陈华癸、朱祖祥等
110	中国文物保护技术协会	1980年12月	王书庄等	126	中国科学学与科技政策研究会	1982年6月	钱三强等
111	中国能源研究会	1981年1月	林汉雄等	127	中国康复医学会	1983年4月	陈仲武、傅大为等
112	中国内燃机学会	1981年3月	史绍熙等	128	中国电源学会	1983年9月	李颖达等

续表

序号	名称	成立时间	发起人/单位	序号	名称	成立时间	发起人/单位
129	中国职业安全健康协会	1983年9月	章萍、何光等	146	中国粮油学会	1986年1月	杨少桥、赵同芳等
130	中国自然资源学会	1983年10月	孙鸿烈等	147	中国科教电影电视协会	1986年7月	于光远、张清等
131	中国野生动物保护协会	1983年12月	林业部等	148	中国颗粒学会	1986年11月	郭慕孙、张瑞福等
132	中国城市科学研究会	1984年1月	李铁映、于光远等	149	中国科学技术期刊编辑学会	1987年3月	邓昂、石光漪等
133	中国抗癌协会	1984年4月	金显宅等	150	中华预防医学会	1987年3月	崔月犁等
134	中国消防协会	1984年9月	解衡等	151	中国实验动物学会	1987年4月	沈其震、吴阶平等
135	中国有色金属学会	1984年11月	邱纯甫等	152	中国振动工程学会	1987年5月	茅以升、胡海昌等
136	中国病理生理学会	1985年3月	刘永朱、益栋等	153	中国惯性技术学会	1987年5月	丁衡高等
137	中国心理卫生协会	1985年3月	陈学诗、宋维真等	154	中国照明学会	1987年6月	蔡祖泉、李澄和等
138	中国水土保持学会	1985年3月	张心一、杨振怀等	155	中国系统仿真学会	1988年11月	文传源等
139	中国烟草学会	1985年5月	李益三、朱尊权等	156	中国科技新闻学会	1988年1月	杨时光、宁广礼等
140	中国岩石力学与工程学会	1985年6月	陈宗基等	157	中国老科学技术工作者协会	1988年7月	李国豪等
141	中国药理学会	1985年7月	王振纲等	158	中国风景园林学会	1988年9月	周干峙、汪菊渊等
142	中国声学学会	1985年10月	汪德昭、马大猷等	159	中国免疫学会	1988年10月	谢少文、顾方舟等
143	中国法医学会	1985年10月	公安部第二研究所	160	中国环境诱变剂学会	1988年11月	谈家桢等
144	中国知识产权研究会	1985年3月	任建新、顾明等	161	中国体视学学会	1988年12月	张文奇等
145	中国发明协会	1985年10月	胡锦涛、钱学森等	162	中国动力工程学会	1988年12月	陆燕荪等

序号	名称	成立时间	发起人/单位	序号	名称	成立时间	发起人/单位
163	中国复合材料学会	1989年1月	王俊奎、于翘等	173	中国工程机械学会	1993年8月	杨红旗、孙祖望等
164	中国科学探险协会	1989年1月	刘东生等	174	中国晶体学会	1994年5月	唐有祺等
165	中国图象图形学学会	1990年1月	常迥等	175	中国高新技术产业开发区协会	1994年6月	李绪鄂、胡昭广等
166	中国青藏高原研究会	1990年3月	刘东生等	176	中国神经科学学会	1995年10月	吴建屏、韩济生、陈宜等
167	中国材料研究学会	1991年5月	师昌绪、李恒德等	177	中国女医师协会	1995年7月	何界生等
168	中国可持续发展研究会	1991年10月	邓楠等	178	中国农村专业技术协会	1995年11月	何康等
169	中国城市规划学会	1992年11月	王文克、吴良镛、周干峙等	179	中华口腔医学会	1996年11月	张震康等
170	中国菌物学会	1993年5月	于永年、邵力平、魏江青等	180	中国产学研合作促进会	2007年11月	国家发改委等
171	中国生物工程学会	1993年6月	孟广震、谈家桢、莽克强等	181	中国医学救援协会	2008年11月	马晓伟等
172	中国毒理学会	1993年12月	刘世杰、吴德昌等				

2. 发展变化和学科分布

　　1977—2011年，中国科协所属全国学会增加到181个，全国学会发展规模呈现出波浪式发展态势，其高峰出现在了改革开放的20世纪80年代。1977—1989年新增的104个全国学会可按学科分为理科（自然科学基础学科）20个、工程技术学科42个、农业科学与技术学科3个、医学科学与技术学科14个、自然科学与社会科学的交叉学科25个。

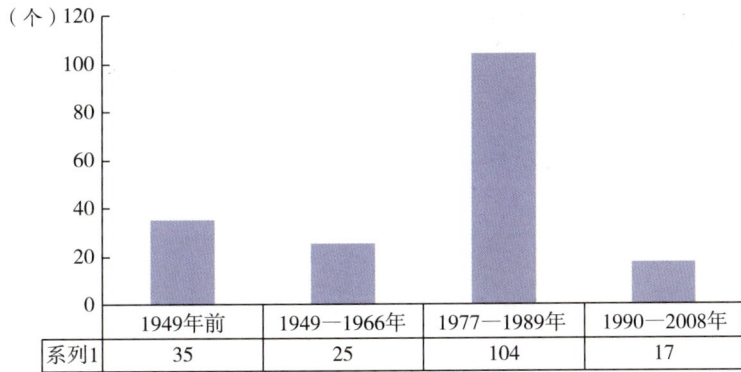

1977—1989 年新增
学会学科分布

	理科	工科	农科	医科	交叉学科
系列1	20	42	3	14	25

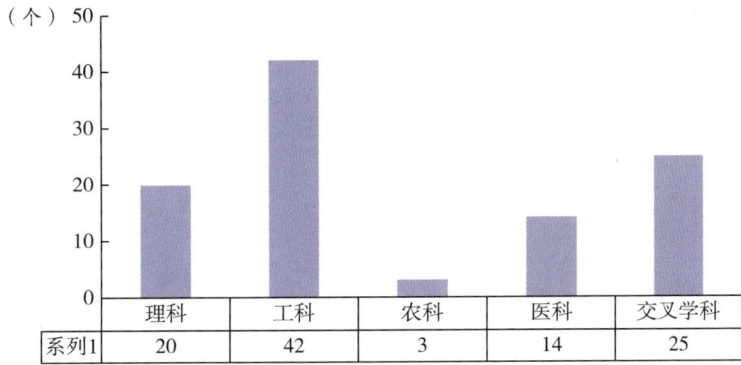

新增学会情况

	1949年前	1949—1966年	1977—1989年	1990—2008年
系列1	35	25	104	17

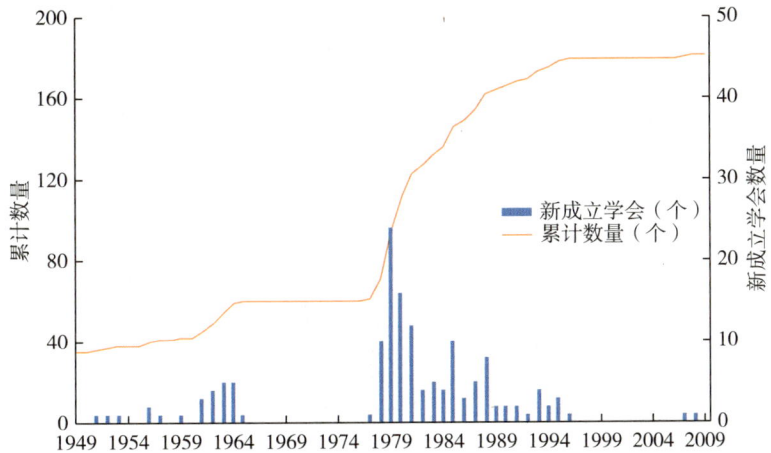

1949—2009 年学会发展
情况

1980年6月，中国水力发电工程学会在我国第一座自行设计、制造的浙江新安江水电站召开成立大会

1981年10月30日，方毅（左图中）、于光远（左图右）、周培源在中国自然辩证法研究会成立大会暨首届学术年会上及全体代表合影

1980 年 10 月 6—11 日，中国科学技术史学会成立大会在北京举行。图为与会人员合影

1982 年 6 月 14 日，中国科学学与科技政策研究会在安徽九华山举行成立大会。图为与会人员合影

中国生物物理学会第一届年会的与会者合影

1979 年 12 月 10 日，在北京召开中国光学学会成立大会

1995 年 4 月，中国科协创立青年科学家论坛，每月举办一次。1995 年 6 月 12 日，首届中国青年科学家论坛在北京举行。宋健、吴阶平、朱光亚、周光召、韦钰、王大珩、王连铮等领导和科学家出席开幕式

1998 年，中国科协五届四次常委会决定
仿照美国科促会而设立中国科协学术年
会，1999 年胡锦涛主持的中央书记处会
议同意设立。1999 年 10 月 18—21 日，
中国科协首届学术年会在杭州举行

2002 年 8 月，吴文俊院士在国际数学家大
会上做报告

1996 年，中国地质学会承办了第 30 届国际地质大会。
图为大会纪念邮票

3. 学术期刊的创办

科技学术期刊是记录、传播和交流科技信息的重要平台，可视为"永不闭幕的高端学术会议"。科技界的最新成果往往都是通过权威的学术期刊登载而得到科技共同体成员的公认，成为一个国家甚至整个人类的共同财富。因此，学术期刊作为人类文明的载体，其内容不仅体现科技发展上的最新进展，为后来者提供进一步研究的基础，还能体现国家科技工作的方针和政策。因此，学术期刊受到国家、社会和科技共同体的普遍重视。

中国科协所属学会主办的学术期刊分为学报类和通报类两种，前者代表国家在各学科领域内的研究水平，以发表新思想、新方法、新进展等创造性的学术内容为主要任务。

中国科协所属学会主办的学报类学术期刊基本覆盖了中国的自然科学、工程技术、医学和农学等各学科，至 1991 年已达 230 多种。到新中国成立时，中国的学术期刊大约只剩下三四十种，其中约一半由科技社团主办。从全国科联成立至中国科协成立，全国科技

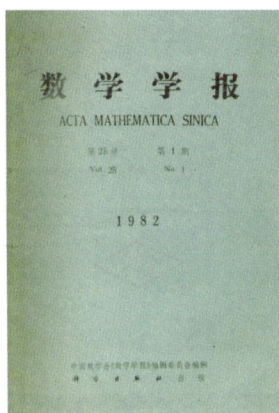

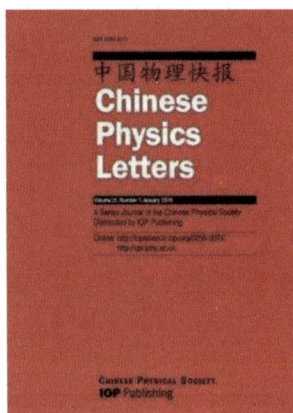

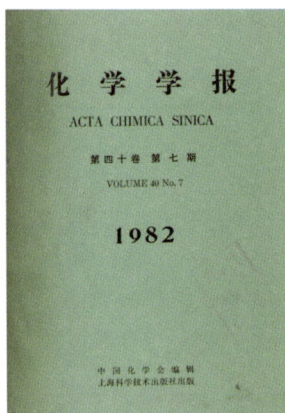

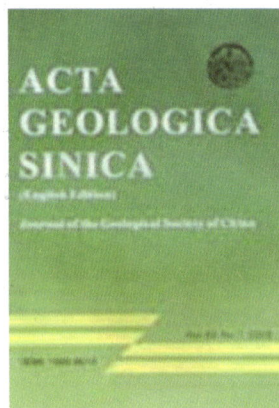

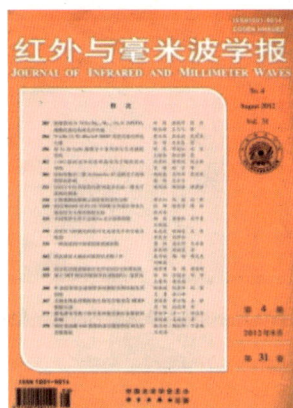

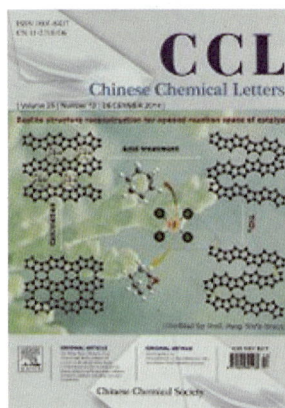

科技学术期刊

学术期刊有104种，其中中国科协所属学会主办的有77种。至1965年，中国科协所属学会主办的学术期刊增加到94种。

改革开放后，学术期刊与学会一样迎来了新的发展高潮，学术期刊以每年创办40种左右的速度增加，至1981年总数已达250种。此后，国家虽对各类期刊有过几次整顿，但对科技期刊仍优先支持，至1991年年底，全国科技期刊增加到3 412种，占各类期刊总数的52.2%。中国科协所属学会的学术期刊同样得到快速发展，总数达到376种，此后虽有增加，但增速大减。此外，为适应对外交流的需要，全国性学会还陆续创办了一批英文版学术期刊，如中国数学会的《数学学报》《应用数学学报》，中国物理学会的《中国物理快报》，中国力学学会的《力学学报》，中国光学学会的《红外研究》，中国声学学会的《声学学报》，中国化学会的《化学学报》《高分子科学》《化学快报》《分子科学学报》，中国气象学会的《气象学报》，中国地质学会的《地质学报》，中国地理学会的《中国地理》等30多种。1987年3月，中国科学技术期刊编辑学会成立，这是中国科技期刊编辑史上第一次把科技期刊当作一门学科而成立的专门学会。该学会成立后创办了《编辑学报》，以作为自己的学术期刊。

第三节　促进科学技术的传播与普及

科普工作一直是中国科协及其学会的重要工作内容。随着中国特色社会主义的发展，中国科协及其学会的科普事业也得到全面发展。在党中央的重视和老一辈科学家的推动下，建立了推动青少年科普工作的青少年科技辅导员协会和青少年活动中心、科普创作协会和科普研究所等，并组织了大量的科普活动，建立了一些推动科普工作的长效机制。

自1977年7月高士其致函叶剑英等中央领导后，科普工作受到中央领导的高度重视。1977年9月，中央正式批准重新设立国家科委以编制《1978—1985年全国科学技术发展规划纲要（草案）》，同时也组织专门人员编制全国科学普及规划。此后，中国科协陆续建立了科普作协、科普研究所、青少年活动中心和农技中心等机构，同时还建立了大型科普设施——中国科学技术馆，推动出台了科普法，编制了《科学素质纲要》等。

一、成立中国科普作家协会

1978年5月23日—6月5日，中国科协在上海召开了有300名科普作者、译者、编者，科普美术工作者，科教电影工作者和科普组织工作者参加的全国科普创作座谈会。1979年8月成立了中国科学技术普及创作协会，1990年6月更名为中国科普作家协会。

1978 年 5 月，高士其（前排中）与全国首次科普创作座谈会部分代表合影

中央领导同志接见中国科普创作协会第一次代表大会代表 1979.8.20.

1979 年 8 月 20 日，胡耀邦、邓颖超、姬鹏飞、茅以升等与中国科普创作协会第一次代表大会代表合影

二、建立中国科普研究所

1980年1月8日，为培养造就一支科普理论与创作队伍，高士其致函邓小平，建议成立中国科普创作研究所。这封信发出后仅仅10天，邓小平在1月18日就做了批示。不久，中国科普创作研究所正式成立，1987年更名为中国科普研究所。

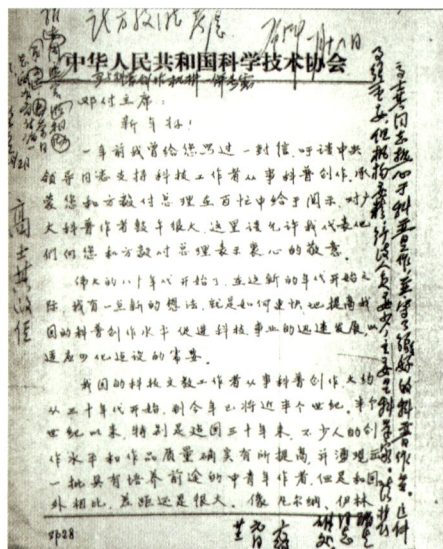

高士其写给邓小平的信及其进行科普创作时的情形

三、成立中国青少年科技辅导员协会

1981年6月19日，周培源、吴仲华、蒋南翔、王寿仁、黄芦、王景盛、苏灵扬、袁正光、程平等发起成立中国青少年科技辅导员协会。8月，中国科协组织全国少数民族青少年科技夏令营。

1981 年 6 月 19 日，中国青少年科技辅导员协会成立大会的与会者合影

方毅、周培源等与出席全国优秀青少年科技辅导员和科技活动先进集体表彰大会代表合影

四、建立中国科学技术馆

1978 年，中国科协恢复活动后向中央提出建立中国科学技术馆的申请（1955 年全国科普第一次提出兴建中央科学技术博物馆，1958 年中国科协提出筹建中国科学技术馆，

1984 年 11 月，邓小平为中国科技馆一期工程奠基题词

中国科技馆一期工程奠基仪式

均得到批准，皆因故中断），得到邓小平的支持，国家计委随后批准。1979年成立了以茅以升为主任的筹建委员会，1980年确定馆址为北京北三环中路安华桥旁。1984年11月，中国科技馆一期工程破土动工，邓小平等中央领导同志为奠基题词。1998年2月，中国科技馆二期工程开工，历时两年完成。2000年4月12日，江泽民为中国科技馆题词"弘扬科学精神，普及科学知识，传播科学思想和科学方法"。党和国家领导人十分重视和关心中国科技馆的建设和发展，多次前往视察。

中国科技馆二期工程剪彩仪式

聂荣臻、陈云、方毅、严济慈为中国科技馆题词

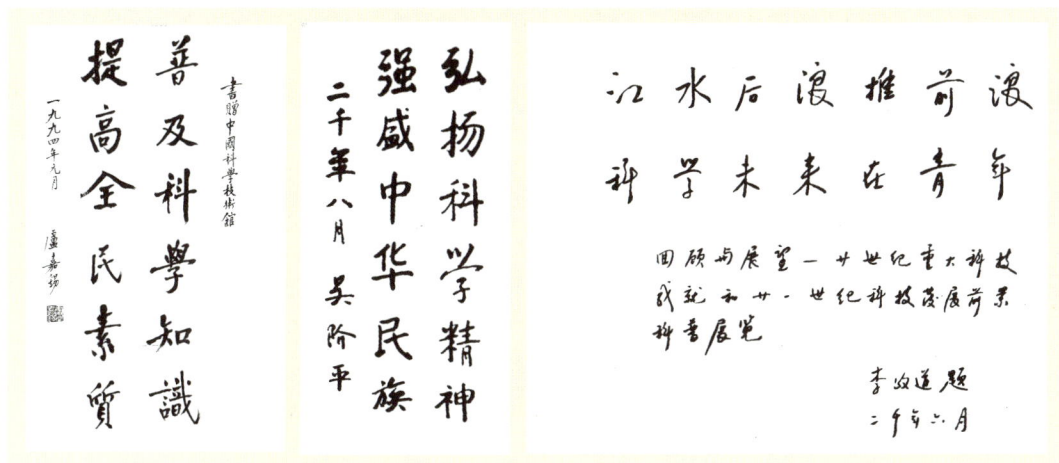

卢嘉锡、吴阶平、李政道为中国科技馆题词

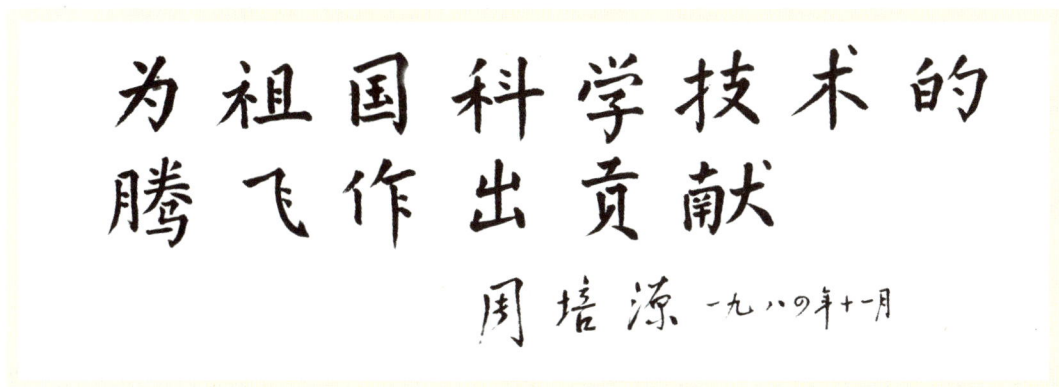

周培源为中国科技馆题词

五、推动科普工作法制化、规范化和社会化

2000年，经全国人大常委会主要领导同志批准，成立了由全国人大教科文卫委员会牵头，科学技术部、中国科协、中宣部、教育部参加的国家科学技术普及法起草领导小组和工作小组。2002年6月，世界第一部科普法《中华人民共和国科学技术普及法》颁布实施。2003年，中国科协设立"6.29全国科普行动日"（2004年起定名为"全国科普日"），每年的6月29日在全国范围内开展集中统一的科普活动。受美国科促会"2061计划"的启示，中国科协开始编制全民科学素质行动计划。2006年2月6日，国务院正式颁布《全民科学素质行动计划纲要（2006—2010—2020年）》。2021年6月3日，印发《全民科学素质

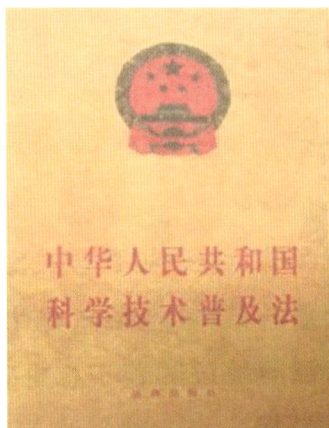

《中华人民共和国科学技术普及法》 《全民科学素质行动计划纲要
（2006—2010—2020 年）》

行动规划纲要（2021—2035年）》。

六、开展大型青少年科技活动

1977年8月25—27日，中国科协在中山公园音乐堂组织了3场科学家与青少年的见面会，周培源、茅以升、严济慈、华罗庚、黄家驷、吴文俊等32位著名科学家参加见面会，7 000多名青少年参与活动。活动取得巨大成功，全国各新华书店有关数理化的书籍销售一空。

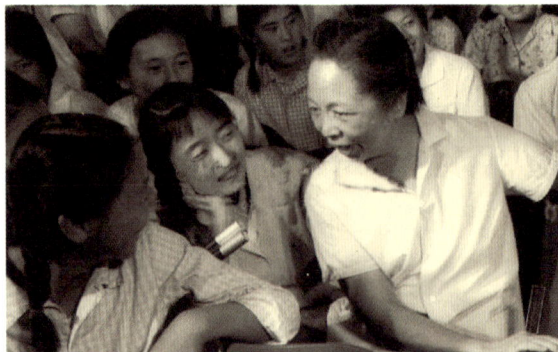

林兰英与青少年交谈　　　　杨乐与青少年交谈

1979年10月，中国科协会同教育部、国家体委、共青团中央在北京举办全国青少年科技作品展览，邓小平、叶剑英、宋庆龄为展览会题词。在3个月内，展览会共接待观众28万人次。

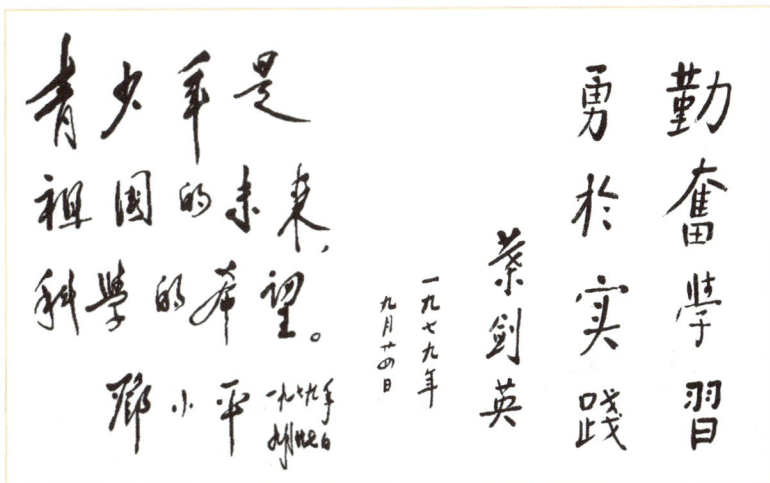

勤奋学习
勇于实践
叶剑英

青少年是未来的希望。
青少年是祖国的科学的春蕾
小平

一九七九年
九月十四日

邓小平、叶剑英为展览会题词

邓颖超（前排右1）参观展览会

1979 年 12 月 28 日，王震、谷牧、方毅、邓颖超、薄一波、余秋里、康克清、周培源、茅以升等与参加全国青少年科技作品展览活动的有关人员合影

1984 年 2 月 16 日，邓小平在上海展览馆观看两名小学生演示计算机操作

1983年，中国科协青少年工作部开始在青少年中开展计算机学习活动。1984年2月16日，邓小平参观上海展览馆的10年科技成果展，在观看中国福利会少年宫计算机小组的青少年演示计算机操作时提出"计算机普及要从娃娃抓起"[①]。

此外，青少年科普活动还开展了青少年科技创新大赛、"大手拉小手——科普活动西部行"、青少年科技传播行动、"做中学"科学教育项目等。

1995年，朱光亚在上海科技会堂观看中学生制作的作品

1995年，周光召给中学生题词

---

① 邓楠主编:《发展与责任——中国科协50年》，中国科学技术出版社2008年版，第134页。

参考资料

[1]《春天常在 丰碑永存》编委会.春天常在 丰碑永存——邓小平同志与中国科技事业[M].北京：科学技术文献出版社，2004.

[2]《方毅传》编写组.方毅传[M].北京：人民出版社，2008.

[3]《风范长存天地间》编辑组.风范长存天地间：朱光亚同志逝世一周年纪念文集[M].北京：人民出版社，2012.

[4]《科普泰斗——高士其优秀作品选》编写组.科普泰斗——高士其优秀作品选[M].北京：科学普及出版社，2010.

[5]《科研规划参阅资料》编辑委员会.国外科技体制汇编[M].北京：中国科学院出版图书情报委员会，1984.

[6]《中国共产党简史》编写组.中国共产党简史[M].北京：人民出版社，中共党史出版社，2021.

[7]宝胜.试论科技活动的组织形式和历史演变[J].科技管理研究，2008（07）：451－452.

[8]波普尔.猜想与反驳：科学知识的增长[M].傅季重，纪树立，周昌忠，等译.上海：上海译文出版社，1986.

[9]曹琪.简析延安自然科学院的筹备与建设[J].延安大学学报（社会科学版），2020，42（05）：62－69.

[10]曹蓉.民主党派发祥在重庆及成因探析[J].陕西社会主义学院学报，2006（01）：83－85.

[11]曹天予.文化与社会转型[M].杭州：浙江大学出版社，2006.

[12]曹瑛.烽火大江南北——在长江局、南方局工作的一段回忆[J].湖南党史，

1995（02）：48－51.

［13］曾朝霞.陈独秀对青年毛泽东的思想影响［D］.湘潭：湘潭大学，2011.

［14］陈丹.二十世纪五十年代归国留美学人群体及相关问题研究刍议［J］.中共党史研究，2018（003）：114－121.

［15］程朝云.抗战时期知识分子奔赴陕甘宁边区研究［G］//中国社会科学院近代史研究所.中国社会科学院近代史研究所青年学术论坛2001年卷.北京：中国社会科学院近代史研究所，2001：24.

［16］程宏，刘志光.追寻《留美学生通讯》和汪衡［J］.科学文化评论，2015,12(04）：84－93.

［17］程宏，姚蜀平，王作跃，等.1949年前后留美学生组织及其期刊［J］.神州学人，2015（11）：36－43.

［18］崔春雪.欧洲文艺复兴在中国的传播与接受（从清末到五四）［D］.北京：清华大学，2016.

［19］崔瑾.中国科学工作者协会研究［D］.上海社会科学院，2020.

［20］当代中国出版社.中国科学技术协会［M］.北京：当代中国出版社，1994.

［21］当代中国丛书编辑部.中国科学院［M］.北京：当代中国出版社，1994.

［22］邓楠.发展与责任［M］.北京：中国科学技术出版社，2008.

［23］狄博斯.文艺复兴时期的人与自然［M］.周雁翎，译.上海：复旦大学出版社，2000.

［24］董光璧.中国近现代科学技术史论纲［M］.长沙：湖南教育出版社，1992.

［25］杜祥琬.纪念核物理学家王淦昌文集［M］.北京：中国科学技术出版社，2010.

［26］段治文.当代中国的科学文化变革［D］.杭州：浙江大学，2004.

［27］樊洪业，李真.科学家对五四新文化运动的贡献［J］.自然辩证法通讯，1989（03）：41－49.

［28］樊洪业."赛先生"与新文化运动：科学社会史的考察［J］.历史研究，1989(03）：40－50.

［29］樊洪业.《建立人民科学院草案》的来龙去脉［J］.中国科技史杂志，2000，21（004）：324－332.

［30］樊洪业.《科学》杂志与科学精神的传播［J］.科学，2001，053（002）：30－33.

［31］樊洪业.从"格致"到"科学"[J].自然辩证法通讯,1988(03):39－50.

［32］樊洪业.吴玉章、蔡元培与《科学》[J].科学,2014,66(04):1－2.

［33］樊洪业.中国科学社与新文化运动[J].科学,1989(02):83－87.

［34］范铁权.近代科学社团与中国的公共卫生事业[M].北京:人民出版社,2013.

［35］范铁权.知识传播与学术转型:中华学艺社研究[M].北京:人民出版社,2019.

［36］范铁权.民国科学社团发展变迁的多元透析——以中国科学社为中心[J].天津社会科学,2006(04):135－139.

［37］范铁权.中华学艺社的办学实践及其启示[J].河北大学学报(哲学社会科学版),2018,43(03):130－137.

［38］弗尔辛.爱因斯坦传[M].薛春志,遥遥,译.长春:时代文艺出版社,2001.

［39］弗兰克.百年前的中国:美国作家笔下的南国纪行[M].符金宇,译.成都:四川人民出版社,2018.

［40］福柯.临床医学的诞生[M].刘北成,译.南京:译林出版社,2001.

［41］傅琳.留美科协成立始末[J].北京党史研究,1998(02):40－45.

［42］格雷克.牛顿传[M].吴铮,译.北京:高等教育出版社,2004.

［43］龚育之.中国共产党的科学政策的历史发展(建国以前的部分)[J].自然辩证法通讯,1980(06):6－12.

［44］古俊贤.中国社团发展史[M].北京:当代中国出版社,2001.

［45］谷超豪.参加世界科学工作者协会二届大会的观感[J].科学通报,1951(08):850－854.

［46］顾小英,朱明远.我们的父亲朱光亚[M].北京:人民出版社,2009.

［47］郭岚,江晓原,刘兵.《南腔北调:科学与文化之关系的对话》出版[J].广西民族大学学报(哲学社会科学版),2009,31(05):51.

［48］郭齐家.中国教育史[M].北京:人民教育出版社,2015.

［49］郭洋.梅贻琦与中国科学社北美分社的重组(1930—1931)——兼论中国科学社北美分社的兴衰[J].唐都学刊,2020,36(03):100－105.

［50］国际流体力学和理论物理科学讨论会组织委员会.科学巨匠,师表流芳[M].北京:中国科学技术出版社,1992.

［51］韩琦.科学、外交与欧美之旅:丁文江在1919[N].文汇报,2019－12－27(W02).

［52］韩亚光.中国现代化进程中的知识分子问题研究[D].北京:中共中央党校,2003.

［53］豪尔.哈佛出版史[M].李广良,张琛,译.杭州:浙江大学出版社,2020.

［54］郝鑫.蔡元培与新文化运动的若干问题研究（1915—1919）[D].哈尔滨:哈尔滨工程大学,2016.

［55］何志平,尹薛成,张小梅.中国科学技术团体[M].上海:上海科学普及出版社,1990.

［56］贺桂梅."新启蒙"知识档案:80年代中国文化研究[M].北京:北京大学出版社,2010.

［57］胡大牛.南方局的成立与中共领导人的战略思考[J].党的文献,2011（06）:49-57.

［58］怀特.最后的炼金术士:牛顿传[M].陈可岗,译.北京:中信出版社,2004.

［59］黄艳红.谈谈基督教与近代科学的起源[G]//中国社会科学院马克思主义研究院.马克思主义无神论研究:第5辑.北京:中国社会科学院马克思主义研究院,2017:14.

［60］黄宗甄.科学时代社和《科学时代》[J].中国科技史料,1996（04）:48-69.

［61］霍普费,伍德沃德.世界宗教[M].辛岩,译.北京:北京联合出版公司,2018.

［62］金邦秋.陕甘宁边区自然科学研究会[J].毛泽东邓小平理论研究,1986（04）:65-70.

［63］金善宝.为科学和民主奋斗的一生:缅怀涂长望同志[J].民主与科学,1991（06）:19-21.

［64］康满堂.解放战争时期香港《华商报》的历史地位和特点[J].贵州文史丛刊,2006（04）:68-72.

［65］科恩.牛顿革命[M].颜锋,弓鸿午,欧阳光明,译.南昌:江西教育出版社,1999.

［66］克拉夫.科学史学导论[M].任定成,译.北京:北京大学出版社,2005.

［67］库恩.哥白尼革命:西方思想发展中的行星天文学[M].吴国盛,张东林,李立,译.北京:北京大学出版社,2003.

［68］库兹涅佐夫.伽利略传[M].陈太先,马世元,译.北京:商务印书馆,2001.

［69］拉宾格尔，柯林斯.一种文化：关于科学的对话［M］.张增一，王国强，孙小淳，译.上海：上海科技教育出版社，2006.

［70］莱昂斯.英国皇家学会史［M］.昆明：云南省机械工程学会，1985.

［71］赖伟.陈启修：一位与李大钊并肩探索马克思主义的学者［J］.乐山师范学院学报，2018，33（07）：73-79.

［72］劳埃德.早期希腊科学：从泰勒斯到亚里士多德［M］.孙小淳，译.上海：上海科技教育出版社，2004.

［73］李安平.向科学进军：1956年的全国知识分子问题会议［J］.科学新闻，1999（23）：22.

［74］李红梅.从"五一口号"到协商建国［N］.人民政协报，2021-05-12（008）.

［75］李红梅.中共中央发布"五一口号"始末［N］.人民政协报，2019-04-04（009）.

［76］李家勇.《每周评论》与五四新文化运动［D］.济南：山东师范大学，2010.

［77］李林.李四光历经艰难回到祖国［J］.纵横，1999（03）：23-25.

［78］李龙如.浏阳算学社、浏阳算学馆及其创办缘由［J］.学会，1994（09）：34-37.

［79］李佩珊，许良英.20世纪科学技术简史［M］.北京：科学出版社，1999.

［80］李醒民."科学论战"中的皮尔逊［J］.自然辩证法通讯，1999，021（001）：49-56.

［81］李醒民.秉志的科学救国和科学立国思想［J］.山东科技大学学报（社会科学版），2018，020（003）：15-24.

［82］李醒民.秉志科学论一瞥［J］.哲学分析，2017，8（004）：133-148.

［83］李醒民.近代科学的起源［J］.民主与科学，2013（004）：15-16.

［84］李醒民.陈独秀论青年［J］.民主与科学，2020（02）：68-72.

［85］李醒民.现代科学的精神气质：从哲人科学家马赫及其思想来看［J］.科技导报，1995（04）：3-6.

［86］李学通.中华自然科学社概况［J］.中国科技史杂志，2008（02）：179-186.

［87］李勇军.新中国期刊：1949—1959［M］.上海：上海远东出版社，2014.

［88］李志英."科玄论战"与科学实证精神［J］.科学与无神论，2006（06）：18-20.

［89］厉以宁，王庆环.新文化运动与西学东渐［N］.光明日报，2016-05-04（011）.

[90]梁启超，陈元.论学会[J].学会，1989（02）：43-45.

[91]梁希.世界科学工作者协会在团结中前进[J].科学通报，1951（08）：847-849.

[92]林文照.中国近代科技社团的建立及其社会思想基础[M]//王渝生.第七届国际中国科学史会议文集.郑州：大象出版社，1999.

[93]林文照.中国科学社的建立及其对我国现代科学发展的作用[J].近代史研究，1982（03）：216-233.

[94]林学俊.从科学中心转移看科研组织形式的演变[J].科学技术哲学研究，1998（04）：53-56.

[95]刘兵.回锅头尾：科学与文化序跋集[M].上海：上海科学技术文献出版社，2016.

[96]刘大椿.中国科技体制的转型之路[M].济南：山东科学技术出版社，1995.

[97]刘大椿.论科学精神[J].工会信息，2019（10）：4-7.

[98]刘晓.中国参与世界科学工作者协会的早期历程（1945—1950）[J].自然辩证法通讯，2019，41（03）：73-81.

[99]刘岩.现代大学精神建设研究[D].济南：山东师范大学，2007.

[100]刘燕萍，霍杰.中华护理学会发展沿革[J].当代护士，1997（10）：31.

[101]刘永谋，陈翔宇.从民国科学文化看当前科学文化建设：以中国科学社科学本土化探索为例[J].山东科技大学学报（社会科学版），2018，20（04）：8-14.

[102]陆敬严.中国古代机械复原研究[M].上海：上海科学技术出版社，2019.

[103]吕世荣.从认识论到形而上学：康德哥白尼式革命的实质及其意义[J].世界哲学，2019（05）：72-80.

[104]马海平.陕甘宁边区自然辩证法研究概况[J].延安大学学报（社会科学版），1980（02）：52-55.

[105]冒荣.胡适与中国科学社[J].南京化工大学学报（哲学社会科学版），1999（01）：40-46.

[106]莫志斌，崔应忠.中国共产党青年动员的成功运作：以抗战时期青年奔赴延安为例[J].党史文汇，2015（03）：9-14.

[107]默顿.十七世纪英格兰的科学、技术与社会[M].范岱年，译.北京：商务印书

馆，2007．

[108]潘琦．解放战争时期中共在香港的活动[J].党史博览，2015（02）：4－9．

[109]潘菽．潘菽自传[J].晋阳学刊，1983（05）：89－94．

[110]潘云唐，任纪舜．丁文江与翁文灏——中国地质科学界的"伯乐"[J].科学文化评论，2015，12（001）：107－119．

[111]潘云唐，徐红燕．李四光与丁文江[G]//中国地质学会地质学史专业委员会，中国地质大学（北京）地质学史研究所．中国地质学会地质学史专业委员会第21届学术年会论文汇编．北京：中国地质学会地质学史研究会，2009：130．

[112]裴丽生．裴丽生文集[M].北京：科学普及出版社，2009．

[113]奇曼．知识的力量：对科学与社会关系史的考察[M].徐纪敏，王烈，译.长沙：湖南人民出版社，1992．

[114]潜伟．科学文化、科学精神与科学家精神[J].科学学研究，2019，37（01）：1－2．

[115]秦国攀．中华医学会研究（1915—1937）[D].保定：河北大学，2010．

[116]秦立海．1948年中共"五一"口号提出的前前后后[J].党史文汇，2020（5）：16－21．

[117]全国政协文史资料委员会．建国初期留学生归国纪事[M].北京：中国文史出版社，1999．

[118]任鸿隽，樊洪业，张久春．科学救国之梦[M].上海：上海科技教育出版社，2002．

[119]任鸿隽．何为科学家[J].教育，2016（49）：78．

[120]茹亚辉．留日学生与马克思主义在中国的早期传播[J].青年发展论坛，2020，30（02）：83－91．

[121]桑兵．北京大学与新文化运动[J].中山大学学报（社会科学版），2017，57（005）：57－80．

[122]蔡汀·沙达．库恩与科学战[M].金吾伦，译.北京：北京大学出版社，2005．

[123]史育华，刘春伶．从"科玄论战"到"中国道路"：马克思主义对中国百年思想的启蒙[J].河北大学学报（哲学社会科学版），2021，46（01）：28－34．

[124]宋丽．17世纪意大利山猫学会（Accademia dei Lincei）研究[D].上海：上海师范大学，2016．

［125］宋屹东.马克思主义的科学精神与创新发展［J］.南方论刊，2017（03）：4-7.

［126］孙婧，管青山，段立晖，等.期刊史视角下的近代医学期刊研究［J］.东南传播，2019（02）：139-142.

［127］孙克信.延安新哲学会史料介绍（四）延安新哲学会研究成果简介（上）［J］.毛泽东邓小平理论研究，1985（02）：1-7.

［128］孙磊.中华自然科学社的历史考察（1927—1949）［D］.太原：山西大学，2018.

［129］谭群玉，周兵.新哲学会与"马克思主义中国化"［J］.现代哲学，2006（06）：38-45.

［130］汤浅光.科学文化史年表［M］.北京：科学普及出版社，1984.

［131］陶侃.康德《纯粹理性批判》中的实体观研究［D］.成都：四川师范大学，2018.

［132］佟玉琨.延安新哲学会史料介绍（五）延安新哲学会研究成果简介（中）关于马列主义中国化问题［J］.毛泽东邓小平理论研究，1985（03）：1-6.

［133］涂长望.中国科学工作者协会［J］.科学大众，1948（06）：256.

［134］汪效驷，李飞.知识青年奔赴延安：一项战时交通社会史的考察（1937—1945）［J］.安徽师范大学学报（人文社会科学版），2017，45（06）：670-678.

［135］王斌.中华工程师学会的创建与发展［J］.工程研究——跨学科视野中的工程，2012，4（02）：205-211.

［136］王超.张耀翔的教育心理学思想研究［D］.济南：山东师范大学，2017.

［137］王大明.试论二三十年代中国科学家的社会声望问题［J］.自然辩证法通讯，1988（06）：36-42.

［138］王飞.中国现代大学的产生——民国时期中国大学的形成场域与历史蕴义［J］.现代教育管理，2016（01）：43-49.

［139］王国强.二十世纪八十年代学会潮［M］.北京：中国科学技术出版社，2014.

［140］王国强.新天文学的起源：开普勒物理天文学研究［M］.北京：中国科学技术出版社，2010.

［141］王贺春.中国林学会史略［J］.中国科技史料，1984（03）：79-81.

［142］王红梅.艾思奇与马克思大众化研究［D］.西安：陕西师范大学，2013.

［143］王兰.从重庆到延安的知识分子［D］.重庆：西南大学，2017.

［144］王良.延安新哲学会史料介绍（二）［J］.毛泽东邓小平理论研究，1984（06）：1-3.

［145］王奇生.近代中国学会的历史轨迹［J］.学会，1990（06）：16-18.

［146］王奇生.中国留学生的历史轨迹：1872—1949［M］.武汉：湖北教育出版社，1992.

［147］王琼，许丽丽.辛亥革命与中国共产党创立的历史联系探析［J］.党史文苑，2012（20）：41-43.

［148］王士平.科学家的行为与科学的精神气质［J］.北京师范学院学报（社会科学版），1991（04）：1-5.

［149］王淑媛.十月革命胜利的消息何时传入我国？［J］.史学月刊，1988（05）：67.

［150］王思明.中华农学会与中国近代农业［J］.中国农史，2007（04）：3-7.

［151］王新，张藜.边区国防科学社考略［J］.中共党史研究，2012（03）：104-113.

［152］王新，张藜.陕甘宁边区自然科学研究会概述［J］.党的文献，2019（02）：92-98.

［153］王扬宗.1949—1950年的科代会：共和国科学事业的开篇［J］.科学文化评论，2008，5（2）：8-36.

［154］王中平.五四时期社会改造思潮与毛泽东"革命话语"构建［J］.湘潭大学学报（哲学社会科学版），2020，44（02）：7-14.

［155］王作跃.中国科学社在美国［N］.社会科学报，2016-01-14（005）.

［156］望京亭长，李萌.林琴学院［J］.知识就是力量，2013（05）：76-77.

［157］武衡.抗日战争时期解放区科学技术发展史资料：第一辑［M］.北京：中国学术出版社，1983.

［158］武衡.抗日战争时期解放区科学技术发展史资料：第6辑［M］.北京：中国学术出版社，1988.

［159］席泽宗.关于"科学"一词的来历［J］.历史教学，2005（11）：61.

［160］夏德美.抗战时期《新华日报》"自然科学"副刊研究［J］.中国国家博物馆馆刊，2012（008）：134-141.

［161］夏平.科学革命：批判性的综合 [M].徐国强，袁江洋，孙小淳，译.上海：上海科技教育出版社，2004.

［162］夏燕月.毛泽东对辛亥革命的评价及其当代意义 [J].中国浦东干部学院学报，2012，6（02）：100-105.

［163］项杰.二十世纪初三大历史事件与中国共产党的诞生 [J].焦作大学学报，2012，26（003）：1-2.

［164］谢皆刚.清季地学社团的兴起 [J].福建师范大学学报（哲学社会科学版），2016（03）：134-141.

［165］谢立惠.中国科学工作者协会的成立和发展 [J].中国科技史料，1982（02）：74-78.

［166］熊復.对于重庆新华日报的回忆 [J].新闻战线，1957（02）：45-51.

［167］熊卫民.在科学与政治之间：1964年的北京科学讨论会薛攀皋先生访谈录 [J].科学文化评论，2008（02）：58-70.

［168］徐绍史.中国地质学学科史 [M].北京：中国科学技术出版社，2010.

［169］徐素华.延安新哲学会史料介绍（三）[J].毛泽东邓小平理论研究，1985（01）：13-17.

［170］徐信华.中国共产党早期报刊与马克思主义大众化 [M].北京：人民出版社，2013.

［171］涂长望.世界科学工作者协会斗争的目标与第三次代表大会的成就 [J].科学通报，1953（12）：7-10.

［172］许为民.新文化运动中的科学社社友们 [J].科学，1989（02）：87-89.

［173］薛攀皋.薛攀皋文集（内部资料）[M].北京：中国科学院自然科学史研究所院史研究室，2008.

［174］杨念群."五四"九十周年祭：一个"问题史"的回溯与反思 [M].北京：世界图书出版公司，2009.

［175］叶根发，肖吟新.留法勤工俭学运动与赴俄留学运动之比较 [J].东华大学学报（社会科学版），2004（03）：29-32.

［176］游海华，范惠芹.中国共产党科技事业的系统初创：井冈山革命根据地的科技事业 [J].苏区研究，2018（06）：36-48.

[177] 于良华, 徐素华.延安新哲学会史料介绍（一）[J].毛泽东邓小平理论研究, 1984（05）：7-11.

[178] 于良华.关于延安"新哲学会"[J].哲学研究, 1981（03）：75-80.

[179] 余琳珣.20世纪50年代新中国海外知识分子回国研究[D].南宁：广西民族大学, 2016.

[180] 俞亮鑫.《新青年》与建党伟业[J].党政论坛, 2020（7）：15-18.

[181] 虞和平.西学东渐与中国现代社团的兴起：以戊戌学会为中心[J].社会学研究, 1997（03）：54-61.

[182] 张柏春.科技革命与国家现代化研究丛书[M].济南：山东教育出版社, 2020.

[183] 张红春.《群众》周刊的抗战政治动员研究[D].湘潭：湘潭大学, 2013.

[184] 张辉, 尹晓冬, 段菲菲.1964年北京科学讨论会的初步研究：以两篇中国粒子物理报告为例[J].自然科学史研究, 2017, 036（004）：548-562.

[185] 张剑.赛先生在中国：中国科学社研究[M].上海：上海科学技术出版社, 2018.

[186] 张剑.民国科学社团发展研究——以中国科学社为中心[J].安徽史学, 2002（02）：56-63.

[187] 张剑.中国科学社特殊社员研究[J].中国科技史杂志, 2019, 40（02）：200-211.

[188] 张剑.中国科学社与科学研究[J].科学, 2005, 57（03）：45-49.

[189] 张俊.新中国成立初期中国共产党的留学生统战工作研究（1949～1956）[J].学术探索, 2017（05）：103-108.

[190] 张凯.福柯论现代医学体制的诞生[J].中国图书评论, 2010（10）：45-51.

[191] 张玉法.戊戌时期的学会运动[J].历史研究, 1998（05）：5-26.

[192] 赵冬.近代科学在中国的本土化实践研究[D].太原：山西大学, 2005.

[193] 赵莉如.最早的中华心理学会和抗日战争前的中国心理学会[G]//心理学动态（专集）：中国现代心理学的起源和发展.北京：中国心理学会, 1990：5.

[194] 赵莎莎.维经斯基第一次来华工作对《新青年》性质转变的影响[J].江西电力职业技术学院学报, 2020, 33（04）：164-166.

[195] 郑发展.1920—1921年《新青年》嬗变考[J].社会科学, 2020（06）：169-

179.

［196］郑之东.在艰苦斗争的日子里：回忆重庆新华日报的副刊[J].新闻业务，1963（02）：22-26.

［197］中共中央党史研究室.中国共产党历史：第二卷上册，1949—1978[M].北京：中共党史出版社，2011.

［198］中共中央党史研究室.中国共产党历史：第二卷下册，1949—1978[M].北京：中共党史出版社，2011.

［199］中共中央党史研究室.中国共产党历史：第一卷上册，1921—1949[M].北京：中共党史出版社，2011.

［200］中共中央党史研究室.中国共产党历史：第一卷下册，1921—1949[M].北京：中共党史出版社，2011.

［201］中共中央文献研究室.周恩来文化文选[M].北京：中央文献出版社，1998.

［202］中共中央宣传部理论局.世界社会主义五百年（党员干部读本）[M].北京：学习出版社，党建读物出版社，2014.

［203］中国科协发展研究中心课题组.近代中国科技社团[M].北京：中国科学技术出版社，2014.

［204］中国科学技术史学会，任定成，袁江洋.中国化学学科史[M].北京：中国科学技术出版社，2010.

［205］中国科学技术协会.中国中西医结合学科史[M].北京：中国科学技术出版社，2010.

［206］中国科学技术协会.中国科协档案资料（内部资料）[M].

［207］中国通信学会.中国通信学科史[M].北京：中国科学技术出版社，2010.

［208］中国自然辩证法研究会自然辩证法研究资料组.中国自然辩证法研究历史与现状[M].北京：知识出版社，1983.

［209］钟磊.《新青年》与五四启蒙文学思潮的形成[D].恩施：湖北民族学院，2011.

［210］周程."科学"的起源及其在近代中国的传播[J].科学学研究,2010,28（04）：481-488.

［211］周谷英.建国初期中共海外知识分子归国工作研究[D].上海：华东师范大学，2007.

[212]周棉.欧美留学生与辛亥革命[J].浙江学刊,2013(05):62-69.

[213]周巧生.关于"民主科学座谈会"和"九三座谈会"的再研究[J].上海市社会主义学院学报,2017(02):37-41.

[214]周质平.胡适论辛亥革命与孙中山[J].现代中文学刊,2011(06):11-22.

[215]朱光宝.辛亥革命与思想启蒙[J].四川教育学院学报,2011,27(11):43-46.

[216]朱洪.陈独秀与胡适[M].武汉:湖北人民出版社,2006.

[217]朱家梅,张乃什.中国共产党成立前夕列宁学说在中国的传播论析:基于对1917—1920年中国主要政论报刊的研究[J].马克思主义与现实,2021(01):186-194.

[218]朱昆."科玄论战"中的各派知识分子[N].学习时报,2017-02-27(007).

[219]朱镕基.朱镕基讲话实录(第二卷)[M].北京:人民出版社,2011.

[220]朱镕基.朱镕基讲话实录(第三卷)[M].北京:人民出版社,2011.

[221]朱镕基.朱镕基讲话实录(第四卷)[M].北京:人民出版社,2011.

[222]邹乐华.近代化进程中的中国工程师学会研究[D].上海:上海交通大学,2014.

[223]左双文,潘丽芬.解放战争时期中共中央香港分局与华南武装斗争[J].红广角,2018(06):61-71.

后　记

　　写一本《中国近现代科技社团通史（简史）》一直是笔者作为科协人的心愿，多次策划和尝试，由于种种原因终不能成。2018年是中国科协成立60年，笔者曾因主持《发展与责任——中国科协50年》一书编纂和长期从事近现代科技社团研究，再次受命编撰《中国科协60年》及有关纪念展览介绍。虽因故未能出版和展示，但笔者在资料收集和研究过程中收获颇丰，学术上和思想上取得了长足进步。2020年冬，笔者与北京科学技术出版社的许苏葵女士谈及此事，她建议可在2021年中国共产党成立100周年之际出版一本《中国共产党与科技社团的百年》。于是，笔者自2021年1月开始着手写作，至2021年7月才完成初稿。虽有积累，但涉及面太广，已远超自己的能力和储备，只能概述中国科学技术团体的成长之路。本书的完成，一要特别感谢清华大学刘兵教授的指点，使中国科协及其学会的内涵更丰富，主题更鲜明和具有时代性；二要感谢张剑研究员提供的有关中国科学社的大量图片资料，刘晓教授提供的中央研究院、北平研究院和一些科学家的图片资料，原《科学画报》编辑杨晗之女士提供的图片资料，以及上海图书馆提供的有关图片资料。此外，党和国家领导人与中国科协及其学会的图片来自中国科协档案资料。因笔者收集过程漫长，书中有一些图片已记不起提供者，但也要在此表示感谢。最后，还要感谢杜影、王达、苗晶良、王楠在参考资料整理与书籍购买中所提供的帮助。